몸짓들

GESTEN: VERSUCH EINER PHÄNOMENOLOGIE
by Vilém Flusser

First published by Bollmann Verlag, Bensheim/Düsseldorf, 1991/1993

몸짓들: 현상학 시론

빌렘 플루서

안규철 옮김
김남시 감수

work
room

일러두기

— 이 책은 빌렘 플루서가 상파울루와 엑상프로방스에서 했던 강연 및 강의 원고들을 묶어 1991년 볼만 출판사\Bollman Verlag\에서 처음 출간한 『몸짓들: 현상학 시론\Gesten: Versuch einer Phänomenologie\』을 한국어로 옮긴 것이다. 번역은 피셔 타셴부흐\Fischer Taschenbuch Verlag\에서 나온 1994년도 판본을 원본으로 했고, 2014년 미네소타 대학교 출판부의 영어판 『제스처\Gestures\』를 참조했다.
— 원문에 없는 구절은 대괄호[ ] 안에 넣었다.
— 별도의 표시가 없는 주는 모두 옮긴이 주이다.

차례

1장 몸짓과 정동: 몸짓 현상학 연습 7
2장 기계의 저편에서(그러나 여전히 몸짓의 현상학 이편에서) 19
3장 글쓰기의 몸짓 31
4장 말하기의 몸짓 41
5장 만들기의 몸짓 49
6장 사랑의 몸짓 71
7장 파괴의 몸짓 81
8장 그리기의 몸짓 89
9장 사진 촬영의 몸짓 105
10장 영화 촬영의 몸짓 125
11장 가면 뒤집기의 몸짓 133
12장 식물 재배의 몸짓 143
13장 면도의 몸짓 153
14장 음악을 듣는 몸짓 161
15장 파이프 담배를 피우는 몸짓 171
16장 전화 통화의 몸짓 197
17장 비디오의 몸짓 207
18장 탐구의 몸짓 213

부기: 몸짓 일반 이론을 위하여 231
주석 252
역자 후기 259

*1*장

몸짓과 정동: 몸짓 현상학 연습

글을 쓰는 사람은 예의에서든 다른 이유에서든 자신이 다루는 개념을 정의해야 한다. 이 글에서 나는 몸짓\Geste\의 개념을 정의하겠지만, 정동\情動, Gestimmtheit\[1]에 대해서는 개념 정의를 하지 않을 것이다. 이 무례함에 대해 독자의 양해를 구한다. 나는 '정동'의 의미를 모르는 척하면서 몸짓을 관찰함으로써 사람들이 그 단어로 말하려는 것이 무엇인지 알아내려 한다. 이것은 몸짓에 대한 관찰을 통해서 '정동'을 기습적으로 포착하려는 일종의 현상학적 시론이다.

나는 이 글들을 쓰는 동안 '몸짓'이라는 단어를 정의하려 시도할 것이다. 많은 사람들이 몸짓은 몸의 움직임이고, 더 넓은 의미에서는 몸과 연결된 도구의 움직임이라고 보는 데 동의하리라 생각한다. 그렇지만 사람들은 또한 이런 움직임 모두를 몸짓이라고 할 수는 없다는 데도 동의할 것이다. 예를 들어 내장의 연동운동이나 눈동자 수축은 모두 신체의 움직임이지만, 우리가 '몸짓'이라고 말할 때 지칭하려는 것들이 아니다. 우리는 '몸짓'을 특수한 움직임들이라고 이해한다. 이런 종류의 움직임들을 '의도를 표출하는 방식'이라고 할 수 있다. 이는 '몸짓이란 어떤 의도를 표출하는 신체의 움직임'이라는 그럴듯한 정의를 낳는다. 그러나 이 정의는 그다지 목적에 합당하지 않다. 왜냐하면 우리는 '의도'라는 의심스러운 개념을 정의해야 하기 때문이다. 그것은 주관성과 자유의 문제를 끌어들이면서 우리를 곤란에 빠뜨릴 것이 분명하다. 그렇지만 '몸짓'이라는 몸의 움직임의 유형은 방법론적으로 정의될 수 있고, 이는 방금 말한 존재론의 덫을 피해가는 데 도움이 된다. 예를 들면 이렇다. 틀림없이, 몸의 모든 움직임은 원칙적으로 그 원인을 열거함으로써 설명될 수 있다. 그런데 어떤 움직임에 대해서는 이런 식의 설명이 충분치 않다.

내가 팔을 들어 올릴 때, 그 움직임은 신체적, 생리적, 심리적, 사회적, 경제적, 문화적인 혹은 그 밖의 어떤 원인의 결과라고 누군가가 나에게 설명한다면 나는 그 설명에 동의할 것이다. 그러나 나는 그 설명에 만족하지는 않을 것이다. 왜냐하면 내가 팔을 들어 올리는 것은 내가 원하기 때문이고, 만약 내가 원하지 않는다면 이 의심할 여지없는 모든 실질적인 원인들에도 불구하고 팔을 들어 올리지 않으리라는 것을 내가 확실히 알기 때문이다. 팔을 들어 올리는 행위가 '몸짓'인 것은 이 때문이다. 그러므로 내가 제안하는 정의는 이것이다. '몸짓이란 몸 또는 몸과 연결된 도구의 움직임으로서, 그 움직임에 대해 만족할 만한 인과관계 설명이 존재하지 않는다.' 그리고 나는 '만족할 만한 상태'를, 어떤 담론에서 그것에 대한 더 이상의 토론이 불필요해지는 상태라고 정의한다.

이러한 정의는, 인과관계 설명은 몸짓의 특수성에 도달할 수 없으므로, 몸짓에 관한 담론은 인과관계로 설명하는 데 머물러서는 안 된다는 생각이 들게 한다. 인과관계(엄밀한 의미에서 '과학적인') 설명은 물론 몸짓을 이해하는 데 반드시 필요하다. 그러나 그런 설명은 몸짓에 대한 이해를 이끌어내지 못한다. 인과관계 설명은 우리가 하고 있고, 우리 주위에서 보는, 특수한 몸의 움직임인 몸짓을 이해하기에 불충분하다. 우리는 몸짓을 정확하게 해석할 수도 있어야 한다. 어떤 사람이 손가락으로 어떤 책을 가리킬 경우, 그 몸짓의 모든 원인을 아는 것만으로는 그 몸짓을 이해할 수 없을 것이다. 그 몸짓을 이해하려면 그 '의미'를 알아야 한다. 우리는 계속해서, 아주 빠르고 효과적으로 바로 이 일(의미를 아는 것)을 하고 있다. 우리는 가장 사소한 안면 근육의 움직임으로부터 '혁명'이라고 불리는 집단적 신체의 가장 강력한 움직임에 이르는 이 몸짓들을 '읽는다'. 나는 이 일을 우리가 어떻게 하는지 모른다. 그러나 나는 우리가 몸짓의 해석에 대해 어떤 이론도 갖고 있지 않다는 것은 안다. 그렇지만 그에 대한 이론이 없다는 것이, 이를테면 우리가 우리의 신비로운 ‘직관’을 자랑하듯이 대견하게 여길 이유는 아니다. 과학 시대 이전의 사람들도 돌이 떨어지는 것을 보면 그것이 무슨 일인지 안다는 기분 \Stimmung\[2]은 갖고 있었다. 그러나 자유낙하 이론을 갖춘 우리가 비로소 이 사태를 꿰뚫어볼 수 있는 것이다. 우리에게는 몸짓의 해석 이론이 필요하다.

소위 인문학이나 정신과학이 이런 이론을 만들어내려는 듯이 보인다. 그런데 그것들이 그 일을 하고 있는가? 그들은 자연과학에 사로잡혀 있고, 그래서 점점 더 완벽하고 더 나은 인과관계 설명을 우리에게 제공한다. 의심할 여지없이 이 설명들은 물리학이나 화학의 설명처럼 엄밀하지 않고 또 결코 그렇게 되지도 않을 것이다. 그러나 이 설명들을 만족스럽지 않게 만드는 것은 이 때문이 아니다. 인간에 관한 과학의 만족스럽지 못한 면은 몸짓이라는 현상에 대한 그 접근 방식에 있다. 인문학은 몸짓을 그저 현상으로만 볼 뿐, 코드화된 \kodifiziert\ 의미가 주어진 것으로 보지 않는다. 몸짓의 해석적 성격(예전에는 이것을 몸짓의 ‘정신적 차원’이라고 불렀다)을 인정하는 경우에도, 인문학은 몸짓을 인과관계 설명(예전에는 이것을 ‘자연’이라고 불렀다)으로 축소하는 경향에 사로잡혀 있다. 인문학은 스스로를 ‘과학’이라고 주장할 권리를 얻으려고 이렇게 하지만, 바로 이 점이 이 분야들(심리학, 사회학, 경제학, 역사학 분야들, 언어학)이 몸짓의 해석 이론을 만들어내는 것을 가로막고 있다.

물론 이런 해석 이론의 개발에 특화된 것으로 보이는 ‘커뮤니케이션 연구’라는 이름의 급성장하는 더 최신의 연구 분야가 있다. 다른 ‘정신과학’들의 현상학적 성격과 대조되는 커뮤니케이션 연구의 기호학적 특성은, 그것이 다른 ‘인간에 관한 과학’들과 같은 현상들을, 특히 그 현상의 상징적 측면에서 다룬다는 인상을 준다. 실제로 커뮤니케이션 연구 담론에는 ‘코드’, ‘메시지’, ‘기억’, ‘정보’ 같은 용어들이 빈번히 등장하는데, 이것들은 전형적인 해석의 용어들이다. 그런데 여기서, 내가 보기에는 종종 간과되는 특이한 일이 일어난다. 이 기호학 용어들이 커뮤니케이션 연구로부터 인과론적인 학문으로 넘어가면서 그 원래 의미가 변하는 것이다. 이렇게 해서 우리는 ‘유전학적 코드’, ‘잠재적 메시지’, ‘지질학적 기억’ 따위의 개념을 갖게 된다. 그런 다음에 이 개념들은 다시 커뮤니케이션 연구로 되돌아간다. 그러나 그 개념들은 설명적인 것이 되었기 때문에 더 이상 해석에 쓸모가 없다. 기호학적인 분야로 시작했던 커뮤니케이션 연구는, ‘과학적으로’ 되려는 그 유행의 추세 속에서 급속히 설명적으로 되는 것 같다.

나는 지금까지의 이야기를 이렇게 요약한다. ‘몸짓’을 정의하는 한 방법은, 그것을 몸 또는 몸과 연결된 도구의 움직임으로 이해하는 것으로, 이 움직임에 대해서 만족할 만한 인과관계 설명은 존재하지 않는다. 이렇게 정의된 몸짓을 이해할 수 있으려면 우리는 그 몸짓의 ‘의미’를 찾아야 한다. 바로 이것이 우리가 계속해서 하고 있는 일이고 우리 일상생활의 상당 부분을 차지하는 일이다. 그러나 우리는 아직 몸짓을 해석하는 이론을 갖고 있지 않다. 우리는 몸짓의 세계, 우리를 둘러싼 코드화된 세계에 대한 경험적이고, ‘직관적인’ 읽기에 머물러 있다. 그리고 이것은, 우리가 이 읽기의 타당성에 관해 신뢰할 만한 기준을 갖고 있지 않음을 의미한다. 정동을 밝혀내기 위해 몸짓들을 읽으려는 이제부터의 시도에서, 우리는 이 점을 기억해야 한다.

여기서 제시된 몸짓의 정의는, 몸짓이 상징적인 움직임이라는 것을 전제로 한다. 누군가가 내 팔을 때리면 나는 팔을 움직일 것이다. 이 반응은, 이 모습을 보는 관찰자로 하여금 내 팔의 움직임은 내가 느꼈던 고통을 ‘표출하거나\ausdrücken\’,

'표명한다\artikulieren\'고 말할 수 있게 한다. 고통과 움직임 사이에는 인과관계의 연결이 있고, 이 연결을 설명하는 생리학 이론이 있으며, 관찰자는 당연히 이 움직임을 내가 겪은 고통의 증상이라고 여길 것이다. 앞에서 제시된 정의에 의하면 이런 식의 움직임은 '몸짓'이 아니다. 관찰자가 그것을 만족스러운 방식으로 설명했기 때문이다. 그런데 나는 누군가가 내 팔을 때렸을 때 그 팔을 특별한 방식으로 들어 올릴 수 있다. 관찰자는 이 몸짓에 대해서도 내 팔의 움직임은 내가 느낀 고통을 '표출하거나', '표명한다'고 말할 수 있을 것이다. 그러나 이 경우에는 고통과 팔의 움직임 사이에 원인과 결과의 매끄러운 연결이 없다. 일종의 쐐기가 그 연결 사이에 끼어든다. 그것은 내 팔의 움직임에 어떤 특정한 구조를 부여하는 코드화\Kodifizierung\로서, 이 코드를 아는 사람들에게 고통이라는 '의미'를 전달하기에 적합한 것으로 통한다. 이 움직임이 내가 느낀 고통을 '표출한다'고 말할 수 있는 권리를 관찰자에게 주는 것은 어떤 이론이 아니라 코드에 대한 이 지식이다. 나의 행동은 고통을 나타내고, 그것은 고통의 상징이며, 고통은 이 행동의 의미이다. 이런 움직임이 앞에 제시된 정의에 따른 '몸짓'이다. 왜냐하면 관찰자가 가져다 쓸 수 있는 어떤 이론도 이 움직임을 만족스럽게 설명할 수 없을 것이기 때문이다. 물론 이런 식의 움직임이란 항상 다른 어떤 것(예를 들어 그 움직임이 코드화된 문화)의 징후라고 주장할 수 있지만, 그 움직임을 몸짓이라고 부르는 이유는 그것 때문이 아니다. 몸짓이란, 그것이 뭔가를 나타내기 때문에, 그것이 의미 부여와 관련이 있기 때문에 몸짓인 것이다.

독자는 앞의 단락에서 '표출하다'와 '표명하다'라는 동사가 각기 다른 뜻으로 사용되었음을 알아차렸을 것이다.[3] 내 팔의 반응하는\reaktiv\ 움직임과 함께 고통이 알려지고, 이런 의미에서 고통이 움직임을 통해서 표출된다고 이해할 수 있다. 내 팔의 적극적인\aktiv\ 움직임과 함께 나는 고통을 나타내고\darstellen\, 그런 의미에서 나는 내 몸짓을 통해 무엇인가를 표출한다. 아울러서, 이 말이 이 두 번째 움직임(표명하다)을 설명할 때 '나'라는 단어를 얼마나 직접 강요하다시피 하는지, 그리고 첫 번째 움직임(표출하다)을 설명할 때 '나'라는 단어를 얼마나 배제하다시피 하는지 확인해두자. 그러나 말의 이러한 이상주의적인 경향에 지나치게 반응할 필요는 없다. 나는 이제부터 '표출하다'와 '표명하다'라는 단어의 사용을 그 두 번째 의미로만 한정할 것이고, 몸짓은 그것이 상징적으로 보여주는 것을 표출하고 표명한다고 말할 것이다. 내가 이렇게 하려는 것은, '정동'은 몸짓을 통한 기분의 상징적 나타냄\Darstellung\이라는 주장을 옹호하고 싶기 때문이다. 간단히 말해서 나는, 기분(이 말이 무엇을 뜻하든 간에)은 다양한 몸의 움직임을 통해 외부로 나타날 수 있다는 것, 그러나 기분은 바로 그렇게 나타나기 때문에 '정동'이라고 불리는 몸짓의 작용을 통해서 표출되고 표명된다는 것을 보여주고자 한다.

틀림없이 나는 내 주장을 견지하는 데 어려움을 겪게 될 것이다. 여기에는 두 가지 이유가 있다. 그중 하나는, 구체적인 현상들에서 몸짓과 반응, 나타냄과 드러남\Äußerung\을 구별하기 어렵다는 사실 때문이다. 예를 들어, 나는 어떤 사람의 눈에 맺힌 눈물을 본다. 나는 그것이 어떤 기분의 드러남(증상)이 아니라 나타냄(코드화된 상징)이라고 말할 수 있는 어떤 판단 기준을 갖고 있는가? 후자의 경우, 관찰되는 사람은 어떤 기분을 '행하고 있는\agieren\', 행동하는 사람이다. 전자의 경우, 그 사람은 어떤 기분에 '반응하는\reagieren\', 겪고 있는 사람이다. 그러나 그 사람은 동시에 양쪽 다일 수도 있고, 그중 어느 한쪽일 수도 있는데, 나는 그것을 다른 쪽이라고 착각할 수 있다. 내 어려움의 두 번째 이유는 기분이라는 단어의 모호함으로, 그것은 감정적 느낌으로부터 정서와 감수성을 거쳐 생각에 이르는 광범위하고 규정하기 어려운 영역을 포괄하는 단어이다. 내가 몸짓이란, 그것을 통해서 기분이 표출되는 방식이라는 주장을 고수하기 위해서는 먼저 '기분'이 무엇을 의미하는지를 알아야 하는데, 나는 그 개념에 폭력을 행사하지 않고서는 그것을 알 수 없다. 이것은 순환 논리가 된다. '기분'의 의미에 다가가려면 나는 몸짓을 해석해야 하는 것이다.

그럼에도 불구하고 나의 어려움은 첫눈에 보이는 만큼 크지는 않다. 내가 다른 사람을 관찰하고, 그 사람이 몸짓을 하는 것을 볼 때, 그래도 나에게는 반응과 몸짓, 기분의 드러남과 그것의 코드화된 표출을 구분하는 기준이 있다. 내가 다른 사람에게서 나 자신을 재인식한다는 것, 그리고 내 기분이 언제 수동적으로 드러나고 내가 그 기분을 언제 능동적으로 나타내는지를 나 자신에 대한 관찰을 통해서 안다는 사실이 이 판단 기준이다. 물론 나는 이러한 재인식과 자기 관찰에서 착각을 할 수 있다. 그러나 기준은 있는 것이다. 그리고 '기분'이라는 말에 관해서라면, 내가 그 의미를 모르더라도 그것이 '이성'과는 다른 무엇을 가리킨다는 것을 나는 안다. 또 내가 '이성'의 의미를 대강 알기 때문에, 이런 식의 부정에 의해서 '기분'에 대해 아는 것이면 충분하다. 따라서 나는 몸짓으로 변환된 기분인 정동에 대한 관찰을 계속할 수 있다.

이 관찰은 두 개의 쟁점 주위로 타원을 그리며 맴돌게 되는데, '상징적 나타냄\symbolische Darstellung\'과 '이성이 아닌 어떤 것\etwas anderes als Vernunft\'이 그것이다. 이에 따라서, 내가 특정한 몸짓을 이성이 아닌 어떤 것으로 해석할 때, 나는 정동과 마주하는 셈이다. 그런데 바로 이 말은, 이러한 관찰 방식 속에서 '예술'과 '정동'이 서로 뒤섞이는 예술의 경험에 대한 설명이 아닌가? 예술 작품을 볼 때, 나는 그것을 이성이 아닌 어떤 것을 상징적으로 나타내는, 응결된 몸짓이라고 해석하지 않는가? 또한 예술가란 이성(과학, 철학 등)이 표명할 수 없거나, 같은 방식으로는 나타낼 수 없는 어떤 것을 표명하거나 표출하는 사람이 아닌가? 이제, 내가 낭만주의에 가까운 태도로 예술과 정동이 서로 섞이는 것에 찬성하든, 혹은 고전주의에 가까운 태도로 그것을 거부하든, 정동이 윤리의 문제가 아니고 인식론의 문제는 더더욱 아닌, 미학적 문제를 던진다는 사실은 의심의 여지가 없다. 문제는 어떤 기분의 나타냄이 기만적인지 아닌지가 아니고, 나타낸 기분이 진실을 담을 수 있는지 아닌지는 더더욱 아니다. 문제는 그것이 관찰자의 마음을 움직이느냐 아니냐이다. 정동이 몸짓으로 변한 기분이라는 것을 인정하면, 내가 관심을 갖는 것은 더 이상 기분이 아니라, 몸짓의 효과이다. 기분이 징후들 속에서 드러나고, 내가 그것을 내적인 관찰에서 경험하는 것처럼, 기분은 윤리적이고 인식론적인 문제를 제기한다. 반대로 정동은 형식적이고 미학적인 문제를 제기한다. 정동은 기분을 그 원래의 맥락에서 풀어내어—몸짓의 형태로—미적(형식적)인 것이 되게 한다. [정동 속에서] 기분은 '인위적 \künstlich\'인 것이 된다.

이 지점에서 독자는 내가 긴 우회로를 거쳐 아주 평범한 결론에 도달했다고 이의를 제기할 수 있다. 처음부터 내가 '정동'의 의미를 모르는 척한 것이, 정동이 인위적인 기분을 의미함을 말할 수 없게 만들었는데, 그것을 말했더라면 나 자신과 독자가 불필요한 어려움을 겪지 않아도 되었으리라는 것이다. 그러나 독자의 이런 이의 제기는 착각이다. 정동이란 인위적으로 꾸민 기분이라는, 미심쩍은 판에 박힌 이야기를 받아들이는 것과, 몸짓의 의미에 대한 고찰을 통해서 이런 결론에 도달하는 것은 전혀 다르다. 그 차이는 '인위적인' 또는 '인공적인'이라는 단어 사용에 있다. 정동은 인위적인 기분이라고 단순히 말한다면, 나는 정동이 기분을 인위적인 것으로 만듦으로써, 그것이 실제로는 인간이 자신의 생활과 자신이 살고 있는 세계에 의미를 부여하는 하나의 방법이라는 사실을 간과할 위험이 있다.

만약 누군가가 내 팔을 때리고 내가 내 팔을 움직임으로써 그것에 반응한다면, 그것은 (적어도 이 타격 자체가 이 과정에 어떤 의미를 부여하는, 누군가의 몸짓이 아니었다면) 부조리하고 무의미한 과정이다. 그러나 만약 누군가가 내 팔을 때리고 내가 코드화된 몸짓으로 내 팔을 들어 올린다면, 이 과정은 의미를 띠게 된다. 나의 몸짓을 통해서 나는 팔의 고통을 그 부조리하고 무의미하고 '자연적인' 맥락에서 떼어내 문화적인 맥락 속에 기입해 넣음으로써, 그 고통을 인위적인 것으로 만든\artfizialisiert\ 것이다. 이 사례에서, (팔을 들어 올리는) 몸짓이 아마 팔의 고통을 과장했을지라도, 고통은 '실제적'이었다. 그러나 이것은 별로 중요하지 않다. 핵심은 고통의 표명, 타인을 향한 고통의 상징적 표출이다. 나타난 고통의 '실제적' 존재 또는 부재가 아니라, 바로 이 상징적 측면이 이 몸짓을 인위적인 기분으로 만든다. 실제로 페르난두 페소아는 '실제의' 고통은 상상의 고통보다 상징적으로 나타내기가 더 어렵고, 그래서 시인에게 큰 도전이라고 주장했다. ("시인은 자신이 실제로 느끼는 고통까지 속여 넘길 정도로 완벽한 야바위꾼이다.") 정동의 바로 이러한 기만적이고, 나타내는, 상징적인 성격, 바로 이 '인위성'이 기분들에(그것이 실제든 상상이든), 그리고 그럼으로써 삶에 의미를 부여한다. 이런 정식화\Formulierung\를 선호한다면, 정동은 기분을 상징적인 몸짓으로 형식화함으로써 '정신화한다\vergeistigen\'고 할 수 있다. 이런 의미에서 기분은 정동 속에서 인위적으로 된다고 이해할 수 있다.

나타난 기분의 '인위적인 성격'은 무엇보다도 미적인 문제이다. 감정이 풍부한 몸짓의 작용은 세계와 삶에 미적 의미를 부여한다. 정동을 비판하려 한다면 미적인 기준을 가지고 해야 한다. 평가 기준으로 쓰이는 가치의 저울눈은 진실과 오류 또는 진실과 거짓 사이가 아니라, 진실과 키치 사이에서 움직여야 한다. 나는 이 차이가 근본적이라고 생각한다. 만약 내가 감정이 강조된 몸짓, 예를 들어 어설픈 연극에서 부성애를 전달하려는 어설픈 배우의 연기를 관찰한다면, 나는 그 몸짓을 '진짜가 아니'라고 할 것이다. 그러나 그것을 '잘못'이나 '거짓'이라고 하는 것은 가당치 않은 표현이다. 그것은 '나쁜 미적 취향'이라는 의미에서 '진짜가 아닌' 것이고, 이 배우가 실제로 자기 자식을 사랑하는 아버지라 하더라도 변함없이 그 몸짓은 '진짜가 아닌' 상태에 머물 것이다. '진실'이라는 단어에 숨은 다의성으로 인한 이 차이를 나는 근본적인 것이라고 생각한다. 인식론에서 진실은 실제와의 일치이고, 윤리학과 정치에서 진실은 자기 자신에 대한 고착(신의)인 반면, 예술에서 '진실'은 사용되는 재료에 대한 신의를 의미한다. 이 단어에 이런 세 가지 의미가 있는 것은 분명히 우연이 아니다. 이 세 의미 모두 우리가 성실\Redlichkeit\이라고 부르는 것과 관계된다. 그러나 어설픈 배우의 몸짓처럼, 존재론적으로나 윤리적으로는 성실하지만 미학적으로 불성실한 경우는 얼마든지 있을 수 있다. 또한 감정이 풍부한 어떤 몸짓이, 존재론적으로나 윤리적으로는 불성실하면서도 미학적으로는 성실한 경우도 얼마든지 가능하다. 고대 그리스 조각에 공감했던 르네상스 시대의 조각 예술이 만들어낸 몸짓이 그렇다. 이런 경우에 그 몸짓을 '진실하다'고 평가해야 한다. 정동의 저울 위에서 미켈란젤로는 '진실' 쪽에 가까운 지점에 놓여야 하고, 할리우드 상업 영화배우는, 그들이 표현하는 정서가 실제인지 아닌지, 또는 그들이 그것을 믿는지 안 믿는지에 대한 모든 고려와 무관하게 '키치'의 경계선에 아주 가까이 자리 잡을 수밖에 없다.

그러나 여기서 기억해야 할 점은, 몸짓의 해석 이론이 없는 상태에서는 어떤 판단도 경험적이고 '직관적인' 상태에 머물게 된다는 것이다. 이 이론이 없이는 객관적인 예술비평은 물론이고, 통계적으로 볼 때 중요한 상호주관적인 예술비평도 있을 수 없다. 이런 이론이 있기 전까지 유효한 것은 "취향에 대해서는 다툴 것이 없다"이다. 따라서 어떤 관찰자에게 키치인 것이 다른 사람에게는 전적으로 진실한 정동일 수 있는 것이다. 그리고 이런 종류의 이론의 결여를, 정동의 진실을 계량화함으로써(이를테면 작품이 진실하면 할수록 그만큼 많은 관객이 감동한다고 말하면서) 우회하려 한다면, 우리는 파바로티의 정동이 바이런의 정동보다 더 진실하다고 말할 수밖에 없을 것이다. 그렇지만, 파바로티가 바이런에 비해 정동의 저울눈에서 키치에 더 가까운 지점에 있음을 뒷받침하는 일종의 직관이 있다. 정보이론(몸짓의 해석 이론을 향한 이 소심한 발걸음)은 이런 직관이 유효함을 확인한다.

우리는 이 문제를 이해하기 위해, 이 이론의 수학적 정교함(내가 보기에 그것은 대부분 이 이론을 '과학적인' 것이 되게 하려는 노력의 결과이다)에 의존하지 않는다. 이 이론에 의하면 어떤 몸짓이 덜 키치일수록 그만큼 더 많은 정보를 내포하며, 아울러 어떤 몸짓을 통해 전달된 정보의 양은 그 몸짓의 코드와 연계된다고 한다. 이러한 주장은 중요한 함의를 내포한다. 어떤 몸짓이 더 많은 정보를 내포하면 할수록, 수신자가 그 정보를 읽기는 그만큼 더 어려워진다. 정보가 많을수록, 소통은 적어진다. 그 결과 어떤 몸짓이 정보를 적게 알리면 알릴수록(몸짓이 더 잘 소통할수록), 그만큼 몸짓은 공허해지고, 편안해지고, '예뻐'진다. 왜냐하면 그 몸짓을 읽는 데 힘이 덜 들기 때문이다. 이처럼 정보이론은, 감성이 넘쳐나는 텔레비전 연속극의 몸짓들이 '대중'의 마음을 깊이 움직인다는 사실에 대한 어느 정도 객관적인 척도를 제공한다. 그렇지만 정보이론은 진정한 정동보다도 키치에서 훨씬 더 잘 작동함을 주목하는 것이 중요하다. 그것은 키치의 통속성을 측정할 수 있다. 그러나 진정한 예술의 원본성 앞에서 그것은 우리의 '직관'과 마찬가지로, 경험적인 것이 되는 듯하다. 정보이론은 결코 예술비평의 직관을 대체할 수 없고, 해석 이론을 제공하기는 더더욱 어렵다.

그럼에도 불구하고 이 이론이 우리를 도와줄 수 있는 것이 하나 있다. 그것은 '비어 있는 것\Leeren\'과 '가득 찬 것\Vollen\'이다. 나는 정동이 기분을 상징화함으로써 그것에 의미를 부여하는 방법이라고 주장했다. 정보이론은, 어떤 기분을 표출하는 상징은 정도의 차이가 있지만 비어 있을 수 있으며, 정동의 저울눈은 가득 찬 것으로부터 텅 빈 것으로, 무궁무진한 의미로부터 텅 빈 몸짓으로 이동한다는 생각을 불러일으킨다(그리고 이로써 정보이론은 실제로 해석 이론을 향해 한 발짝 나아간다). 이 눈금의 한쪽 끝에는 수천 년 동안 아직도 그 의미가 고갈되지 않은 고귀하고 희소한 몸짓들이 있다. 그 반대쪽 끝에는, 우리가 하고 있고, 또 우리 주위에서 보고 있는, 고귀한 몸짓들에 의해 우리의 기분에 주어진 '근원적인' 의미를 고갈시키려 하는 수많은 텅 빈 몸짓들이 있다. 예를 들어 우정이라는 기분은, 카스토르와 폴뤼데우케스[4]의 몸짓에 의해서, 그리고 악수에 의해서 상징적으로 표출되는데, 한쪽은 가득 찬 존재\Sein\인 반면, 다른 쪽은 거의 모든 의미가 비워진다. 비슷한 방식으로 정동 비평(간단히 말해서 예술비평)은 덜 주관적인 것이 될 수 있고, 언젠가는—분명히 아주 힘이 들겠지만—키치의 해석만이 아니라, 인류가 자신의 고통과 행동에 의미를 부여하는 위대한 순간들에 대한 해석에도 도달할 수 있으리라고 나는 생각한다.

일을 할 수 있으려면, 세계가 '당연히 그러해야 하는 상태에 있지 않다'는 것, 그리고 세계를 바꿀 수 있다는 것이 전제되어야 한다. 이런 가설들은 문제를 제기한다. 존재론은 세계가 어떠한지를, 의무론은 세계가 어떠해야 하는지를, 그리고 방법론은 세계를 어떻게 바꿀 수 있는지를 다룬다. 이 문제들은 서로 맞물려 있다. 세계가 어떤 상태인지 모르고서는 그것이 당연히 그러해야 하는 상태에 있지 않음을 알 수 없고, 세계가 어떠해야 하는지 모르고서는 그것이 어떤 상태인지도 알 수 없다. 또 세계가 변할 수 있는 것인지 모르고서는 그것이 당연히 그러해야 하는 상태에 있지 않음도 알 수 없고, 세계가 어떤 상태인지 모르고서는 그것이 변할 수 있는지도 알 수 없다. 결과적으로, 의무론과 방법론이 없는 존재론은 없고, 존재론과 방법론이 없는 의무론은 없고, 존재론과 의무론이 없는 방법론은 없다.

"아득한 옛날",[5] 인간이 처음 일을 시작한 시점에는 일의 이 세 측면이 분리되어 있지 않았다. 우리에게는 자명하지만, 주술사 자신에게 있어서는 주술의 존재론적, 윤리적, 기술적 측면들은 분리할 수 없는 것이었다. 정확히 이들의 분화가 일어났을 때, 엄밀한 의미에서 역사가 등장했다. 역사는 이 세 갈래 분화의 전개 과정이라고 이해될 수 있다. 그 첫 단계(고대와 중세)에 역사는 세계가 어떠해야 하는지 \Sein-Sollen\를 강조한다. 말하자면, 사람은 어떤 가치—윤리적, 정치적, 종교적, 실용적 가치—를 실현하기 위해서, 한마디로 '경건한 믿음 속에서' 일한다. 그 두 번째 단계(근대)에 역사는 세계라는 존재의 발견을 강조한다. 말하자면 사람은 인식론적, 과학적, 실험적, 이론적으로, 한마디로 '믿음 없이' 일한다. 그 세 번째 단계(현재)에 역사는 방법을 강조한다. 즉 사람은 기술적, 기능적, 효율적, 전략적,

사이버네틱스적으로, 한마디로 '의심이 가득한 채' '절망적으로' 일한다. 첫 번째 단계에는 목적 지향적 질문('무엇을 위해?')이, 두 번째 단계에는 인과관계 질문('어째서?')이, 세 번째 단계에는 형식적 질문('어떻게?')이 지배한다. 역사는 그러니까 일의 세 가지 모델을 우리에게 제시한다. 그것은 고전시대의 (관여되어 있는 \engagiert\) 일, 근대의 (탐구하는) 일, 그리고 동시대의 (기능적인) 일이다.

인류 대다수는 일을 하지 않는다. 그들은 타인의 일에 도구로서 종사한다. 자신들을 소외시킨 가운데 그들은 세계가 어떠한지, 어떠해야 하는지 알려 하지 않고, 세계를 바꿀 수 있으리라는 생각조차 않는다. 그들은 역사에 수동적으로만 참여한다. 역사를 겪어내는 것이다. 일하는 소수의 사람들에 대해 말하자면, 그들은 언제 어디서나 관여되어 있고 탐구적이고 기능적이다. 일의 세 요소가 맞물려 있기 때문이다. 여기 제시된 역사의 세 단계는 도식에 불과하고, 일의 세 모델이 각각 순수한 형태로 실현되지는 않는다. 그러나 이것이 유용한 분석 틀이고, 적합한 모델인 까닭은, 그것이 이른바 '가치의 위기'에 대한 하나의 관점을 열어주기 때문이다.

이 관점을 분석하기 전에, 먼저 사람이 일하는 것은 '욕구를 충족시키기 위해서'라는 상식적인 편견을 배제할 필요가 있다. 이런 식으로 보면 우리는 '동물'이고, 동물로서 생존하기 위해 몇 가지 것들이 필요하다. 이것들은 이를테면 칼로리로 수량화할 수 있다. 만약 이런 욕구 충족을 추구하는 기질을 일이라고 한다면, 우리는 일의 목표 설정에 대해 이렇게 말할 수 있을 것이다. 즉, 사람은 욕구를 채우기 위해 일하고, 그런 다음에는 더 이상 일하지 않는다. 그러나 그렇지는 않다. 동물은 일을 하는 것이 아니다. 세계를 바꾸지 않는 채로 욕구를 충족시킨다. 예를 들어 스위스인들은 오래 전에 생리적인 모든 욕구를 충족시켰는데도, 온갖 과잉에도 아랑곳하지 않고 일을 한다. 그러니까 일을 한다는 것은 하나의 몸짓이고, 가치를 실현하고 현실을 이용하려는, 자연법칙에 위배되는 노력의 표현이다.

그러므로 일의 이 세 가지 모델이 열어주는 관점은 다음과 같다. 즉, 선사시대(주술적 일의 시대)에는 가치가 의심의 여지없이 고정되어 있었다. 고대와 중세(관여적 일의 시대)에는 여러 가치들 사이에서 판단을 해야 했다. 근대(탐구적 일의 시대)에는 가치의 문제가 무효화되었다. 그리고 동시대(기술공학적 일의 시대)에는 가치에 대한 질문이 난센스가 되었다. 다음에서 분석하려는 것은 이러한 관점과 분석 틀이다.

선사시대에는 가치가 의심의 여지없이 고정되어 있었다. 왜냐하면 가치는 평가 기준이고, 가치 평가를 따져 물을 수 있으려면, 사람은 평가할 대상을 (자신과 분리하여) 마주해야 하기 때문이다. 그런데 여기서, 가치에 의해서 평가될 대상은, 세계가 어떠해야 하느냐는 것이고, 주술에서 인간은 그 세계의 한복판에 들어 있다. 사람은 자신이 다루는 세계와 마찬가지로 '반드시 해야 하는 것\Müssen\으로 가득 차 있고(신들로 가득하고)', 그의 삶은 금기와 금기 위반에 대한 '계율', 다시 말해서 당위의 규율로 규정되어 있다. 그러므로 '나는 무엇을 해야 하는가?'라는, 가치에 대한 질문은 제기될 수 없다. 가능한 유일한 질문—그렇지만 가장 과격한 질문—은 '내가 해야 할 것을 하지 않으면 무슨 일이 일어나는가?'이다. 인간과 가치 사이에 거리가 없었기 때문에, 가치들은 의심할 수 없는 '명백한 사실'6이었다. 인간 앞이나 안에, 또는 인간 위에 당위가 있는 것이 아니라, 당위 속에 인간이 들어 있었던 것이다.

'나는 무엇을 해야 하는가?'라는 질문은 인간이 당위로부터 '추방'당할 때 비로소 인류 앞에 나타난다. 이제, 이것은 역사적 질문이다. 역사적 존재는 문제적인데, 왜냐하면 그 존재는 당위에 대해 질문하고, 가치의 문제를 제기할 의무를 지기 때문이다. 그 존재는 계율과 명령과 법률 체계를 구축하고, 종교적이고 정치적으로 살 의무가 있다. 한마디로, 그는 '일을 하도록 벌을 받았고', '선\善\'을 행하기 위해서 일을 한다.

우리는 가치에 대한 판단(실천이성)과 존재7에 대한 판단(순수이성)이 서로 연관된다는 생각에 현혹될 수 있다. 사실상 역사의 시작부터 바빌로니아나 이집트인들의 일에서 이론적인 요소들을 찾아낼 수 있다. 이론의 원조가 고대 그리스인들이라는 주장은 이론의 개념을 편협하게 생각한 결과이다. 그러나 현대적인 의미에서 이론, 다시 말해서 의식적으로 가치 판단을 배제하고 존재에 대한 판단에 스스로를 한정하는 몸짓은 15세기 이탈리아에 와서야 등장한다. 이 몸짓은 인식론을 종교의 억압에서 해방시킴으로써, 실천적인 일을 이론적인 일로부터 분리한다. 그것은 '선\善\'을 '따옴표' 속에 집어넣고, 그것을 '진\眞\'과 구분한다. 그리고 바로 이러한 근대 서구 특유의 이론은 역사를 둘로 양분한다.

가공되어야 하는 세계는 이 몸짓에 의해 두 개의 영역으로 분할된다. '무엇을 위하여?'를 질문하는 가치의 영역(사회)과, '왜?'를 질문하는 소여\所與, Gegebenheit\의 영역(자연)이 그것이다. 결과적으로, 두 개의 세계에는 각각 하나씩 두 개의 '문화'가 있다. 과학적인 문화, 그리고 인문주의적이라고 불리는 문화가 그것이다. 근대의 역사는 당위와 존재, 정치와 과학의 분리와 함께 시작되고, 그것은 정치를 향한 과학의 진전, 가치 영역에 대한 소여 영역의 점진적인 침범을 특징으로 한다. '나는 무엇을 해야 하는가?'라는 질문은 근대의 처음부터 끝까지 정치적, 종교적 전쟁의 형태로, 그리고 이념 투쟁의 형태로 제기된다. 그러나 '나는 내가 하는 일을 왜 하고 있는가?'라는 질문은, 첫 번째 질문(무엇을 해야 하는가?)에 관한 사회학, 심리학, 경제학,

정치학 이론의 형태로 점점 더 분명하게 떠오른다. 근대가 진전될수록, '[그것은] 어떤 가치인가?'라는 질문을 하기는 그만큼 더 어려워졌고, '가치란 무엇인가?'라는 질문은 그만큼 더 많이 떠오른다. 정언적 명령\Imperativ\은 하나의 기능으로 변형된다. '도둑질하지 말라!'가 '도둑질하면 감옥에 간다'가 되는 것이다.

의식의 한쪽 절반이 나머지 절반을 집어삼키고, 이론적인 일이 실천적인 일에 맞서 자기주장을 관철하는 이런 식의 방법론적 정신분열증은, 19세기 이후 일의 기계화\Technisierung\의 방향으로 이어진다. 정치와 과학이 분리되자 기술이 주도권을 잡고, 일의 존재론적 측면이 의무론적 측면과 분리되자 방법론적 측면이 승리를 거둔다. '무엇을 위해?'와 '왜?'라는 질문은 '어떻게?'라는 질문으로 축소된다. 방법론의 승리가 이미 산업혁명, 소시민적 노동 윤리, 행동에 대한 파시즘적 찬양, 마르크스주의 노동 철학을, 스스로 해독제로 분비해왔음에도 불구하고, 이 과정의 결과는 아직도 예측할 수 없다. 왜냐하면 지금에 와서야 방법론의 승리가 불가피하다는 것이 분명해졌기 때문이다.

왜냐하면 '효과적인 것'으로 '선한 것'과 '진실한 것'을 밀어낸 결과를 우리가 지금 비로소 인식하기 시작하기 때문이다. 우리는 이를 아우슈비츠와 원자폭탄과 온갖 기술 관료 체제 같은 잔인한 형태들에서 본다. 그러나 우리는 무엇보다도 구조 분석, 인공두뇌학, 게임 이론, 생태학 같은, 보다 미세한 형태의 사유에서 그것을 보고 있다. 말하자면 정치와 과학에서 방법으로 관심이 옮겨진 곳에서, 가치를 향한 모든 질문은, '물\物\ 자체\Sache selbst\'에 대한 모든 질문과 똑같이 경멸적인 의미에서 '형이상학적'이 된다는 사실을 우리가 알기 시작했다는 것이다. 윤리학은 존재론처럼 무의미한 담론이 된다. 그것이 제기하는 질문들이 대답을 가능하게 하는 아무런 방법도 제시하지 않기 때문이다. 대답의 토대를 세울 방법이 없는 곳에서 질문은 아무 의미가 없다.

엄밀히 말해서, 그러니까 모든 일이 불가능해졌다. 왜냐하면 '무엇을 위해서?'라는 질문이 무의미하다면, 일하는 몸짓이 부조리해지기 때문이다. 실제로 오늘날 고전적이고 근대적인 의미에서의 일은 기능하기\das Funktionieren\로 대체되었다. 일을 하는 것은 더 이상 가치를 실현하거나 현실을 이용하기 위해서가 아니고, 우리는 어떤 기능의 담당 직원\Funktionär\ 역할을 한다. 이 부조리한 몸짓은 기계를 관찰하지 않고서는 이해될 수 없다. 왜냐하면 실제로 우리는 어떤 기계의 기능으로서 역할 하기 때문이다. 그 기계는 어떤 직원의 기능으로서 역할 하고, 다시 그 직원은 어떤 장치\Apparat\의 기능으로서 역할 하고, 그 장치는 그 자체의 기능으로서 역할 한다.

기계는 일이 부딪치게 되는 세계의 저항을 극복하기 위해서 만들어지는 물건이다. 기계는 그 일을 하기에 '좋다\gut\'. 구석기 시대의 화살은 순록을 죽이기에 좋고, 신석기시대의 쟁기는 토지를 다루기에 좋고, 고전적인 풍차는 곡식을 밀가루로 빻기에 좋다. 순록은 죽어야 하고, 땅은 가공되어야 하고, 곡식은 밀가루로 빻아져야 한다. 여기에는 아무 문제도 없다. 기계는 문제를 풀기 위해 만들어진 것이지 다른 문제를 일으키려고 만들어진 것이 아니다.

그러나 근대에 기계는 문제 있는 것이 된다. 말하자면 기계가 되었어야 하는 바와 정반대가 된 것이고, 그 때문에 기계는 관심을 끈다(정의에 따르면 관심을 끄는 기계는 좋은 기계일 수 없다. 기계의 정의에 따르면 좋은 기계에 대한 관심은—기계 자체가 아니라—그 기계로 하기에 좋은 일을 향하기 때문이다). 실제로 기계가 문제가 되는 것은 두 가지 다른 이유 때문이다. 첫 번째 이유는 원인을 묻는 질문에 대한 갑작스런 관심, 다시 말해서 연구와 밀접한 관계가 있다. 근대적 의미에서 이 이론적인 일(존재를 평가하는 몸짓)은, '망원경'(이른바 '관찰 도구')과 같은 유형의 기계들의 결과이다. 이 기계들은 문제가 있다. 왜냐하면 그것들은 어떤 일(예를 들어 달의 분화구를 관찰하는 일)에 좋은데, 다만 '좋다'는 말이 원래 의미와 달라졌기 때문이다. 즉, 곡식이 밀가루로 빻아져야 하는 것과 같은 의미로 달의 분화구가 관찰되어야 한다고 말할 수는 없는 것이다. 근대에 기계가 문제가 있게 된 두 번째 이유는, 기계 자체가 연구의 대상이 된 상황과 관계가 있다. 우리는 '그 기계가 무엇에 좋은가?'만이 아니라, '기계는 왜 기능하는가?'를 스스로 묻는다. 기계를 대하는 태도의 이러한 전환은 두 가지 결과를 가져온다. 하나는 기계를 세계의 모형으로 사용할 수 있는 체계로 인지하는 것이고, 다른 하나는 그 이론적인 구성 원칙을 발견하는 것이다. 첫 번째 결과, 즉 다양한 기계장치에 의한 우주의 관찰은 기계를 문제 있는 것으로 만든다. 왜냐하면 세계-기계에 관해서 '그것이 무엇에 좋은지?'를 질문하기가 어렵기 때문이다. 두 번째 결과, 즉 기계들과의 이론적인 관계, 새로운 기계의 발명과 산업혁명은 기계를 문제 있는 것으로 만든다. 왜냐하면 기계들이 점점 더 많이 관심을 끌게 되기 때문이다. 요약하면, 근대에 기계들은 문제 있는 것이 되는데, 그것들이 어떤 가치를 실현하지 않고, 가치에 대한 질문을 던지기 때문이다.

근대의 특징인, 과학과 정치의 분리를 고려하면, 기계가 제기하는 문제는 두 얼굴을 갖는다. 과학 쪽에서 중요한 점은, 일의 동기를 발견함으로써 일을 정당화하고, 그 결과 임의의 모든 유형의 일을 실현할 기계들을 만들어내는 것이다. 정치 쪽에서 중요한 점은 '누가 기계를 소유해야 하는가?'라는 질문이다. 기계에 의해 제기된 문제의 이 두 측면은 근대의 특징인—우리 입장에서 보면 아주 이상한—낙관론을 설명해준다. 근대는

'진보에 대한 믿음'의 시대이다. 결국에는 모든 영역에서 인간의 일을 대체할 기계가 만들어질 것이고, 인간은 '자유로워질' 것이다. 기계는 미래의 노예가 되고, 전 인류는 소외된 노동으로부터 해방됨으로써 역사의 주체가 될 것이다. 기계들은 전 인류의 소유물이 되고 인간은 누구나 평등해질 것이다. '계급'—기계를 소유한 부류와 기계에 종사하는 부류로 인류를 구분하는 것—은 소멸하고, 계급 없는 사회가 생겨날 것이다. 이런 낙관론은 우리에게는 이상해 보인다. 왜냐하면 20세기 말, 자동화 시대를 사는 우리에게는, 근대 기계가 제기한 가치에 대한 질문이, 적어도 18세기말 산업혁명 이후에는 어떠한 낙관적 해석도 배제한다는 점이 분명하기 때문이다.

왜냐하면 늦어도 산업혁명과 함께 우리는, '노동으로부터의 해방'이라는 프로그램이 '무엇을 위해서?'라는 질문을 불가피하게 만들고, '누가 기계를 소유해야 하는가?'라는 질문은 '그래서 무엇을 하려고?'라는 질문을 끌고 들어오리라는 것을, 그리고 이 둘은 그렇기 때문에 좋은 질문들이 아니라는 것을 알아차렸어야만 했기 때문이다. 실제로 산업혁명은 급속히 연동되어 복잡한 피드백으로 동시에 돌아가는 기계들의 집결, 그러니까 '장치'로 귀결되었고, 이 장치는 우리가 기계를 재고해야 함을 아주 일찌감치 보여주었다. 19세기와 20세기 전반은 낙관적이었다. 왜냐하면 그 시대가, 컨베이어벨트와 노동 과정 합리화를 거쳐서 완전 자동화로 이어진 테크놀로지를 유일한 예외로 하고, 기계를 장치의 개념으로 급진적으로 다시 생각하기를 거부했기 때문이다.

산업화 이전의 조건에서 기계는 인간과 인간이 가공하는 세계 사이에 있었다. 기계는 법적으로나 논리적으로나 인간의 '부수물\Attribut\'이었다. 인간은 자신이 일하는 동안 어떤 기계를 다른 기계로 대체할 수 있었다. 말하자면 산업화 이전의 조건에서는 인간이 상수\常數\이고, 기계가 변수\變數\였다. 산업화의 조건에서 인간은 자기 일을 하는 동안 기계들 속에 있고, 가공되는 세계는 지평선 너머('형이상학')에 자기 위치를 갖고 있었다. 논리적인 의미에서 인간은 장치의 부수물인데, 왜냐하면 법적인 의미에서는 여전히 기계에 대한 인간 소유자가 있음에도 불구하고, 일을 하는 동안 인간이 다른 인간으로 교체될 수 있기 때문이다. '기계/인간'의 조건에서는 다름 아닌 기계가 상수이고 인간이 변수이며, 이는 '소유권' 개념 자체를 의심스럽게 만든다. 자본가는 무산계급과 마찬가지로 방법은 다를지라도 기계에 점유된다. 그러므로 해방이란, 기계에 의한 것이 아니라 기계로부터의 해방이어야 하고, '누가 기계를 소유해야 하는가?'라는 질문은, '기계 너머에 누군가가 있는가, 또는 뭔가가 있는가?'를 의미한다. 산업혁명 직후에 곧바로 우리는 이를 파악했어야 한다.

물론, 이제 장치에 대한 이러한 카프카적인 이해는 명백해졌고, 근대적이고 진보적인 낙관론의 지속(자유주의 형태로든 사회주의 형태로든 간에)은 어딘지 가슴 아픈 성격을 띠게 되었다. 왜냐하면 우리가 전\前\산업적인 '인간/기계' 관계의 역전을 실존적으로 경험했기 때문이다. 우리는 우리의 활동('노동')을 하는 동안, 여가 활동('소비')에서와 똑같이 수많은 장치들의 기능으로서 역할을 한다. 또한 우리는 법적 지위의 변화가 장치의 실체적 지위를 변화시키지 않음(국가 기관이나 정당 기관은, 인간과 관련하여 법률상으로 '사적인' 산업 기관과 동등한 위치에 있음)을 고통스런 경험으로 안다. 우리는 또한 기계에 의해 노동에서 해방되는 상태는 역사의 주체가 된다는 의미가 아니고, 오히려 소비라는 형태로, 장치의 기능으로서 역할 하는 것이라는 사실도 알고 있다. 하지만 이것이 전부가 아니다. 우리는 장치와의 관계에서 훨씬 더 걱정스런 교훈들을 얻었다.

우리는 이 장치 없이는, 장치 밖에서는 살 수 없다는 것을 배웠다. 이는 단지 장치가 우리에게 육체적이고 '정신적'인 생존 수단—우리는 장치 없이 어떻게 사는지를 잊었기 때문에 그것이 없으면 절망적이다—을 제공하기 때문만은 아니다. 또한 그것이 감추고 있는 세계로부터 우리를 지켜주기 때문만도 아니다. 그 이유는 무엇보다도 장치가 우리 삶의 유일한 명분이고 유일한 의미가 되었기 때문이다. 장치 너머에는 아무것도 없고, 그것을 능가하는 모든 것, 존재론적이거나 윤리적인 공론, 다시 말해서 기능과 기능하기에 대한 모든 질문은 '형이상학적'인 것이 되어 그 의미를 잃었다. (앞서 '절망적'이라는 의미는 바로 이것이다.)

장치에 대한 우리의 종속은, 장치에 관한 목적 지향적이거나 인과관계를 묻는 질문을 가로막는다. (아주 전형적인 장치의 사례를 두 가지만 들면) '프랑스는 무엇을 위해 있는가?' 또는 '왜 산업화인가?'라는 질문은 이론적으로는 가능하지만 실존적으로는 잘못된 질문이다. 이 질문은 장치에 대한 초월을 전제로 하는데, 우리는 그럴 수 없기 때문이다. 우리는 오로지 기능적인 질문만 하도록 제한된다. 왜냐하면 우리에게 '삶'이란, 장치 안에서 장치의 기능으로서 역할을 하는 것이기 때문이다. 그렇기 때문에 '장치로부터 해방된다'는 것은 무의미하다. 장치 너머에는 할 것이 아무것도 없다. 이를 명제로 표현하자면 이렇게 된다. 장치는 모든 것을 할 수 있고, 인간이 장치 밖에서 할 수 있는 모든 것을 장치는 더 잘할 수 있다. 진보를 믿는 낙관론은, 노예인 기계가 창조적인 활동을 위해 인간을 해방시키리라고 꿈꿨다. 그러나 이제 '창조'는, 인공지능의 장치 덕분에 정보이론으로 계량화할 수 있는 개념이고, 인간에 의해서든 다른 기계에 의해서든 기계가 충분히 프로그래밍된다면, 기계가 어떤 인간보다도 훨씬 더 창조적이라는 것을 입증할 수 있다. 만약 '기계에서 해방되기'가, 기계를 넘어 있는 어떤 공간에서 무언가를 하는 것을 의미한다면,

그것은 무능력\Unzulänglichkeit\을 권유하는 것이다. 그리고 만약 '기계에서 해방되기'가 더 이상 아무것도 하지 않는 것을 의미한다면, 이는 장치의 프로그램 속에 입력된 소비를 권유하는 것이다. 그리고 이 두 번째 해석은 '기계에 의한 해방'과 같은 말이다. 요약하면, 기계 너머에는 아무것도 할 것이 없다. 고전적이고 근대적인 의미에서 일이 부조리해지기 때문이다. 장치가 자리 잡은 곳에서는, 기능하는 것밖에는 아무것도 남지 않는다.

우리는 여러 방식으로 기능할 수 있다. 개인적 헌신으로, 즉 장치의 기능으로서 역할 하면서 그 장치를 사랑하는 것이다(이것은 출세하는 우수한 관료이다). 자포자기 상태로, 즉 물러날 때까지 장치 내부에서 원을 그리며 맴도는 것이다(이것은 대중문화의 인간이다). 하나의 방법으로, 즉 내적인 피드백과 다른 장치들과의 통합에 의해 자신의 기능을 변화시키면서도 장치 내에서 작동하는 것이다(이것은 기술 관료이다). 항의의 태도로, 즉 장치를 혐오하고 파괴하려 한다. 그 시도는 장치에 의해서 만회되고 장치의 기능 속에서 변형된다(이것은 테러리스트이다). 희망에 차서, 즉 장치에 구멍을 뚫기 위해서 그것을 서서히 해체하려 한다. 다시 말해서 '기능하기'의 양을 줄임으로써, '삶의 질'을 높이려는 것인데, 삶의 질은 자동적으로 장치의 새로운 기능이 된다(이것은 환경론자, 히피이다). 이 밖에도 여러 가지 기능할 수 있는 방식이 있다. 그러나 그 어떤 것도, 일\Arbeit\의 몸짓은 기계 너머에서 부조리해진다는 것, 그 이유는 가치에 대한 질문이 의미를 잃은 탓이라는 사실을 피해가지 못한다.

이 글의 서두에서 나는 존재론과 의무론 없는 방법론은 없다고 주장했다. 말하자면 과학과 정치 없는 기술은(넓은 의미에서 예술도) 없다는 것이다. 그런데 이제 인류(특히 서구)의 역사는 먼저 노동의 이 세 측면을 구분했고, 그 다음에 과학과 정치의 분리가 정착되었다. 이는 기술이 과학과 정치를 잡아먹고, 방법론이 존재와 당위를 집어삼키는 결과를 가져왔다. 과거에 대한 향수로 아무리 많은 비용을 들이더라도, 기능의 승리 이후에는 '현실'과 '가치'를 복원할 수 없다. 대상과 과정, 변증법과 계획의 자리를, 관계, 영역, 생태계, 형태\Gestalt\, 구조가 최종적으로 차지한다. '진실한 것'의 개념과 '선한 것'의 개념은 최종적으로 난센스의 블랙박스 속에 처넣어졌다. 인식론적 사고는 윤리적 사고와 함께 최종적으로 인공지능의, 전략적 사고와 프로그램 분석으로 대체되었다. 역사는 끝났다.

방법이 존재와 당위를, 기술이 과학과 정치를 집어삼키면, 부조리가 파고들기 때문이다. 방법을 위한 방법, 목적 그 자체로서 기술, 그리고 예술을 위한 예술, 어떤 기능의 기능으로서 작동하는 것, 이것이 탈역사적인\nachgeschitlich\, 일이 없는 삶이다. 이것이 탈역사적인 이유는, 역사는 인간이 세계를 변화시킴으로써 세계가 그러해야 하는 상태가 되는 과정이고, 이 일이 중단되면 역사도 멈추기 때문이다. 그리고 세계가 어떠해야 하는지를 묻는 것이 더 이상 아무 의미를 만들지 못하면, 이 일도 중단된다. 장치가 뿌리를 내리면 일은 중단된다. 장치가 '우리를 위해 일하기' 때문이 아니라, 세계가 어떠해야 하는지에 대한 질문을 불가능하게 만드는 방식으로 세계를 바꿔놓기 때문이다. 장치는 역사의 종말이고, 모든 유토피아들이 항상 예견했던 종말이다. 그것은 일에서 해방된 실존, 예술을 위한 예술을 위해 해방된 실존, 소비하는 관조적인 실존이다. 시간의 충만함. 우리는 그 속에서 생존한다. 아니면 그 가까이에서. 그러나 우리는 우리의 상황 속에서 유토피아를 알아보지 못한다. 왜냐하면 우리가 이미 기계 저편에 있을지라도, 우리는 일이 없고 의미가 없는 삶을 여전히 상상할 수 없기 때문이다. 기계 너머에서, 우리는 상상할 수 없는 상황에 놓여 있다.

3장
글쓰기의 몸짓

이것은 어떤 표면 위에 어떤 물질(예를 들어 칠판 위에 분필)을 올려놓음으로써 형태(예를 들어 글자)를 구성하는 것이다. 따라서 구성적인 몸짓처럼 보인다: 구성이란 새로운 구성체(글자)를 만들기 위해 상이한 구성체(예를 들어 분필과 칠판)들을 연결한다. 그런데 이는 착각이다. 쓴다는 것은 표면 위에 물질을 올려놓는 것이 아니라 표면을 긁는 것으로, 그리스어 동사 '*graphein*'이 이를 입증한다. 이 경우에 겉보기는 실상과 다르다. 수천 년 전에 사람들은 메소포타미아의 흙벽돌 표면을 뾰족하게 깎은 막대로 새기기 시작했고, 전통에 따르면 그것이 문자의 기원이다. 핵심은 구멍 뚫기, 즉 표면을 뚫고 들어가는 것이고, 이는 지금도 마찬가지다. 쓴다는 것은 여전히 기입\In-skription\함을 뜻한다. 그것은 구성적인 몸짓이 아니라, 파고 들어가는 집요한 몸짓이다.

우리가 이 점을 의식하지 않는 것은 이 몸짓이 우리에게는 습관보다도 더 조밀한 지층으로 우리를 뒤덮고 있기 때문이다. 쓰기는 익숙한 몸짓 이상으로, 우리가 타고난 능력에 가깝다. 우리의 두뇌에는, 호흡을 통제하는 중추가 있는 것과 마찬가지로, 쓰는 몸짓을 조절하는 중추들이 있다. 다만 새의 유전적 프로그램에 둥지 짓기가 포함되어 있지 않은 것과 마찬가지로, 쓰기는 우리의 유전적 프로그램에 들어 있지 않을 뿐이다. 쓰기가 몸짓이 되는 것은 이 때문이다. 그 증거는 이렇다. 문맹자들이 있는데, 그들은 둥지를 지을 줄 모르는 새들처럼 괴물이 아니고, 그럼에도 인류의 다수를 차지한다. 동물이 자연에 사는 것과 비슷하게 인간은 문화에 살기 때문에 유전적 프로그램과 문화적 프로그램을 구분하기가 어렵다. 그럼에도 구분을 해야 하고, 몸짓을 자연에 의해 조건화된 움직임들과 구분해야 한다. 그것이 자유의 문제이기 때문이다.

쓸 수 있으려면, 우리는—무엇보다도—다음과 같은 요소들을 필요로 한다: 표면(한 장의 종이), 도구(만년필), 기호(철자), 관습(철자의 의미), 규칙(철자법), 체계(문법), 언어 체계에 의해 지시되는 체계(언어의 의미론적 지식), 쓰고자 하는 메시지(생각), 쓰기가 그것이다. 이 복잡함은 빼놓을 수 없는 요소들의 수가 많아서라기보다는 그 요소들의 이질성에 있다. 만년필은 이를테면 문법이나 아이디어 또는 쓰려는 모티브와는 다른 차원의 현실에 속하는 것이다.

글쓰기의 몸짓은 특정한 선형적\線形的\ 성격을 따른다. 서구의 프로그램에 따르면 그것은 표면의 왼쪽 상단 모서리에서 시작해서 우측 상단까지 이동하고, 왼쪽으로 되돌아가서 먼저 쓴 줄 바로 아래로 건너뛰고, 이런 식으로 전진과 건너뛰기를 계속해서 우측 하단에 도달한다. 우리의 쓰는 몸짓의 이런 구조는 명백히 '우발적인' 선형성, 역사적 우연의 산물이다. 이 몸짓은 다른 식의 구조를 가질 수 있고, 그것은 실제로도 다른 문명들에 의해서 실현되었다. 내가 생각하는 것은 이집트 상형문자나 중국 표의문자처럼 구조가 완전히 다른 문자들만이 아니다. 나는 유럽문자의 반전\反轉\인 아랍 문자와, 꼬불꼬불한 곡선으로 전진하는 고대 그리스 문자도 생각한다. 우리 쓰기의 몸짓이 이런 구조를 갖게 된 것은, 뾰족한 막대에 대한 점토판의 저항, 라틴어 알파벳의 관습, 그리고 낱장 형태의 종이 재단과 같은 우연한 요소들에 의한 것이다. 그럼에도 불구하고 이 구조는 세계 내에서 우리 존재의 모든 차원에 형태를 부여한다. 역사적이고 논리적이고 과학적이고 순차적인 형태로, 그리고 또한 우리의 쓰는 몸짓의 특별히 선적인 성격으로 인해 되돌릴 수 없는 형태로, 우리는 그것을 써넣는다\ausfüllen\. 이 우연한 구조의 한 가지 양상을, 이를테면 고대 그리스의 아카이아 사람들처럼 글 쓰는 방향을 뒤집어보자고 제안한다면 그것은 세계 내에서 우리의 존재 양식을 바꾸는 것이나 마찬가지이다.

타자기는 서술되는 행\行\을 작성하기 위한 것인 동시에, 쓰는 몸짓의 특정한 양상들을 위한 기억 장치로서 프로그래밍된 도구이다. 그것은 왼쪽에서 오른쪽으로 진행하고, 건너뛰고, 가장자리에 도달하면 벨소리를 내지만, 또한 그 자판들에 알파벳 기호를 저장하고 있다. 타자기는 요컨대 20세기 서구의 실존을 전체적 차원에서 구체화한 것이고, 그것에 대한 현상학적 분석은 훌륭한 자기 이해의 방법일 것이다. 널리 퍼져 있는 한 가지 오해는 타자기가 이 몸짓의 자유를 '제한한다'는 생각이다. 타자기를 쓰면 만년필로 쓸 때보다 더 자유롭다. 힘을 덜 들이면서 빠르게 글을 쓸 수 있어서만이 아니라, 타자기가 만년필보다 쓰는 몸짓의 규칙을 어기는 것을 더 잘 허용해주기 때문이고, 정확히 말해서 타자기가 이 규칙을 눈에 띄게 만들기 때문이다. 구체시\具體詩\, 문자를 2차원적인 것으로 만들려는 이 노력은 원래 타자기로만 가능하다. 자유는 규칙을 무시하는 데(그것은 만년필로도 가능하다) 있는 것이 아니라, 규칙을 바꾸는 데(그것은 타자기로 가능하다) 있다.

만년필은 더 이상 표면을 새기지 않고, 잉크를 첨가하기는 하지만 여전히 메소포타미아에서처럼 끝을 뾰족하게 만든 막대기이다. 이와 달리 타자기는 오히려 피아노를 닮았다. 사람들은 만년필이 '판화용 조각도\Graveur\'에 더 가깝고 이런 의미에서 더 진짜라고 말하고 싶을 것이다. 착각이다. 타자기는 그 해머들로 종이 표면을 두드리며, 타자를 치는 것은 만년필로 쓰는 것보다 더 파고들어가는, 특수한 방식의 그래픽적인\graphisch, '판화적인'\ 몸짓이다. 글쓰기는 생각이 현상화되는 하나의 방식이다. 타자기로 글을 쓰는 것은 만년필이나 분필이나 연필로 쓰는 것보다 더 공공연한 형태의 생각이다. 그것은 쓰기의 가장 전형적인 몸짓이다.

세 가지 사례를 비교해보자. 침팬지가 타자기를 이리저리 두드릴 경우, 침팬지는 자판을 선택하는 것이 아니다. 침팬지가 쓰는 글은 우연한 것이 될 터이다. 타이피스트가 타자를 한다면 그녀는 사전에 존재하는 텍스트와 관련해서 자판을 선택한다. 그녀가 쓰는 글은 조건 지어져 있을 것이다. 침팬지는 쓰지 않는다. 두드리는 것이다. 타이피스트도 쓰지 않는다. 그녀는 다른 사람을 위한 타자기이다. 타자기로 글을 쓰는 것은, 어떤 텍스트를 생산한다는 의도로, 특정한 철자법과 문법과 의미론과 정보와 커뮤니케이션 이론 등의 기준들에 의거해서 특정한 자판들을 선택하는 몸짓이다. 아마 워드프로세서를 사용한다면 더 높은 단계의 표명으로 생각이 나아갈 수 있을 것이다. 타자기로 글을 쓰는 진정한(세 번째의) 몸짓을 관찰하면, 이 기준들을 직접 관찰할 수는 없어도 그것이 드러나는 방식을 관찰할 수는 있다. 그러면 우리는 어떤 사람이 어떻게 생각하는지를 '본다'고 말하게 된다. 이 내적 관찰\Introspektion\은 '생각'에 대한 이데올로기적 개념을 해체하고, 그것을 더 정밀하게 만들도록 해준다.

글을 쓰는 사람은 뭔가를 표출한다. '표출한다'는 것은 상대적 개념이다. 그것은 '어딘가로부터 무엇인가를 향해 누르는 것'을 뜻한다. 이 특별한 경우에 그 의미는 분명해진다. 글 쓰는 사람은 알파벳 철자가 붙어 있는 타자기의 해머를 종이를 향해 누르는 것이다. 그러나 '표출한다'는 것은 또한 내부로부터 밀어낸다는 뜻이기도 하다. 글 쓰는 몸짓에서는 이런 의미는 그리 분명히 드러나지 않는다. 그러나 내적 관찰을 통해서 우리는, 글 쓰는 사람은 자신 속에 숨은 가상성\Virtualität\이, 저항하는 수많은 지층들을 뚫고 나오게 한다고 말할 수 있다. 여기서 '어떤 가상성을?'이라고 묻는 것은 나쁜 질문인데, 이 가상성은 오로지 글로 쓰인 텍스트 속에서만 현실화되기 때문이다. 텍스트는 그것을 쓰는 사람에게 사전에 알려져 있지 않은 대답이다. 실제로 쓰는 몸짓은 이러한 질문, 즉 '나는 무엇을 표출할 생각인가?'에 대한 대답이다.

그것보다 나은 질문은, 우리가 타자기의 자판을 누르려면 어떤 지층들을 뚫고 나가야 하느냐는 것이다. 우리는 이 기준에 따라 문학평론을 구분할 수 있다. '그는 무엇을 말하려 하는가?'를 질문하는 어리석은 평론과, '어떤 장애물을 뚫고서 그는 방금 말한 것을 말했는가?'를 질문하는 똑똑한 평론이 그것이다. 이런 장애물은 여러 가지이고 그중에는 글보다 앞서가는 것들도 있다. 이것들은 리듬과 형태의 규칙과 관련된 것으로, 표현하려는 가상성에 반항하면서 자기들의 특정한 구조를 강요한다. 그러나 이러한 지층을 뚫은 다음에, 그리고 그 가상이 단어들의 저항과 부딪칠 때 비로소, 우리는 글을 쓰기로 결정한다. 그 전에는 표출하려는 가상성이 예를 들어 작곡이나 회화와 같은 다른 몸짓으로 나아갈 수 있다. 글쓰기에 관해서라면, 우리는 단어의 저항에 대한 서술로 시작해야만 한다.

나의 기억 속에는 단어들이 있다. 그것들은 표출해야 할 가상성을 빨아들이고, 그것에 타자기로 칠 수 있는 형태를 부여하기 위한 도구에 불과한 것이 아니다. 단어들은 진동하는 단위들이고 자체의 삶을 갖는다. 그것들은 자체의 리듬과 하모니와 멜로디를 갖는다. 그것들은 그 뿌리 속에 전체 역사의 아주 오랜 지혜를 감추고 있고, 나는 그 역사의 유산이다. 그것들은 내포된 의미의 매개변수 전체를 반영한다. 나는 내 기억 속에 있는 단어들 중에서 표출하려는 가상성에 '들어맞는' 것을 임의로 선택할 수 없다. 나는 우선 그것을 들어봐야 한다.

나의 기억 속에는 여러 가지 언어의 단어들이 있다. 그것들의 의미는 같지 않다. 각각의 언어는 고유한 분위기를 가지며, 따라서 그 자체로 하나의 세계이다. 내가 내 기억 속에 저장된 언어들을 지배한다고 말하는 것은 부정확한 말이다.

물론, 나는 번역을 할 수 있고, 그런 의미에서 나는 그것들 전부를 초월한다. 그리고 그런 의미에서 또한 나는 내가 쓰고 싶은 언어를 택할 수 있다.[8] 그러나 다른 의미에서 언어들은 나를 지배하고 나를 프로그래밍하고 나를 초월한다. 왜냐하면 각각의 언어는 나를 그 고유한 세계 속으로 던져 넣기 때문이다. 단어와 언어들이 나에게 행사하는 이러한 지배를 인정하지 않고서는 나는 글을 쓸 수 없다. 나아가서 그것은 글 쓰는 몸짓에 대한 내 결정의 근원에 있다.

단어의 힘은 각각의 단어가 나도 모르는 사이에 줄줄이 다른 단어들을 불러낼 만큼 크다. 한 떼거리의 단어들이 나에 맞서 들고 일어나 타자기 자판으로 몰려들 수 있다. 이런 식의 자동기술 \écriture automatique\, 이런 식의 '의식의 흐름'은 하나의 유혹이고, 맞서 싸워야 할 위험이다. 단어의 흐름 속으로 가라앉는 것, 그 흐름을 내면으로부터 손가락을 통해, 타자기 자판을 거쳐, 종이 위로 흘러가게 하는 것, 그래서 단어의 모든 음악적인 아름다움을, 그 함축의 풍부함과 그것을 만들어낸 여러 세대의 지혜를 찬미하는 것은 멋진 일이다. 그러나 이 흐름 속에서 나는 길을 잃고, 타자기로 타자되기를 재촉하는 가상성은 해체된다. 다시 한번, 글쓰기란 단어의 주술적인 힘에 자신을 맡기고, 그러면서도 이 몸짓에 대한 일정한 통제를 유지하는 것이다.

단어와 나 사이, 단어들이 말하는 바와 내가 쓰려는 것 사이의 이 변증법은, 내가 쓰기가 아니라 말하기를 선택할 경우 완전히 다른 형태를 취한다. 내가 말을 하면, 단어들은 나에게 발음의 규칙을 부과하고, 내가 단어들을 발음하면, 그것들은 소리를 내는 몸과 공기 중의 진동이 된다. 이는 글쓰기의 선형성과는 다른 선형성이다. 그러므로 글은 구술된 말의 기록이라고 하는 것은 부정확하다. 녹음테이프의 녹취는, 글로 쓴 텍스트가 아니다. 쓰는 몸짓의 변증법은, 낮은 목소리\sotto voce\로 속삭이는 말의 단어들과 나 사이에서 일어난다. 그것은 아직 가상성 속에서 버티고 있는 단어들과 나 사이의 변증법이다. 바로 이것이 글쓰기의 아름다움이다. 그것은 단어들을 현실화하는 것이다. 문필가가 되는 것이 반드시 연설가가 되는 것을 의미하지는 않는다. 음유시인은 시인이 아니다. 단어들은 말에 대해서와는 다른 방식으로 글에 저항한다.

나의 일은 내게 속삭여진 단어들을 타자기의 철자 형태로 표명하겠다고 결정한 다음에 비로소 시작된다. 나는 우선 단어들을 배열해서 처음에는 불분명한 생각이 분명히 나타나도록 해야 한다. 여러 가지 규칙이 나타난다. 논리적 규칙이 있고, 나는 내가 표현하려는 것이 논리적으로 배열되는 것에 맞서서 반항한다고 확신한다. 나는 표현하려는 것을 재단해야 한다. 그 다음에는 문법의 규칙이 있고, 나는 이 두 가지 규칙이 항상 일치하지 않는다고 확신한다. 나는 양쪽의 규칙들을 가지고 놀기 시작하고, 내가 표현하려는 것이 논리와 문법의 모순들 사이를 그래도 아슬아슬하게 빠져나가도록 한다. 그 다음에는 정서법의 규칙이 있고, 나는 알파벳 기호의 경이로움을 발견한다. 쉼표, 물음표, 줄 바꾸기, 행 건너뛰기의 기능, 그리고 이른바 '맞춤법 오류'의 멋진 가능성들 말이다. (질문: '규칙을 의도적으로 위반하는 것은 잘못인가?') 물론, 이 모든 발견들을 나는 타자기 자판 위의 내 손가락들과, 타자기에 낀 종이의 자동적인 이동을 통해서 한다. 내가 표현하려는 것은 이 게임의 과정에서 스스로를 드러낸다. 그것이 실현되는 것이다. 그러므로 나는 글을 쓰는 동안에 놀랍게도 내가 쓰고자 했던 바를 발견한다.

글이 생각을 고정시킨다고 말하는 것은 잘못이다. 글쓰기는 생각의 한 방법이다. 어떤 몸짓을 통해서 표명되지 않는 생각이란 없다. 표명 이전의 생각은 하나의 가상성, 즉 아무것도 아닌 것에 불과하다. 생각은 몸짓을 통해서 실현된다. 엄밀히 말해서 우리는 몸짓을 하기 전에는 생각할 수 없다. 글쓰기의 몸짓은, 생각을 텍스트의 형태로 실현시키는 일의 몸짓이다. 글로 쓰이지 않은 생각을 갖고 있다는 것은, 실제로는 아무것도 갖고 있지 않다는 말이다. 자기 생각을 표현할 수 없다고 말하는 사람은, 생각하지 않는다고 말하는 사람이다. 중요한 것은 글을 쓰는 행위이고, 그 밖의 모든 것은 불가사의하다. 글을 쓰는 몸짓에서 이른바 문체의 문제는 덤이 아니라, 문제 그 자체이다. 나의 문체는 내가 글을 쓰는 방식이고, 다시 말해서 그것은 내 글쓰기의 몸짓이다. "스타일, 그것이 그 사람이다."[9]

'생각'이 표출되는 일련의 몸짓들이 있다. 그러나 쓰기는 그 특유의 직선성\直線性\과, 속삭여진 말의 단어들과 표출하려는 메시지 사이의 내적인 변증법으로, 생각의 몸짓들 중에서도 특별한 위치를 차지한다. 이 몸짓에서 나타나는 것은 서양의 '공식적인 생각'이다. 역사는 엄밀히 말해서 글을 쓰는 몸짓의 등장과 함께 시작되었고, 서양은 글로 쓰인 것을 통해서 생각하는 사회가 되었다. 그런데 이 모든 것은 이제 변화하려 하고 있다. 계속 더 중요해지는 지도층의 공식적인 생각은, 글쓰기와는 다른 구조를 가진 인공지능 데이터뱅크와 컴퓨터 장치 프로그래밍으로 나타난다. 또한 대중은 기술적 이미지의 코드에 의해 프로그래밍되고, 이런 의미에서 다시금 문맹이 된다(시스템 분석자는 글을 쓸 필요가 없고, 컴퓨터는 알파벳 없이 작동하고, 대중은 읽을 필요가 없고, 텔레비전은 글자 없이 대중을 가르친다). 글쓰기의 몸짓은 이제 기술의 발전에 추월당한 존재 양식을 보여주는 고대의 몸짓이 되려 한다.

우리는 이 변화 앞에서 낙관적인 입장을 취할 수 있다. 글쓰기의 몸짓은 실제로 초라하고 원시적이며 비효율적이고 비용이 많이 드는 몸짓이다. 알파벳은 그 레퍼토리에 있어서나 구조에 있어서나 자의식을 가진 사유를 위해 제한된 기호 체계이다. 게다가 글로 쓰인 텍스트의 인플레이션은 글 쓰는 몸짓의 가치를 떨어뜨렸다. 모든 사람이 작가이고, 그것은 더 이상 시선을 끌지 않는다. 또한 분명히, 우리 앞에 나타나는 문제들은, 그것을 알파벳보다 훨씬 더 세련되고 정밀하고 풍부한 기호 체계와 몸짓을 통해서 생각하지 않을 수 없게 만들고 있다. 우리는 비디오의 형태로, 아날로그 및 디지털 모형과 프로그램으로, 다차원적 기호 체계로 사유해야 한다. 그러므로 쓰기는 효율적이지도 않고 실존의 표현으로 유용하지도 않다. 지금은 우리가 이를 인정하고, 예를 들면 초등학교 교육 프로그램에서 그것으로부터 결론을 이끌어내야 할 시간이다.

이 모두가 사실이다. 그러나 이러한 사실을 돌파할 수 없는 사람들이 있다. 귓속에 속삭여지는 단어들이, 글로 쓰고 싶은 유혹을 뿌리칠 수 없을 만큼 크고 매력적으로 웅성거리는 구식의 삶. 물론 그들은 그것이 단선적이고, 한심하게 일차원적인 몸짓이라는 것을 안다. 그러나 그들은 이 빈곤을 느낄 능력이 없다. 그들에게 언어와 그 가상성은, 세계문학 전체가 그것을 세상에 드러내는 일을 아직 시작도 하지 않았고, 글쓰기에서 '아르테포베라'[10]란 아예 말도 안 될 정도로 풍요롭다. 그들은 글쓰기가 더 이상 노력을 기울일 만한 것이 아님을 안다. 그런데도 그들은 그것을 한다. 그 동기는, 그들 자신은 그렇다고 주장할 수 있겠지만, 다른 사람들에게 정보를 준다거나 집단적 기억을 풍요롭게 하는 것이 아니다. 이것은 부조리하다. 그들은 쓰지 않고서는 잘 살 수가 없다. 글쓰기가 없으면 그들의 삶은 별 의미가 없기 때문이다. 이 고풍스런 인간들에게는 이 말이 들어맞는다. "글쓰기는 꼭 필요하다, 삶은 그렇지 않다."[11]

혀, 입천장, 입술과 같은 입 안팎의 복잡한 기관들을 움직여서 그 주변의 공기를 '언어'라는 체계로 코드화된 방식으로 진동시키는 것, 이것이 말하기의 몸짓일까? 이를테면 위\胃\가 소화에 사용되는 것처럼, 특정 기관들이 말하기에 '사용'된다는 것이 사실일까? 또는 오히려, 우리가 만년필을 글쓰기에 사용하는 것처럼 이 기관들을 말하기에 사용하는 것이고, 그렇다면 인류의 생성 과정에서 이 기관들이 언어 기능 속에서 진화해왔을까? 언어를 만들어내는 관습은 언어 기관으로 인한 것인가, 아니면 이 관습으로 인해 언어 기관들이 생겨난 것인가? 또는 그것도 아니라면, 관습의 발생과 입의 해부학적 진화는 상호의존 관계인가? 이를테면 머릿속의 언어 중추가, 언어를 만드는 관습과 그것에 사용되는 기관들을 '실현시킨' 것인가, 아니면 거꾸로 말하기의 실제로부터 이 중추가 진화해온 것인가? 또한 언어 기관들은 신체 전체의 연관 관계 속에서(예를 들어 흉곽의 기능 안에서), 언어의 두뇌 중추는 두뇌 전체의 연관 관계 속에서(예를 들어 글쓰기-중추의 기능 안에서) 보아야 하므로, 말하자면 몸 전체가 언어적 관습, 그러니까 이른바 '정신'의 제작자인가? 또는 몸 전체, 그리고 특히 언어 기관들은 물질과 정신의 종합으로, 언어 관습과 포유동물 유기체의 역사적 발전 과정에서 서로에 대한 상호 점검으로 보아야 하는가? 그럼으로써 각각의 모든 신체 기관을, 예를 들어 엄지손가락을, 말하는 포유동물의 신체에 속한 것으로 볼 수 있다는 주장이 가능한가? 반대로, 모든 언어적 관습은, 기호논리학처럼 가장 형식적인 논리조차도, 엄지손가락이 있는 포유류에 의해 이루어진 것으로 보아야 하는가? 그러니까 다른 모든 포유동물이 말을 할 수 없는 것은 그 성대\聲帶\가 필요한 상태로 형성되지 않아서라고 해야 하는가, 아니면 반대로, 인간의 성대가 이런 형태가 된 것은 언어 관습의 특정한 기능들(예를 들어 논리적 기능)이 그렇게 만들었기 때문이라고 해야 하는가? 그러면 생겨날 질문은, 어째서 다른 동물들은 말을 하지 않는가, 또는 그들이 말을 하기는 하는데, 그들의 성대(또는 더듬이 또는 위족\僞足\)가 다른 종류의 관습(다른 정신)에 의해 형성되었기 때문에 우리가 그것을 '이해할 수 없는' 것인가이다. 요약하자면, 말하기의 몸짓은 신체로부터 파악되어야 하는가, 아니면 정신으로부터, 생리학으로부터, 역사로부터, 음성학으로부터, 의미론으로부터, 발화자로부터, 또는 말해진 것으로부터 파악되어야 하는가, 말은 말하기로부터 파악되어야 하는가, 아니면 말하기가 말로부터 파악되어야 하는가?

말이 입 밖으로 밀려 나오는 순간에 그것을 붙잡으려고 노린다면, 말이 밖으로 튀어나오기 전에 그것을 깨물려 한다면(그리고 그것이 말하기의 몸짓을 파악하려는 것이라면), 언제나 한 발짝 늦음을 알게 될 것이다. 말은 그것을 발음하기 전에, 직전이든 직후든 입 뒤쪽 어딘가에서 어떻게든 만들어지지, 영원한 이데아나 인류 역사의 광야 어딘가에서 만들어지는 것이 아니다. 이렇게 말해보자: 말은 발음기관의 복잡한 움직임이 일어나기 직전에 머릿속 어딘가에서 형성되었다. 그러므로 말하는 몸짓은 그곳에서 찾아야 할 것이다. 그러므로 말을 붙잡으려는 시도를 어디에서부터(과학으로부터 아니면 경험으로부터) 해야 하느냐는 질문은 아마도 좋은 질문이 아닐 것이다. 오히려 말 자체가, 그것이 어디에서부터 파악될지를 요구하는지 말해야 한다. 입 안에서 발음되기 전에 말이 형성되듯이, 말이 말하게 하는 것이다. 물론 이 모든 것은 말처럼 쉽지 않다.

릴케는 예언자에 관해 이렇게 말한다. 예언자는 화산이 돌멩이들을 뿜어내듯이 말을 토해내는데, 이는 그가 하는 말이 자신의 말이 아니기 때문이다. 그러나 '자신의' 말 같은 것은 아예 또는 거의 존재하지 않으며, 말을 할 때 우리는 언제나 타인들의 말들에 사로잡혀 있다고 주장할 수 있다. 그리고 이 타인들이 말을 할 때 그들은 또다시 다른 타인들의 말들에 사로잡혀 있으므로, 말을 할 때 우리는 한마디로, 말들에 사로잡혀 있다고 주장할 수 있다. 말에게 말할 기회를 주어본다면, 말은 저절로 이렇게 말한다. 인간이 말하는 것이 아니라 인간이 말해지는 것이고, 또 특정 인간 집단이 특정 언어를 말하는 것이 아니라 각각의 언어가 하나의 인간 집단을 키워낸다고. 말할 기회를 얻은 말은, 말과 인간의 이런 관계를 변증법화\dialektisieren\하는 것, 이를테면 말이 인간을 만들고, 인간이 말을 만든다는 식으로 말하는 것을 허용하지 않는다. 만약 우리가 입 바로 뒤에 있는, 발음하기 직전의 말을 붙잡으려 하면, 그것은 이렇게 말한다. 태초에 말씀이 있었고, 말씀은 화자\話者\ 속에 있었고, 말씀은 화자였다고. 물론 우리는 말의 이러한 발언을 과학적이고 철학적으로 조목조목 논할 수 있고, 그렇게 생겨난 반죽으로 여러 가지 심리학, 언어철학, 커뮤니케이션 이론을 조리할 수 있다(그것은 아주 맛있을 수 있다). 그러나 이 경우에 그 케이크의 증거\Beweis\는 정확히 먹는 것에 있지 않다. 우리가 그 말을 입 밖으로 내기 전에 그 말이 하고 있는 말로 되돌아간다면, 말은 언제나 그리고 분명하게 이렇게 말하기 때문이다: 나는 존재의 집이고, 나는 신성\神性\의 빵이고, 나는 태초이고, 로고스이다. 말하는 몸짓을 붙잡기 위해 성대 뒤에서 발음의 순간을 기다리며 앉아 있으면, 우리는 비록 성대와 발음이 이 빛을 꺼지게 할 것임을 알면서도 말이 빛나는 것을 볼 수 있다. 그리고 이 때문에 이상하게도 말하기에 대한 관찰은 먼저 침묵에 대한 질문으로 이어진다. 침묵은 물론 정적이 아니며, 말이 입으로 넘어오기 전에 말을 멈추는 몸짓이다. 침묵이란, 말이 입으로 넘어오지 않고, 말이 말하는 것을 의미한다. 말하기의 몸짓을 이해하려면 먼저 침묵의 몸짓을 관찰해야 한다. 왜냐하면 침묵

속에서 말은 말하고 빛나기 때문이다. 말하는 몸짓을 이해하려면 침묵하기를 배워야 한다.

그러나 말은 오랫동안 침묵을 지킬 수 없다. 말은 말해지기 위해 입을 압박한다. 사람이 말을 하는 것은 '뭔가 할 말이 있어서'이기보다는 말이 침묵의 벽을 뚫기 때문이다. 물론 지금은 말하기의 이러한 기본적인 사실이 잊힌 상태다. 말의 문은 병적으로 활짝 열려 있고, 다변증\Logorrhör\이 주위에 넘쳐난다. 사람들이 말을 하는 것은 말하는 법을 잊어버렸기 때문이고, 그들이 말하는 법을 잊은 것은 침묵할 게 아무것도 없기 때문이다. 말들은 그 광채를 잃어버렸다. 말의 인플레이션이 일어나기 전, 과거의 다른 상황에서는, 아직도 농부들이나 고독하게 사는 사람들에게서 보듯이, 말하기의 무게, 말하는 몸짓의 신중함, 또는 사람들이 말의 저울질\Messen\, 신중한 말하기라고 불렀을 것이 분명히 있었다. 그런 사람들에게 아직도 말하기는 침묵을 깨는 것이고, 정적의 잡담\Zerreden der Stille\[12]이 아니었다. 이는 경솔한 잡담의 몸짓이 아닌, 말하는 몸짓의 이러한 본래의 무게에 관한 것이다. 그러니까 그것은 시장바닥과 텔레비전과 강연장의 공기를 진동시키는, 어디서나 볼 수 있는 구강 기관들의 움직임이 아니라, 말들이 관찰의 영역으로부터 타인과 함께 사는 삶의 영역 속으로 돌이킬 수 없이 도달하는 훨씬 더 희귀한 몸짓이다.

대화체\dialogisch\ 말과 담론적\diskursiv\ 말[13]의 차이는 담화의 분석에 그만큼 중요한데, 말하기의 몸짓을 관찰하는 것으로는 파악될 수 없다. 말은 침묵의 벽을 뚫으면서 사용 가능한 말들의 영역으로부터 인간 상호 간의 관계의 영역으로 옮겨가는데, 여기서 이 관계의 구조를 질문하는 것은 중요하지 않다. 말하는 사람은 자신의 말을 어떤 맥락을 향하게 하고, 결코 허공에 대고 말하는 것이 아니며, 그런 의미에서 그의 말하기는 항상 말 걸기\Anrede\, 의견 개진\Aussprache\이고, 따라서 대화체이다. 그러나 그가 표현한 말들은 고리를 형성하고, 그것들은 통사론적이고 의미론적인 이유들로 인해 서로 맞물리며, 이런 의미에서 말하기의 몸짓은 항상 담론의 몸짓이다. 대화와 담론의 차이는 아마도 인간관계의 짜임 속에서, 정치적 공간 속에서 비로소 생겨날 수 있고, 말하는 순간에는 아직 유동적이다. 화자는 말을 하면서 담론과 대화를 아직 선택할 수 있는 것이다. 그런데 또 하나의 구분이 필요하다. 그것은 말하기의 몸짓이 단어들로 연결된 통일체로 변하기 전에 침묵의 벽으로 나뉘어 있던 양쪽의 공간들이다.

말하는 사람의 성대 바로 뒤에 있는, 말하기 직전의 내부 공간은 사적 공간이라고 볼 수 없다. 이 공간은 본질적으로 공적인 성격을 갖고 있는, 공적인 영역에서 생겨나는 단어들로 채워진 까닭이다. 그러나 이 공간은 또한 영원한 이데아가 논리적 질서에 따라 보관되어 있는 일종의 토포스 우라누스[14]로 간주될 수도 없다. 왜냐하면 그 공간이 비록 단어들로 채워져 있기는 하지만, 이 단어들은 발음되었을 때 비로소 현실화되고, 그런 의미에서 이데아가 되기 때문이다. 이 내부 공간을 컴퓨터와 비교하고, 그래서 그것을 두뇌 속으로 옮겨놓을 위험이 없다면, 가장 가깝게는 그것을 일종의 인공지능의 기억이라고 할 수 있을 것이다. 객관적으로, 그러니까 해부학적이고 생리학적으로 보면, 이 공간은 두뇌와, 말하는 사람의 신체 구조와 전반적으로 아주 많은 공통점이 있지만, 이렇게 볼 경우에 우리는 그것을 이해할 수 없다. 그 공간의 특징은 매우 독특한 자유의 변증법이기 때문이다. 사용 가능한 단어들은 그곳에서 바깥 공간의 역할로 선택되기 위해서 끈질기게 떠오르고, 동시에 아주 복잡한 방식으로 침묵의 벽을 반대 방향으로 밀어낸다. 밀고 밀리는 말들의 이러한 그림자 왕국을 우리는 통상 생각의 공간이라고 부르지만, 이 용어를 사용하면 이 공간과 두뇌의 직접적 연결을 잊어버릴 위험이 있다.

그럼에도 이 공간에 관해서 다음 질문을 할 수 있다. 우리는 말하는 순간에, 그러니까 이른바 생각의 공간 가장자리에서 생각을 어떻게 하는가? 왜냐하면 우리가 그곳에서는, 감춰진 구석과 틈새 어딘가에서와는 다르게 생각함이 분명하기 때문이다. 간단히 이렇게 말해보자. 이 한계 상황에서 '생각한다'는 것은, 외부 공간의 특정한 문제들을 처리하기 위해 그 문제들을 파악할 말들을 고르는 것이다. 이런 주장은 이렇게 단순화되어서는 견지될 수 없지만, 말하는 사람의 외부 공간, 즉 말하는 사람이 그 공간의 기능 속에서 자신의 말들을 선택하는 공간을 눈여겨볼 수 있게 해준다. 그것은 문제들과 다른 사람들이 가득 차 있는 공간이지만, 그것을 '세계'와 동일시하는 것은 잘못일 것이다. 말하는 사람은 세계 속으로 말을 하는 것이 아니라, 세계를 거쳐서 다른 사람에게 말한다. 말하기는 다른 사람에게 도달하기 위해 세계를 뛰어넘으려는 시도이며, 그러나 그렇게 해서 이때 세계가 이 도약 속으로 받아들여지고, '논해지는\besprochen\' 것이다. 말하기는 다른 사람들에게 도달하기 위해 세계를 괄호 밖으로 배제하려는 것이 아니라, 다른 사람들에게 도달하기 위해 세계를 말 속에 담으려는 시도이다. 말하는 사람은 자신이 다른 사람들을 향해서 하는 말들 속에 세계를 담는다. 그러므로 말하는 사람의 외부 공간은 말들 속에 담을 수 있는 세계, 그 뒤에는 또 다른 세계들이 있는 하나의 세계이다. 이러한 아주 독특한 공간, 파악할 수 있는 문제들의 공간, 도달할 수 있는 타자들의 공간, 한마디로 정치적인 공간의 기능 속에서, 말하는 사람은 자신의 말들을 고른다. 그렇게 그는 '생각한다'.

이 선택은 물론 사용 가능한 말들을 앞에 놓인 문제들에 맞추는 것, "사태에 대한 지적인 합치\adaequatio intellectus ad rem\"라고 볼 수 없으며, 아리스토텔레스나 데카르트 또는 그 밖의 어떤 것이든, 모든 기계적인 모델은 포기되어야 한다. 말하기의 몸짓은, 그것이 말을 가지고 문제들을 만져보거나, 아니면 문제들을 말-상자(범주)들 속에 잡아넣는 것이 아님을 보여준다. 말하는 사람은, 대부분의 전통적 철학이 아무리 우리를 그렇게 믿게 만들려 했어도, 말의 덫을 놓아 문제를 사냥하는 사냥꾼도 아니고, 말의 그물로 세계를 낚는 어부도 아니다. 말하는 사람은 오히려 다른 사람들을 찾고 있다. 그의 말들은 타인을 향하는 촉수이며, 비록 이 말들이 문제의 기능에서 선택될지라도, 그 우선적인 의도는 타인에 의해 이해되는 것이다. 그러므로 말하는 사람의 사유는 "사유된 것에 대한 사유의 합치 \adaequatio intellectus ad intellectum\"이고, 그의 의도는 그 어떤 '객관적' 진실을 붙잡는 것이 아니라, 상호주관적인 이해를 가능하게 하는 것이다. 말들은 비록 문제의 기능에서 선택되지만 이 선택의 기준은 그 문제만이 아니라, 그 말들의 이해 가능성이다. 말하기의 몸짓은 인식론적인 몸짓일 뿐만 아니라 미학적인 몸짓이기도 하다.

말하는 사람이 적어도 문제의 기능만큼이나 단어의 기능 속에서 생각한다는 것, 그가 단어를 문제에 맞추기만 하는 것이 아니라, 적어도 같은 정도로 문제를 단어에 맞춘다는 것, 그가 진실을 말하려 할 뿐만 아니라, 적어도 같은 정도로 타인에게 도달하려고 한다는 것을 염두에 둘 때, 간단히 말해서 말하는 사람이 과학적인 컴퓨터처럼 생각하는 것이 아니라, 살아서 생각한다는 것을 염두에 둘 때 비로소, 단어 선택의 복합성을 이해할 수 있다. 또한 우리는 이 선택에서 적어도 두 개의 제한 요인을 인식할 수 있다. 그것은 말 속에 담기기를 거부하는 문제들과, 발화되기를 거부하는 말들이다. 그러므로 우리는 적어도 두 가지 형태의 침묵에 봉착하게 된다. 그중 하나는 말할 수 없는 문제의 유형으로, 이에 관해 비트겐슈타인은 "말할 수 없는 것에 관해서는 침묵해야 한다"고 했다. 다른 하나는 발음할 수 없는 말의 유형으로, 이에 관해 성경은 "하나님의 이름을 헛되이 입에 담지 말라"고 했다. 이것을 인식론적인 침묵과 미학적인 침묵이라고 불러보자. 또한 우리는 침묵을 깨는 적어도 두 가지 유형을 구별할 수 있다. 무책임한 말하기와 파렴치한 말하기. 말할 수 없는 것을 발하고 말해서는 안 되는 것을 말하는 것이다. 이는 인간의 한계성에 대한 인정을 거부하는 두 가지 형식, 자유의 두 종류의 과잉이다. 그러나 다른 한편으로는, 말하기의 동기는 바로 여기에 있다. 인간 조건의 경계선들을 밀어내고 인간의 자유의 공간을 확장하기 위해서, 말로 표현할 수 없는 문제들을 말하게 하고, 말할 수 없는 말들을 말하는 것이다.

5장
만들기의 몸짓

우리 두 손의 좌우대칭은, 왼손을 오른손과 일치시키려면 왼손을 제4의 차원으로 회전시켜야만 하도록 되어 있다. 이런 차원에 실제로 접근할 수는 없으므로 두 손은 영원히 서로의 모습을 비춰볼 수밖에 없다. 물론 우리는 장갑을 복잡하게 조작하거나, 영상을 조작함으로써 두 손을 일치시키는 것을 상상해볼 수는 있다. 그러나 그 경우 우리는 철학적인 현기증에 가까운 어지럼증을 겪게 된다. 왜냐하면 우리 두 손의 대칭은 인간 존재의 한 조건이고, 우리가 그 일치를 생각한다면 그것은 인간의 조건을 넘어서는 생각을 하는 것이기 때문이다. 그럼에도 우리는 이 조건을 어느 정도까지 넘어설 수 있다. 말하자면 우리는 두 손을 일치에 이르게 하는 어떤 몸짓을 취할 수 있는 것이다. 한 손을 다른 손으로 붙잡는 것은 분명히 '빈\leere\' 몸짓이 아닐 것이다. 이 몸짓은 두 손의 상반 관계를 입증한다. 그러나 우리는 어떤 장애물이나 문제, 또는 어떤 대상 속에서 두 손을 일치시키려 시도할 수 있다. 이러한 '가득 찬' 몸짓이 만들기\Machen\의 몸짓이다. 이 몸짓은 대상을 양쪽 측면에서 누르고, 그럼으로써 두 손이 서로 만날 수 있다. 이 압박으로 대상의 형태가 변하고, 이 새로운 형태, 즉 대상 세계에 각인된 이러한 '정보\Information\'[15]는 인간의 기본 조건을 넘어서는 여러 방법들 중 하나다. 왜냐하면 그것은 두 손을 대상 속에서 하나로 일치시키는 방법이기 때문이다.

손의 이런 움직임을 묘사하는 데 우리가 사용하는 단어들—'잡다', '쥐다', '만지다', '움켜쥐다', '다루다', '끄집어내다', '만들어내다'—은 추상적인 개념들이 되었고, 우리는 종종 이 개념들의 의미가 손의 구체적인 움직임으로부터 개념화되었음을 잊는다. 이는 우리의 사고 과정이 얼마만큼 우리의 손에 의한 만들기의 몸짓과, 두 손을 서로 만나게 하려고 대상에 가하는 압박에 의해 형성되는지를 보여준다. 인간처럼 생각할 수 있지만 손을 갖지 않은 어떤 존재를 상상한다면, 우리 사고와는 전혀 다른 사고를 상상하게 된다. 문어가 인간과 비교될 만한 두뇌를 가졌다고 한번 가정해보자. (문어가 그 발들을 가지고 우리의 손과 비슷한 방식의 몸짓을 하는 것이 아니라면) 문어는 절대로 이해할 수도, 정의할 수도, 계산할 수도 없을 것이다. 왜냐하면 이것들은 우리 손의 움직임의 면모들이기 때문이다. 우리가 어떻게 생각을 하는지 알려면 우리는 손을 들여다봐야 한다. 손가락들을, 엄지가 나머지 손가락들에 어떻게 맞서는지, 손가락 끝들이 어떻게 서로 닿는지, 손이 어떻게 손바닥이 되어 열리는지, 그리고 주먹이 되어 닫히는지, 한 손이 어떻게 다른 손에 맞서는지를 들여다봐야 한다.

세계 속에서 우리가 어디 있는지를 설명하려면 세계가 '손이 닿는 범위 안에' 있다고 말하는 것으로는 충분하지 않다. 우리는 두 개의 손을 갖고 있다. 우리는 서로 마주하는 두 측면으로부터 세계를 붙잡으며, 이 때문에 세계가 지각되고 이해되고 파악되고 가공될 수 있다. 우리는 문어처럼 여덟 개의 측면으로부터 세계를 붙잡지 않는다. 서로 마주보는 두 손의 대칭 덕분에 우리에게 세계는 '변증법적'이다. 우리는 세계가 인간의 모습을 하고 있다\anthropomorph\고 추정해 볼 수 있다. 그러나 이 추정은 '실용적인(손에 좋은)' 것이 아니다. 왜냐하면 우리는 그런 세계를 '붙잡고', '이해하고', '그것으로 뭔가를 할' 수 없기 때문이다. 우리에게 세계는 두 개의 측면을 갖는다. 좋은 면과 나쁜 면, 아름다운 면과 추한 면, 밝은 면과 어두운 면, 오른쪽과 왼쪽이 그것이다. 또한 우리는 완전함\Ganzheit\을 생각할 때, 그것을 상반되는 두 가지의 일치라고 생각한다. 이러한 완전함이 만들기의 몸짓의 목표이다.

만들기의 몸짓은, 손의 구조로 인하여 완전함('완벽함')을 추구할 수밖에 없지만, 그것은 결코 거기에 도달하지 못한다. 우리 손의 좌우대칭은 대상 세계의 3차원 공간에서 두 손의 일치를 허용하지 않기 때문이다. 우리는 완벽한 만들기의 몸짓의 모델을 얻기 위해서, 이 세계의 '뒤에' 제4의 차원을 투사할 수 있다. 그것이 '조물주로서의 신'이다. 신은 자신이 만든 세계의 '초월성' 속에서 두 손이 완벽하게 일치하는 창조자이다. 플라톤의 양성 인간16은 불가해하다. 그러나 이런 식의 모델 자체가 인간의 만들기의 몸짓의 산물이라는 것은 특별한 신학적 연구를 하지 않고도 알 수 있다. 그리고 모든 모델이 이렇다. 그것들은 우리의 두 손이 만들어낸 산물인 것이다. 그러므로 어떤 모델을 사용해서 만들기의 몸짓에 접근하면 우리는 순환 논리에 빠질 수밖에 없다. 우리는 이 몸짓을 모델 없이 관찰해야 한다. 말하자면 현상학적인 노력을 시도해야 하는 것이다. 그리고 이것은 간단한 일이 아니다. 왜냐하면 우리들 스스로가 만들기의 몸짓이기 때문이다. 이것은 만드는 인간, 호미네스 파브리 \homines fabri\로서 우리 자신을 관찰하려는 노력과 관계되는 일이다. 우리는 화성인이 되어야 한다.

화성인이 우리 손을 본다면 아마 우리가 거미의 움직임을 지켜볼 때 느끼는 것보다 더 심한 역겨움을 느낄 것이다. 우리의 손은 거의 잠시도 가만히 있지 않는다. 그것은 세계 속에서 세계를 더듬고, 만지고, 다루고, 두드리기를 잠시도 멈추지 않는, 발이 다섯 개씩 달린 거미들이다. 화성인은 우리의 손과 비교할 수 있는 지구상의 존재물들—감각기관, 공격 무기와 방어 무기, 의사소통 수단—에도 혐오감을 느낄 것이다. 그러나 화성인은 우리 손처럼 게걸스럽고 끊임없이 조바심하고 들썩이는 것은 좀처럼 만날 수 없을 것이다. 이 세상에 존재하는 이 역겨운 형태는 오로지 인간만의 것이다.

질서, 조화, 완전함의 관점에서, 그러니까 비인간의

관점에서 보면 손은 괴물이다. 만족을 모르는 그 욕망과 적극적인 호기심은 모든 질서에 대해 파괴적이기 때문이다. 사물의 질서 내에서 실제로 손은 선동과 전복의 대리자이다. 그것은 자연을 해치기 위해 자연에 잠입했고, 반자연적인 것으로서 손은 혐오스럽고 으스스하다. 그리고 아주 분명하게, 손은 인간인 우리가 세계 속에 존재하는 하나의 방식이다. 다른 모든 동물들(아마 개들은 예외겠지만)에게 우리 인간은 틀림없이 구역질을 불러일으킬 것이다.

손은 거의 끊임없이 움직인다. 만약 우리가 손들이 사방팔방으로 가로지르는 선들을 예를 들어 비디오로 기록할 수 있다면, 우리는 우리의 세계-내-존재\In-der-Welt-Sein\의 이미지를 갖게 되리라. 그리고 실제로 우리는 이런 비디오를 갖고 있는데, 그것은 바로 문화의 세계이다. 그 세계는, 비록 우리 손의 움직임에 맞서는 대상 세계의 저항으로 인해 조정되기는 했어도, 수천 년 동안 우리의 손들에 의해 판단되었던 경로들이 기록된 세계이다. 그리고 그것은 분명히 우리 인간의 관점에서 보면 아름다움의 상징이다.

만들기의 몸짓은 말로 표현할 수 없을 만큼 복잡한 몸짓이다. 그러나 교육적인 목적에서 이 몸짓을 단순한 단계들로 나눠볼 수는 있다. 이렇게 단순화할 경우에 만들기의 몸짓은 대략 이런 모습이 된다. 두 손이 대상들의 세계를 향해 뻗어나간다. 손은 어떤 대상을 붙잡는다. 손은 그것을 그 주변으로부터 떼어낸다. 손은 그 대상을 양쪽에서 누른다. 손은 대상의 형태를 바꾼다. 이 단순화는 손에만 관심을 집중한 것이다. 만들기의 몸짓에는 물론 몸 전체가(그리고 또 다른 존재론적 차원에서 배제할 수 없다면 '정신'도 함께) 참여하기 때문에, 이렇게 단순화하는 방식으로는 손만이 조명되고, 다른 모든 것은 흐릿하고 모호한 시야의 가장자리에 남게 될 것이다.

그러니까 먼저 손이 세계를 향해 뻗어나가고, 양팔이 벌어지고, 손가락이 펼쳐지고, 손바닥들이 서로 마주본다. 우리는 이 동작을 알고 있다. 그것은 받아들임, 수용, 미래를 향한 개방의 몸짓이다. 그것은 지각 \Wahrnehmung\의 몸짓이라고 할 수 있다. 그러나 이 우호적이고 공손한 겉모습에 속아서는 안 된다. 지각은 성모 마리아의 수태가 아니다. 그것은 폭력적이고 적극적인 몸짓이다. 그것은 세계에 폭력을 행사한다. 왜냐하면 그것이 세계를 두 손바닥 사이 (받아들이는) 영역과 그 바깥 (거절하는) 영역으로 나누기 때문이다. 그것은 미래에 영향을 미친다. 그것이 특정한 사건들은 흘러들 수 있지만 다른 사건들은 배제하는 하나의 채널을 열기 때문이다. 그것은 분리의 몸짓, 칸트의 의미에서 '정언적 \kategorial\' 몸짓이다. 그것은 지각의 몸짓에 의해서 열리는 범주들 속에 대상 세계를 받아들인다.

자신의 활동 범위를 정하고 나면, 두 손은 뭔가에 가로막힐 때까지 서로에게 다가가기 시작한다. 당연히 어디든 뭔가가 있다. 대상 세계는 그것들로 '가득 차 있기' 때문이다. 손이 스쳐 지나가는 것이 공기뿐일지라도 말이다. 그런데 그 뭔가가 손에 이렇다 할 저항을 하지 않고, 손이 그것을 쉽게 뚫고 나가거나 밀어젖힐 수 있다면, 그것은 움직이는 손으로부터 무시를 당한다. 그러면 그것은 손에게는 대상이 아니다. 왜냐하면 이것은, 세계가 저항하지 않으면 세계를 무시하고 그것을 차지하는 제국주의의 몸짓, 지배자의 몸짓이기 때문이다. 그 세계는 두 손이 서로에게 다가가면서 옆으로 쓸어버리는 파리 떼들로 이루어져 있다.

이 손이 나아가는 도중에 장애물과 부딪치지 않는 경우가 있다. 그러면 손은 '아무것도' 지각하지 못하게 된다. 그것은 '빈' 몸짓이 된다. 그러나 또한 손이 그 움직임을 계속하지 못하게 가로막는 뭔가에 부딪치는 일도 일어난다. 이 경우에는 두 가지 가능성이 있다. 손은 뒤로 물러나거나, 아니면 두 손의 만남을 고집할 수 있다. 첫 번째 가능성은 두려움, 도주, 모면의 몸짓 또는 혐오, 역겨움의 몸짓과 관계되는데, 그것은 이 글에서 다룰 주제에 속하지 않는다. 대신 여기서 관찰하려는 것은 두 번째 경우의 손이다. 손은 손끝으로 그 대상을 건드리기 시작한다. 손은 그 윤곽을 따라가고, 그것을 손바닥 위에 올려놓고서 무게를 재고(헤아리고),[17] 그것을 한 손에서 다른 손으로 옮겨본다(숙고한다).[18] 이것이 '파악 \Begreifen\[19] 의 몸짓'이다. 이 몸짓은 (우리의 학문적 전통은 그렇다고 주장하지만) '객관적' 관찰의 '순수한' 몸짓이 아니다. 사실, 손은 자신이 파악하는 대상 자체에 관심이 없다. 손은 '그것을 가지고 노는' 것이고, 이것은 특별히 인간에게만 있는 움직임이다. 그럼에도 불구하고 손은 어떤 관심사를 추구한다. 즉, 두 손이 서로 만나고 싶어 하는 것이다. 분명히 손은 대상 '그 자체'에는 관심이 없다. 그러나 손은 '문제'로서의 대상, '장애물'로서의 대상에 관심이 있다. 파악의 몸짓은 '순수하지' 않다. 그것은 관조적이지 않다. 그것은 '실천적'이고, 다른 모든 몸짓들이 그렇듯 의도가 있다. 순수한 파악이란 존재하지 않는다. '순수' 학문은 하나의 신화이다.

파악의 몸짓은 실제적이다. 그것은 대상과 관계된 모두를 파악할 필요가 없다. 그것은 허황된 목표일 것이다. 손은 결코 어떤 대상의 모든 측면을 파악할 수 없다. 모든 대상은 실제적 관점에서 보면 수없이 많은 측면들을 갖기 때문이다. 그래서 대상은 '구체적'인 것이다. 대상이 가진 측면들의 실제적인 무수함이 그 대상을 유일무이하고 비교 불가능하게 만든다. 그러나 손은 대상에 대한 총체적 인식의 불합리함에 의지하지 않는다. 두 손이 서로 만나는 데는 그 만남에 필요한 측면들, 즉 대상을 뚫고 들어가는 것이 가능해 보이는 측면들을 이해하는 것이면 충분하다. 따라서 손은 이런 측면에 집중한다. 이것이 '이해 \cum-prae-tendere\[20]의 몸짓'이다. 실제로 이는 대상을 앞서 이미 파악한 대상들과 비교하는 몸짓이다. 물론 대상은 그 구체성에 있어서는 다른 어떤 것과도 비교할 수 없다. 그러나 대상은 그 몇 가지 측면들로 일반화할 수 있다. (학문의) 전통은 분류, 추론, 점진적 일반화에 대해 말한다. 이 개념들은 그것이 논리적이고 수학적이고 형식적이고 추상적인 활동이라는 인상을 준다. 만약 우리가 이 개념들의 의미가 손이 행하는 이해의 몸짓으로부터 개념화되었다는 사실을 잊는다면, '이해'는 실제로 '정신'의 움직임이 될 것이다. 그러나 우리가 대상의 주위에서 일어나는 손의 움직임들에 집중한다면, 그래서 그 움직임들로 하여금 말하게 한다면, 우리는 이해라는 것이 얼마만큼 구체적인 움직임들인지 관찰할 수 있다. 그렇다면 '이해하기'란 다시 '함께 파악하기 \zusammen begreifen\', 또는 나아가 대상에 침투하기 위해 여러 가지 대상들을 '함께 움켜잡기 \gemeinsames ergreifen\'가 된다.

하나의 대상이 실제로 이해되는 것은 손이 그것을 뚫고 들어가기 시작할 때이다. 물론 이해할 수 없는 대상들이 있다. 뚫고 들어가려는 손에게, 자신이 실제로 뚫고 들어갈 수 없다는 것을 보여주는 대상들이 있는 것이다. 이런 대상들은 만들기의 몸짓에 적합하지 않다. 이런 일이 일어날 경우, 만들기의 몸짓은 전혀 다른 몸짓을 수행하는데, 그것은 이 글의 주제에 속하지 않는다. 그러나 파악할 수 없는 것이 있다는 것, 우리의 손이 모든 것을 다 파악할 수 없다는 것을 계속 의식할 필요가 있다. 만들기의 몸짓에는 한계가 있다. 이해할 수 없는 것 \das Unverständliche\이다.

그렇지만 우리 주위 대부분의 대상들은 이해할 수 있고, 손은 그 움직임들을 가지고 세계의 이런 영역을 계속 늘려간다. 손은 아직 이해되지 않은 대상들을, 이해하기 위해서 갖고 논다. 손은 '특이한 것'에 '기묘하게' 심취해 있고, 한마디로 호기심이 많다. 분명히 우리의 전통 속에는 이 주제에 대한 매우 고상한 사색들이 있다. 말하자면 손의 호기심은 우리 손이 세계로부터 점점 더 많은 소유물을 움켜쥐는 기분이라는 것이다. 그러나 손의 구체적인 움직임에 주의를 기울여보면, 손의 호기심에 대한 이런 설명은 그다지 고상한 것 같지 않다. 두 손은 서로 만나고 싶어 하는데, 손의 대칭성이 그렇기 때문이다. 그러나 손은 그렇게 할 수 없는데, 두 손이 서로를 향해 다가가는 길 위에 대상들이 있기 때문이다. 그래서 손은 그 모양 자체로 인해 세계를 점진적으로 이해하고 꾸준히 점령할 수밖에 없다. 손의 호기심은 우리에게 주어진 조건이다.

이제, 손이 그 대상물을 이해한 다음에는 어떻게 움직이는지 설명할 차례다. 그런데 이 지점에서 우리를 가로막는 장벽이 등장한다. 그것은 우리가 지금 우리 자신의 손의 움직임을 설명하려고 한다는 사실을 잊지 않기 때문이다. 또 이 지점에서 우리는 어떤 '내적인'—우리는 이것이 어디로부터 끼어드는지 모른다—동기가 손의 몸짓에 영향을 주고 그 몸짓을 변화시킨다는 느낌을 받는다. 손에서 '내적인 것'으로 우리의 관심을 어쩔 수 없이 옮기게 하는 이 장벽을 인정하는 것이 지적으로 정직하다. 우리의 바람은, 이 탈선 이후에 재빨리 다시 손으로 되돌아가는 것이다.

그 느낌은 이렇다. 손이 그 대상을 이해한 다음에는 그 대상이 어떠해야 할지를 아는 듯이 보인다는 것이다. 이는 아주 만족스럽지 않은 문장이다. 이 문장의 단어 하나하나가 의심스럽다. 그것을 '아는', 이 숨겨진 존재는 누구인가? '이해했다'는 것은 말할 것도 없고, 여기서 '안다'는 것은 무엇을 뜻하는가? 또 어떠하다\sein\와 어떠해야 한다\sollen\ 사이의 구별, 현실과 가치 사이의 구별은 어떤 종류의 구별인가? 주지하듯이 우리 전통 속에는 이 주제에 대한 폭넓고도 끊임없는(그러나 별로 만족스럽지 않은) 논쟁이 있다. 그렇지만 모든 모형들을 괄호 속에 넣었을 때, 우리는 이런 논쟁을 배제한 것이 아닌가? 이 모두가 사실이다. 그러나 우리의 사고를 지배하는 손의 권력은 너무나 강해서, 우리는 '주체와 객체', '현실과 가치', '질료와 형태' 사이의 이런 비생산적인 변증법을 정직한 방법으로 벗어날 수 없다. 낡은 순환논법 '두 손'은 닫혀버리고, 우리는 거기서 정직한 방법으로 빠져나갈 수 없다.

이 불확실한 느낌을 '수동적\手動的\' 개념들로 표현해보자. 이해되는 대상은 두 손 사이에서 이해된다. 왼손은 그 대상이 무엇인지 이해했고, 이것은 왼손이 그 대상을 다른 대상들과 비교했다는 뜻이다. 그리고 오른손은 그 대상이 무엇이어야 하는지를 이해했는데, 이것은 오른손이 그 대상을 어떤 형태와 비교했다는 뜻이다. 물론 앞의 문장에서 '왼손'과 '오른손'의 개념은 비유적으로 쓰인 것이지, 서술이나 관찰로서 쓰인 것은 아니다. 그럼에도 왼손과 오른손 사이에는 뚜렷한 차이가 있다. 비유적인 어법이 이 뚜렷한 차이를 어떤 면에서 반영한다고 기대해보자. 비유적으로, 왼손을 '실천', 오른손을 '이론'이라고 하고, 두 손이 서로 만나려는 움직임은, 이론을 실천에 옮기고, 실천을 이론적으로 뒷받침하려는 시도라고 해보자. 이는 손의 움직임에 의해서 손의 대상이 마땅히 되어야 하는 어떤 상태로 변하는 움직임이다. 대상이 마땅히 되어야 하는 상태로 되었을 때, 그래서 당위가 객관적이고 구체적으로 되고, 대상이 쓸모 있어지고, 가치가 객체가 되었을 때, 두 손은 서로 만나게 된다. 이때 우리는, 두 손이 일치에 이르려고 하면 지향해야 하는 '제4의 차원'을 얻게 된다. 그것이 가치의 차원이다. 얻고자 했던 완전함은 가치의 영역 속에 있다.

자신의 대상을 이해한 다음, 손은 그 대상에 어떤 가치나 형태를 각인하기 시작한다. 왼손은 대상을 형태 속으로 밀어넣으려 하고, 오른손은 대상에 형태를 찍어누르려 한다. 이것이 '평가\Wertung\의 몸짓'이다. 두 손은 이 대상에 알맞은 형태에 대해 어떤 방식으로든 합의했다. 손은 '가죽'이라는 대상이 '구두'라는 형태에 들어맞으며, '구두'라는 형태가 '가죽'이라는 대상에 적합하다는 것을 이해했다. 평가는 무게를 재는 몸짓으로, 이때 두 손은 존재와 당위를 평가하고 검토하는 저울판이 된다.

물론 이 몸짓이 거꾸로 진행될 수도 있다. 손이 어떤 형태에 부합하는 대상을 선택할 수 있는 것이다. 우리의 전통은 이들이 두 가지 서로 다른 몸짓이라고 한다. 어떤 형태가 어떤 대상의 기능으로 선택되면 그것을 '가치중립적' 과학 연구의 결과인, 기술적인 몸짓이라고 한다. 반대로 어떤 대상이 어떤 형태의 기능으로 선택되면 그것을 예술적인 몸짓, 디자인이라고 한다. 그러나 이 전통은 기술과 예술, 구두를 만드는 몸짓과 구두의 형태를 디자인하는 몸짓의 차이를 과장하고 있다. 대상의 관점에서 형태를 선택하는 것과 형태의 관점에서 대상을 선택하는 것은 서로 연관된다. 그것이 바로 이론과 실천의 변증법이기 때문이다. 그리고 처음의 강조점이 형태에 있는지 대상에 있는지는 그리 중요한 것이 아니다. 만들기의 몸짓은 기술적 평가와 예술적 평가에 대한 처음의 구분이 무의미할 정도로 빠르게 대상에서 형태로, 그리고 형태에서 대상으로 넘어간다. 전통은 관찰에 근거한 타당한 이유 없이 예술을 기술과 분리했다. 물론 형식적으로 생각하면, 예를 들어 플로터를 사용하면, 형태가 실천보다 우위를 차지하고, '형태는 기능을 따른다'는 20세기 전반의 구호는 마치 장갑이 뒤집히듯 뒤집혀서, '기능은 형태를 따른다'가 되어야 한다.

대상이 평가되고 나면, 손은 대상을 '가르치고', 대상의 형태를 변화시키기 시작한다. 손은 대상에게 폭력을 가하고, 그것이 그대로 있도록 허락하지 않는다. 손은 대상을 부정한다. 손은 대상을 마주하는 자신을 긍정한다. 손의 대상에 대한 이러한 부정과 자기에 대한 긍정이 '생산\Herstellen\의 몸짓'이다.

그것은 대상을 그 주변 환경으로부터 낚아챈다. '생산한다'는 것은 대상을 어떤 맥락에서 떼어내 다른 맥락 속에 두는 것, 대상을 존재적으로 \ontisch\ 변화시키는 것이다. 그것은 대상을 부정된 맥락(그렇게 있어서는 안 되는 상태의 세계)에서 떼어내, 긍정된 맥락(마땅히 그렇게 있어야 하는 상태의 세계) 속에 두는 것이다. 생산의 몸짓은 대상 세계를 부정하는 몸짓이다. 왜냐하면 그 몸짓이 대상 세계는 틀렸고 나쁘고 추하다고 주장하기 때문이다. 대상 세계는 두 손이 서로 만나는 것을 방해하기 때문이다. 그렇기에 우리의 손은 괴물이다. 손은 생산의 몸짓을 통해서, 자신이 속해 있는 이 세계가 틀렸고 나쁘고 추하다고—그러니 뭔가가 행해져야 한다고—주장하는 것이다. 그리고 바로 이 기괴함이 세계 내에서 우리 인간이 존재하는 방식이다.

생산의 몸짓 이전까지, 만들기 몸짓의 모든 단계에서 대상은 수동적이고 묵묵히, 무감각하고 우둔하게, 즉각 '손에 쥘' 수 있는 상태로 그냥 거기 있었다. 이 수동성과 우둔함이 바로 대상 세계가 존재하는 방식이다. 이것이 대상으로서 세계의 존재이다. 그런데 갑자기, 생산의 압력을 받으면서 대상은 반응하기 시작한다. 그것은 하나의 생산물로 변하기를 거부하고, 자신에 대한 폭행에 저항한다. 그것은 불성실해진다. 그것은 '날것의' 재료이다. 손은 그것을 혐오한다. 따라서 대상은 혐오되어야 마땅한 것이 된다. 대상의 날것 상태는 대상에 폭력을 가하는 손에 상처를 입히고, 이 상처로 인해 생산의 몸짓이 변한다. 손은 원자재의 저항을 감지하고 상처에 반응한다. 이것이 '조사 \Untersuchen\'의 몸짓이다. 이 몸짓에 의해 재료는 심문당하고 꿰뚫리며, 손은 재료 속에서 자신이 재료에 강요하는 가치에 대한 재료의 저항을 발견한다.

만들기 몸짓에 대한 관찰은 이해하는 것과 조사하는 것의 차이를 보여준다. 대상들을 비교할 때 우리는 세상을 이해하는 것이고, 그 대상과 우리의 가치를 비교하기 위해 대상을 꿰뚫을 때 우리는 세계를 조사하는 것이다. 대상에 대한 조사는, 손의 압력에 저항하도록 대상을 부추기고, 대상이 자신의 내부 구조를 드러내기를 강요한다. 세계를 조사하는 것은 만드는 몸짓에서 나중의 단계이다. 조사를 할 수 있으려면 먼저 이해해야 한다. 손이 대상을 이해할 때 손은 대상의 표면에 있지만, 조사를 할 때 손은 대상 속에 있다. 그러므로 조사는 이해보다 더 철저하지만 덜 객관적이다. 조사를 할 때 우리는 그 내부에 있고, 조사되는 대상에 연루된다.

조사를 할 때 우리는 만드는 대상들만을 꿰뚫는 것이 사실이다. 그러나 그렇다고 해서 조사에 의한 파악이 단순히 실행의 기능일 뿐이라는 결론으로 이어지지는 않는다. 오히려 조사는 대상의 내부에서 이론을 실천과 일치시키려는 시도이다. 조사의 몸짓은 이해의 몸짓만큼 자유롭지 않다. 그것은 대상의 저항으로 인해 계속 상처를 받는, 의도된 방향으로부터 계속 어긋나는 몸짓이다. 그래서 조사는 이해보다 덜 객관적이지만, 조사의 몸짓에서 대상은 더 많은 의미를 함축하고 있음이 밝혀진다. 조사를 하기 위해서는 뭔가를 해야 하고, 그것은 이론과 실천을 내포한다. 이론이 결여된 기계적인 취급으로는 대상을 파악할 수 없고, 마찬가지로 실행에 옮겨지지 않는 '순수' 이론으로도 대상을 조사할 수 없다. 분업에 의해 이론의 손이 제거된 공장 노동자도, 실천의 손이 제거된 '순수' 이론가도 대상을 조사할 수 없다. 이것이 '소외 \Entfremdung\'이다.

원자재가 생산의 압력에 맞서는 저항의 정도와 종류는 대상마다 각기 다르다. 유리 같은 대상은 압력에 부서지고, 이는 압력을 흡수하는 솜과도 다르고, 손가락 사이로 흘러나가는 물과도 다르고, 또 압력을 받으면 숨어 있던 결점을 드러내는 대리석과도 다르다. 대상들은 저마다 자신에게 가치를 강요하려는 손의 노력을 좌절시키는 고유한 술책을 가진다. 대상들은 각각 다른 전략과 방법을 필요로 한다. 무자비하게 다뤄야 할 대상이 있고, 어루만져야 할 대상이 있으며, 속임수를 써야 할 대상이 있다. 손이 대상을 조사하는 정도만큼, 손은 형태를 부여하기 위한 전략을 찾아낸다. 대상이 손을 다치게 하는 정도만큼, 대상은 자신의 약점과 비밀을 누설한다. 그리고 손이 이런 비밀을 조사하고, 그것을 어떻게 바꿀 수 있는지를 파악하면, 손의 몸짓은 다시 한번 변화한다. 이것이 '제작\Erzeugen\의 몸짓'이다. 이제 손은 대상에 어떤 가치를 부과할 수 있고, 대상의 핵심까지 꿰뚫고 들어감으로써 서로 만나고 하나로 합칠 수 있다.

이 지점에서 만들기의 몸짓에 대한 우리의 서술에 새로운 어려움이 나타난다. 그것은 일의 전문화와 분업이라는 문제이다. 각각의 대상은 특정한 전략을 요구하고, 이에 따라서 제작의 몸짓은 서로 다른 제작의 몸짓들을 비교하는 것이 불가능해 보일 정도로 대상마다 각기 다르다. 그러나 이 몸짓의 한 가지 유형만 관찰하면, 모든 제작의 몸짓의 구조를 충분히 알 수 있다. 전문화라는 나무에서 퍼져나간 수천 개의 가지들은 모든 제작의 몸짓 속에 구조로서 들어 있다. 이 나무를 보기 위해서, '완전함'을 추구하는 손이 어떻게 이 무수한 나뭇가지들에서 함께 움직이는지를 추적할 필요는 없다. 잘 들여다보기만 하면, 그것은 모든 개별적인 몸짓들 속에 음성\陰性\적인 조건[21]으로 들어 있다. 왜냐하면 하나의 대상을 제작하는 것은 (그것이 아닌) 다른 대상을 제작하지 않는 것이기 때문이다. 이는 '결정\Entscheidung\'의 몸짓이다.

대상을 조사하고 그 비밀을 찾아낸 다음에, 손은 자기 자신의 비밀, 즉 손 특유의 재주와, 그 대상과 관련된 자신의 운명도 파악할 수 있다. 우리는 '이것은 내게 중요하다' 또는 '저것은 내게 아무것도 아니다'와 같은 표현을 알고 있다. 이는 근본적으로 어떤 대상을 조사했고 파악했다는 뜻이기 때문이다. 이 대상이 자신에게 아무것도 아니라는 것을 파악했을 경우, 손은 그 대상을 실망, 또는 더 나아가 절망의 몸짓 속에서 바닥에 떨어뜨리고, 이로써 나무의 다른 가지에 있는 다른 손들이 그 대상을 잡을 수 있다. 그러나 어떤 대상이 자신에게 적합하다는 사실을 파악했을 경우, 손은 행복해하면서 그 대상을 가공하기 시작한다. 그러므로 모든 제작의 몸짓은, 그 손이 다른 대상들을 배제함으로써 자신의 특정한 대상을 찾아냈다는 증거이다. 이 배제 속에는 나무 전체가 음화\陰畫\로서 들어 있다.

제작의 몸짓은 '소명'을 따르라는 어떤 '목소리'를 들었다는 데 기반을 둔다. 이는 또 하나의 고상한 개념이다. 제작의 몸짓에 대한 관찰은 이 개념에서 신비적인 요소를 제거하는 이점이 있다. 소명은, 특정한 대상을 선택하고 그것에 어떤 가치를 각인하라고 부추기는, 어딘가에서 귓속으로 스며드는 신비로운 목소리의 호소가 아니다. 이를테면 음악의 소리나 화가의 캔버스와 같이 특별히 고귀한 대상이라는 것은 없다. 소명의 발견은 대상—임의의 모든 대상—의 교활함에 대한 손의 투쟁의 결과이다. 이것은 단순히, 모든 사람의 손은 서로 다르다는 점, 어떤 손은 구두를 만드는 데 더 재능이 있고, 또 다른 손은 시를 쓰는 데 더 재능이 있다는 것, 제화공은 시인과 마찬가지로 고귀한 직업이라는 것의 발견이다. 모든 손은 각각 세계 속에서 움직이는 그 나름의 방식이 있으며, 그 방식에 있어서는 그 어떤 것도 특별히 고귀하지 않다. 그럼에도 불구하고 제작의 몸짓에 대한 관찰은, 소명의 개념에서 신비적인 요소가 제거될 경우, 그것이 갖는 중요한 실존적 의미를 발견한다. 손이 세계 속에서 '자신의' 대상을 찾지 못했을 때, 얼마나 외롭게 세계 속에서 방황하는지 실제로 관찰할 수 있다. 손이 어떤 형태를 찍어 넣고 어떤 가치를 각인할 수 있는 대상을 찾지 못할 경우, 그 손에게 세계는 말 그대로 아무 가치가 없다. 두 손은 서로 만날 수 없고, 그것들의 움직임은 불합리하다. 물론, 그 손은 붙잡고 이해하고 평가하고 생산하고 조사할 수 있지만, 그것은 세계가 자기 것이 아니라는 사실 이외에는 아무것도 붙잡거나 이해하거나 평가하거나 생산하거나 조사하지 않는다. 그러나 손이 자신의 대상을 발견하는 순간, 손의 움직임은 의미심장해진다. 그 움직임은 제작의 몸짓이 된다. 이제부터 손은 실현해야 할 어떤 가치를 위해 투입된다. 손은 자신의 소명을 찾은 것이다.

그러므로 단 하나의 제작의 몸짓을 관찰함으로써 모든 생산의 몸짓의 구조를 서술하는 것은 충분히 가능한 일이다. 대상은 손에 귀속되는 원자재로서 붙잡히고, 실천의 손에 의해 고정되고, 그러는 사이에 가치를 붙잡고 있는 이론의 손은 대상을 가르치기(정보를 주기) 위해 찍어 누른다. 이렇게 두 손은 실현된 가치 속에서 하나가 되려고 서로를 향해 달려든다. 물론 이 과정에서 대상이 변화하지만, 이와 함께 가치와 형태와 생각도 변한다. 이론의 손은, 아직 형태로 만들어지지 않은 대상의 완강하고 음험한 저항에 부딪치면서, 자신이 가르치는 대상에 각인하려는 형태를 조정할 필요가 있다고 생각한다. 대상의 반대 압력에 의한 이 끊임없는 형태의 재구성이 '창조\Schaffen\의 몸짓'이다. 이런 식으로 손은 대상 세계에 새로운 형태를 찍어 넣는다.

이 관찰은, 새로운 형태가 항상 대상의 저항의 압박 아래서 만들어졌음을 보여준다. 새로운 형태는, 낭만주의 전통이 믿으려 했던 것처럼 심오한 영감에서 나오는 것이 아니고, 팔라스 아테네 여신처럼 제우스의 머릿속에서 무장을 갖춘 상태로 나오는 것도 아니다. 그것은 하나같이 이미 확립된 형태들과 특정한 재료의 저항 사이의 충격 경험\Schockerfahrung\에서 생겨난다. '독창적인 아이디어를 갖는다'는 것은 창조적이라는 뜻이 아니다.

창조한다는 것은, 만들기의 몸짓을 하는 동안에 아이디어를 가공하는 것이다. 산업생산에서처럼, 이미 완성된 아이디어, 즉 스테레오타입(전형, 판박이)을 그 목적으로 준비된 재료에 강제로 각인할 때에도 마찬가지로 손은 창조적이지 않다. 손은 그것이 방금 파악한 원자재와 투쟁하는 동안 새로운 아이디어, 즉 프로토타입(원형)을 가공해야 할 필요가 있을 때에만 창조적이다.

그러므로 우리 시대를 특징짓는 산업적 제작은, 스테레오타입에 의한 형태화를 위해 준비된 재료에 대한 폭행이지 창조적인 제작이 아니다. 그러나 연구소에서 제작된 프로토타입들도 실은 마찬가지로 창조적이지 않다. 왜냐하면 그것들은 가상의 스테레오타입들이기 때문이다. 산업사회에서 창조적 활동은 위기에 처해 있다.

그 이유는 아마 서구 문화를 특징짓는 뿌리 깊은 편견, 즉 플라톤적 편견 때문일 것이다. 말하자면 플라톤은 만들기의 몸짓을, 두 손이 서로 다른 두 개의 장소에서 움직이는 것이라고 보았다. 그중 한쪽(토포스 우라누스)에는 영원불변하는 이데아가 있다. 다른 쪽(피지스\physis\)에는 변화하는 대상이 있다. 만들기의 몸짓에서는 한 손은 불변하는 이데아를, 다른 한손은 변화하는 대상을 붙잡으면서 두 손이 서로에게 다가간다. 그 결과는 대상과 이데아의 변형이다. 그러나 '진정한' 이데아는 결코 변할 수 없기 때문에, 만드는 몸짓에서 나타나는 이데아는 '가짜' 이데아, 하나의 견해(독사\doxa\)일 뿐이다. 이 때문에 플라톤은 품위 있는 대지주로서, 더럽고 천박한 미술-창작(테크네\techne\) 몸짓을 거부했다. 플라톤이 보기에 그것은 진정한 이데아에 대한 배신이었다. 그리고 만들기의 몸짓에 대한 이 편견은, 근본적으로 창조에 반대하는 편견으로 오늘날까지 우리를 따라다닌다.

창조의 구체적인 몸짓을 관찰해보면, 우리는 손을

더럽히는 것을 세련되게 거부하는 플라톤이 얼마나 착각에 빠져 있는지를 알 수 있다. 우리는 이데아가 철학에 의해 숙고되기 위해 천상에 저장되어 있는 것이 아니라, 날것의 저항적인 세계에 맞서는 이론의 투쟁 한가운데서 계속 새로운 이데아들이 떠오른다는 것을 관찰할 수 있다. 이런 관찰은 자명하지만, 그럼에도 불구하고 플라톤의 편견은 완고하게 유지된다. 예를 들어 마르크스의 노동에 대한 분석은 이런 편견을 극복한 듯이 보이지만, 실제로는 그 속에도 주시해야 할 플라톤의 천국의 유령이, 이번에는 '유물론적 변증법'의 형태로 계속 떠돈다. 어쩌면 우리는 결코 이 편견을 극복하지 못하고, 결코 창조를 완전히 해방시킬 수 없을 것이다. 왜냐하면 이러한 '변증법적 이념'은 우리 손의 좌우대칭이 우리에게 강요한 것이기 때문이다.

그러므로 손은 창조의 몸짓에 의해 새로운 형태를 발견하고, 그 형태를 대상들에 각인한다. 이것은 싸움이다. 이 싸움에서는, 인간적이고, 그렇기 때문에 허약하고, 쉽게 고장 나고, 상처받기 쉬운 손이 파괴될 위험에 처하는 일이 일어날 수 있다. 이런 일이 벌어지면 손은 물론 포기하거나 항복할 수 있다. 그것은 끔찍한 몸짓이지만, 유감스럽게도 우리는 그 몸짓을 잘 알고 있다. 그것은 창조적 활동에 대한 실망, 세계의 잔인한 어리석음을 가로지르는 뭔가를 위한 개입에 대한 실망이다. 그렇지만 위협당하는 손에는 하나의 대안이 열려 있다. 손은 이 완강한 대상에서 잠시 물러나 그 주변에서 다시 그것을 공격하기 위해 손의 기운을 북돋울 어떤 것을 찾을 수 있다. 대상으로 되돌아가려는 목적으로 대상 주변을 탐색하는 이 대안이, '도구를 만드는 몸짓'이다. 이 몸짓은 원래의 대상으로 되돌아가기 위해서 부차적인 무엇을 만든다. 그것은 양면적이고 위험한 몸짓이다.

어떤 의미에서 만들기의 몸짓의 모든 문제점은 이 단계에 숨어 있다. 손은 처음의, '원래의' 대상을 포기한다. 손은 대상

주위에서, 대상 세계에서, 다른 성질의 대상을 찾아서 움직인다. 그 대상은 어떤 면에서 '손과 같지만' 상처를 덜 받는다. 예를 들어 돌멩이(그것은 주먹과 비슷하다)나 나뭇가지(그것은 손가락과 비슷하다)가 그렇다. 분명히 돌멩이와 나뭇가지는 주먹이나 손가락보다 훨씬 단순하지만, 부수거나 찌르기에는 더 효과적이다. 손은 이런 대상들을 그 객관적인 맥락에서 떼어내고, 그런 다음에는 그 맥락에 맞서는 데 사용한다. 이런 식으로 사용되는 대상들은, 단순화되고 더 효과적인 손의 연장\延長\으로 변한다. 이 목적을 위해서, 손은 바로 이 대상을 붙잡고 이해하고 조사하고 제작하며, 이어서 그것을 원래의 대상을 향해 사용한다. 이제 원래 대상의 반항으로 중단되었던 만들기의 몸짓이 계속될 수 있다. 도구로 무장한 손이 손상에 덜 취약하게 되었기 때문이다.

도구 제작 현장으로의 이 짧은 답사의 다의성\多義性\과 위험은, 도구 제작 과정 자체가 만들기의 몸짓의 연속이라는 사정 때문에 생긴다. 도구 제작은 그 자체로 손이 어떤 대상 속에서 일치하려는 움직임, 손이 자신의 소명을 발견할 수 있는 움직임이다. 이런 의미에서 도구 제작자는 다른 모든 창조적인 사람들과 똑같다. 그는 제화공이나 화가처럼 창조적이다. 그러나 이 주장에는 위험한 모순이 숨어 있다. 왜냐하면 도구는 그 존재론적 지위에 의해서, '형태화\in-formiert\'되어야 하는 대상이 아니기 때문이다. 그것은 다른 대상들을 형태화하는 일에 종사하는 대상이다. 게다가, 도구를 만들기 위해서 우리는 실제로 끝이 없는 소급\遡及\ 속에서 다른 도구들을 만들어야 한다. 그밖에도 도구들과 도구들의 도구들은 손을 바쁘게 만들고, 손이 원래의 대상이 무엇이었는지 잊을 정도로 손을 부려먹는다. 도구 제작 현장으로의 이 짧은 답사는 100년 동안 계속될 수 있고(근대의 경우는 그랬다), 원래의 대상은 손의 활동 영역의 지평선 너머로 사라져버릴 수 있다. 이것이 오늘날 산업사회의 상황이다. 이 사회의 관심은 도구와 도구를 만들기 위한 도구의 생산에 사로잡혀 있고, 만들기 몸짓의 원래 대상은 잊혔다.

그런데 왜 이것이 위험한가? 만약 도구의 제작이 모든 다른 만들기와 같은 것이라면, 만약 도구를 만드는 몸짓에서 손이 자신의 소명을 발견하고, 또 그 몸짓을 통해서 서로 일치할 수 있다면—어째서 원래의 대상과 그것으로부터 파생된 대상을 구별해야 하는가? 답은 다음과 같다. 도구를 장착한 손은 그렇지 않은 손과 다르기 때문이다. 도구는 손의 모조\Simulation\이고 도구를 장착한 손은 도구의 모조이다. 도구에 의한 손의 이러한 변신의 결과를 이해하기 위해서는, 만들기의 몸짓에 대한 처음 설명으로 돌아갈 필요가 있다.

그것은 사물들의 세계를 부정하는, 고압적이고 제국주의적인 몸짓이다. 그러나 이 몸짓에는 윤리적인 의미에서 잘못된 것이 없다. 그것은 사물들의 세계를 겨냥하고 있고, 그 세계는 아무 가치가 없기 때문이다. 만들기의 몸짓에 의해서 비로소 이 세계는 '가치 있는' 것이 된다. 손이 이 세계에 가치를 부과하는 것이다. 그리고 맨손은 어떤 물건과 사람의 차이를 손끝과 손바닥으로, 그리고 그 모든 감각으로 느낄 수 있다. 사물은 딱딱하고 수동적이고 그냥 거기 있을 뿐인 반면에 사람은 자신의 손을 만지는 손에 응답한다. 손은 사람을 붙잡을 수 없는데, 왜냐하면 사람은 붙잡는 몸짓에 대해 그것에 상응하는 자신의 몸짓으로 반응하기 때문이다. 그렇게 손은 다른 사람의 손에서 자신을 재발견할 수 있고, 손을 내미는 이 몸짓은 만들기의 몸짓과 같은 몸짓이 아니다. 물론 손은 실수를 할 수 있고, 어떤 사람을 물건이라고 생각할 수 있다. 손은 타인을 대상화\verdinglichen\할 수 있고, 그 사람을 붙잡기 위해 폭력을 사용할 수 있다. 그러나 원칙적으로 맨손은 대상 세계에서는 만들기의 몸짓에 의해서 움직이고, 사회적인 세계에서는 다른 몸짓들에 의해서 움직인다.

그렇지만 도구를 장착한 손은 맨손의 감각이 없다. 그 손은 물건과 사람을 분간하지 못한다. 모든 것은 가공할 수 있고, 조작할 수 있는 것이 된다. 사람은 물건이 된다. 사람은 이해되고, 조사되고, 제작될 수 있으며, 심지어 다른 제품을 제작하기 위한 도구도 될 수 있다. 자신의 원래 대상을 잊어버린, 도구를 가진 손에는 더 이상 사회적인 세계란 존재하지 않는다. 그 손의 만드는 몸짓은 정치에 무관심하고 비윤리적이다. 도구로 무장한 손들을 지배하는 것은 이상한 유아론\唯我論\이다. 말하자면 그 손들은 세상에 홀로 있고, 다른 손들을 더 이상 인정할 수 없다. 이것은 위험하다. 다른 사람들이 없다면 만들기란 부조리한 몸짓이 되기 때문이다. 도구를 만드는 몸짓의 위험은 원래의 대상과 함께 물건과 사람의 차이를 잊어버리는 데 있다.

원래의 대상이 잊히지 않았을 경우, 손은 도구를 가지고 그 대상의 저항을 꺾으려고 대상으로 되돌아간다. 손은 이제 대상의 핵심까지 밀고 들어가고, 거기서 합의에 도달할 수 있다. 이것은 복잡한 과정이다. 도구는 손과 함께 대상 속으로 침투한다. 손과 도구의 압박 아래서 대상은 변한다. 그것에 각인되는 형태, 가치가 변하는 것은 대상의 완강함 때문만이 아니라, 도구의 형태에 의한 것이기도 하다. 결국 제작된 생산물은 손보다 도구에 의해서 더 많이 각인된다. 결과적으로 실현된 형태는, 원래 의도된 형태와 대상의 반항적 태도, 그리고 도구가 한 일을 반영하는 거울이 된다. 이 결과물은 그러므로 더 이상 손의 작품이 아니게 된다. 그러나 이 대상 속에는 새로운 '제4의 차원'이 나타난다. 그것은 가치의 차원이다. 두 손은 이 차원에서 서로 일치할 수 있다. 손이 원래의 대상으로 되돌아가서, 결국에는 그것을 뚫고 들어가는 이 몸짓이 '실현\Verwirklichung\의 몸짓'이다.

만들기 몸짓의 결과를 관찰해보자. 그것은 명백히 두

측면을 가진 하나의 작품이다. 한편으로는 어떤 대상이 '가치 있게' 되었다. 다른 한편으로는 손이 자신을 '실현'했고, 어떤 가치가 객관적인 것으로 되었다. 그러나 이 작품에는 세 번째 측면이 있다. 그것은 패배이다. 대상이 그렇게 되었어야 했던 상태로 되지 않았고, 원래 의도되었던 가치가 실현되지 않았기 때문만이 아니라, 두 손이 '완전한' 일치에 도달하지 못했기 때문이기도 하다. 완성된 작품을 둘러싼 이러한 패배의 분위기의 첫 번째 이유(그것은 플라톤이 '진정한 이데아에 대한 배신'이라고 보았던 이유이다)는 오히려 이론적인 것이다. 요컨대 원래 의도된 형태는 다만 하나의 이데올로기였을 뿐인 것이다. 그러나 두 번째 이유는 실존적으로 무겁다. 두 손은 대상 속에서 서로에게 무한히 가까이 다가가지만, 그들의 완전한 일치는 결코 이루어지지 않는다. 이것은 하나의 한계 상황이다. 우리는 어떤 순간에도 작품이 완성되었다고 말할 수 없다. 아무리 무한히 작을지라도, 대상 속에서 두 손을 갈라놓는 거리가 항상 있다. 대상 속에서 두 손의 통합, 말하자면 '완전함'은 항상 빠져나간다. '완전한 완성'에 대한 상상이라는 의미에서 작품은 결코 완벽하지 않다. 만들기의 몸짓은 끝이 없는 몸짓이다.

그럼에도 불구하고 그 몸짓은 끝난다. 그것은 손이 대상으로부터 물러나서, 손바닥을 넓게 펴고 그 대상을 문화의 맥락 속으로 미끄러져 들어가도록 할 때 끝난다. 우리는 이 몸짓을 알고 있다. 그것은 희생의 몸짓, 체념과 나눔의 몸짓, 즉 '베풂의 몸짓'이다. 손은 작품에 만족했을 때가 아니라, 만들기 몸짓의 어떠한 지속도 그 작품에 무의미함을 손이 알았을 때, 그 몸짓을 행한다. 손은 자신의 작품을 이보다 더 완전하게 할 수 없을 때 자신의 작품을 내놓는다. 베풂의 몸짓은 체념의 몸짓이다.

그러나 이것이 전부는 아니다. 분명히 이것은 만들기의 몸짓의 마지막 단계이지만, 다른 단계들과는 완전히 다르다.

만들기의 몸짓은 증오의 몸짓이다. 그것은 경계를 짓고 배제하고 폭력을 가하고 변화시킨다. 이에 반하여 베풂의 몸짓은 사랑의 몸짓이다. 그것은 뭔가를 선물하고, 희생하고 자신을 내어주고, 헌신한다. 자신의 작품을 건네줄 때, 손은 다른 사람들에게 자신을 내어준다. 손은 자신의 작품을 공개하고 그것을 공적으로 만든다. 베풂의 몸짓은 정치적인 몸짓이다. 그것은 개방의 몸짓이다.
만들기의 몸짓은 타자를 위한 손의 열림으로 끝난다. 그러므로 결말의 시점에서 본다면, 만드는 몸짓 역시 타인에 대한 사랑의 몸짓이다. 결코 찾을 수 없으면서 손이 대상 속에서 찾는 완전함은 실망한 사랑의 몸짓이다. 그것은 인간 특유의 몸짓이다. 그것은 인간 조건의 극복을 추구하고, 체념을 넘어 사랑에서 끝난다.

6장
사랑의 몸짓

사랑의 몸짓에 대한 현상학은, 선정주의와 내숭떨기\Prüderie\라는 두 가지 위험 사이를 헤쳐 나가야 한다. 아마 이 위험을 피해갈 수는 없을 것이다. 그럼에도 그것들은 문제를 곧바로 이 몸짓의 독특한 분위기 속에 빠뜨린다. 왜냐하면 그것들은 이 몸짓을 보이지 않게 가리고 있는 덮개가, 대부분의 다른 몸짓들에서와는 다르게, 습관이 아니라 억압에 의해서 직조된 것임을 보여주기 때문이다. 우리는 대부분의 몸짓을 눈여겨보지 않는다. 익숙한 것은 거들떠보지 않기 때문이다. 그래서 몸짓들에 집중하게 되면 그것들이 새롭고 놀라워 보이는 것이다. 그러나 우리가 사랑의 몸짓을 눈여겨보지 않는 것은, 그것이 사회적 압력에 의해서 사적\私的\인 것으로, 그러니까 '사적'이라는 말의 정의대로, '볼 수 없는 것\Unsichtbare\'으로 밀려나 있기 때문이고, 그것이 반작용에 의해 세상 밖으로 새어나오면, 논란이 많은 몸짓으로 등장하는 탓이다. 그리고 이것은 당연히 노출증이나 과시와는 관계가 없는 이 몸짓의 성격을 바꿔놓는다. 이 사랑의 몸짓은, 이를테면 국기를 흔드는(애국심을 부추기는) 몸짓이나 무력을 앞세운 위협의 몸짓처럼, 포스터나 잡지, 텔레비전 방송에서 어디서나 직간접적으로 볼 수 있는 몇 가지 몸짓들 중 하나이다. 현상학의 과제는 이 몸짓을 뒤덮고 있는 노출증을 걷어내는 것이다. 다만 국기를 흔드는 몸짓에서는 이 노출증이 바로 그 몸짓의 동기이다. 그 몸짓은 뼛속부터 외설적이고, 현상학의 과제는 이러한 노출증적 자세 뒤에 숨은 노출증의 핵심을 드러내는 것이다. 오늘날 우리가 국기 흔들기의 노출증보다도 훨씬 많이 노출되어 있는, 사랑의 몸짓의 노출증은 이 몸짓에 일종의 '소격 효과\Verfremdung\'로서 다시 덧붙여지고 있다. 현상학의 과제는 상실될 위험에 처한 이 몸짓의 핵심을 탈외설화\Entpornographierung\를 통해 밝혀내는 것이다.

사랑의 몸짓에 대한 모든 관찰은 우리 주위에 편재하는 이 몸짓에 대한 직간접적인 묘사로부터 시작해야 한다. 우리는 그 이미지들에 둘러싸여서 살다시피 한다. 말하자면 우리의 코드화된 세계는 하나의 섹스숍이고, 그것이 전문적인 섹스숍들과 다른 점은, 성적\性的\인 것 이외의 상품을 판매하기 위한 유혹의 수단과 도구로 사랑의 몸짓을 사용한다는 것이다. 우리가 사용하는 코드의 이러한 '전면적인 성애화\Pansexualizierung\'는(휘발유와 고양이 사료에 이르는 모든 것이 광고 포스터와 쇼윈도에 성적인 의미를 담고 있다) 사랑의 몸짓과는 별 관계가 없어도, 복잡한 경로를 통해서 이 몸짓에 다시 영향을 주는 변증법을 따른다. 코드의 성애화는 원래 빅토리아식 도덕주의에 대한 반작용이지만, 급속히 스스로 무효화된다. 그럼으로써 무감각한 탈성애화로 추락하지 않기 위해서, 그것은 한편으로는 지속적인 고조\高調\를, 다른 한편으로는 지속적인 재코드화\Rekodifikation\를 필요로 한다. 대부분의 몸짓들과 달리 사랑의 몸짓은 (자세들이 점점 늘어나는 데도 불구하고) 거의 변형을 허용하지 않는다. 이것은 이 몸짓을 이해하는 데 분명히 도움이 되는 사실이다. 예를 들어 우리는 여러 가지 방법으로 글을 쓰거나 수영하거나 노래를 할 수 있지만, 그만큼 다양한 방식으로 사랑을 할 수는 없다. 그리고 이것은 코드의 성애화에 있어서 하나의 문제이다. 그 변증법적인 반대쪽으로 추락하지 않기 위해서 이 코드들은 항상 새로운 몸짓의 변주를 고안해야 하기 때문이다. 이런 식의 고조와 재코드화는 점점 더 이 몸짓의 본질로부터 방향을 틀어서, 구체적 경험으로부터 동떨어진 테크노-가상\Techno-Imaginär\[22] 쪽으로 이끈다. 우리가 받는 메시지들은 성적인 의미들을 갖게 되는데, 그 의미들은 구체적인 의미의 사랑과는 거의 무관하다. 그것은 피드백을 통해서 사랑의 몸짓에 무시할 수 없는 영향을 미친다. 사랑의 몸짓 자체가 테크노-가상적인 몸짓, 다시 말해서 기술공학적이고, 상상적이고, 코드화된 몸짓이 된다. 사랑의 몸짓은 그러니까 과학기술 이론을 수공업적 경험과 연결하는 기술의 문제가 되는 것이다. 심지어 사랑의 몸짓은 다수의 대중이 과학 이론과 수집된 경험을 동시에 사용하는 몇 안 되는 몸짓들 중 하나라고까지 주장할 수 있다. 그리고 그로 인해 사랑하는 능력은 상실된다.

우리는 물론 사랑의 몸짓에 대한 관찰에서 성애화된 코드의 이러한 체계 전체를 배제함으로써 사랑의 몸짓 자체에, 그리고 자신의 체험에서 그 몸짓이 어떻게 나타나는지에 집중하려는 시도를 해볼 수 있다. 그러나 이런 시도는 실패할 수밖에 없다. 자신의 체험을 사회적인 프로그램에서 분리하는 것이 불가능하기 때문이다. 계속해서 강조되는 것은, 사랑의 몸짓은 생식의 몸짓과 명확히 분리되어야 하며, 특히 여성에게 피임약은, 이러한 분리를 실행하고, 그럼으로써 결국에는 진정한 사랑의 몸짓 또한 실행할 수 있도록 하기 위해서 허용된다는 것이다. 맞는 말이지만 다 맞는 것은 아니다. 마찬가지로 중요한 것은 성적인 몸짓과 사랑의 몸짓을 구분하는 것이다. 사랑의 몸짓에서 중요한 역할을 하는 것은, 우리가 그것이 시키는 대로 살고 있는 코드화된 프로그램이다. 잔인하게 말해서, 우리는 생식의 몸짓과 성적인 몸짓을 위해 프로그래밍되어 있지만, 더 이상 사랑의 몸짓을 위해 프로그래밍되어 있지는 않다고 할 수 있다. 그럼에도 불구하고 우리가 그 몸짓을 여기저기서 수행할 수 있다면, 그것은 이른바 자신만의 고유한 발견으로서 계속해서 일어나는 일이고, 또 우리가 사는 문화의 광범위한 성적인 프로그램과는 현격하게 대립되는 것이다.

사랑의 몸짓을 성적인 몸짓과 재생산의 몸짓과의 연루 관계에서 풀어내기 어려운 이유는, 구체적인 이 몸짓 자체의 복합성 때문만은 아니고, 무엇보다도 언어적인 근거가 있다. '사랑'이라는 단어는 보통 이 세 가지 몸짓들 모두에 부정확하게 사용되는데, 이것은 우리가 사랑을 하는 능력과 함께, 사랑을 정확히 사유하는 능력 또한 잃었기 때문이다. 예를 들어 그리스인들은 에로스, 필리아, 카리스마, 엠파테이아, 그리고 그 밖의 일련의 사랑의 개념들[23]을 구분하는데, 우리는 기껏해야 성적인 사랑과 성적이지 않은 사랑을 구분하고, 이런 구분에 의해서 사랑의 개념을 실제로 한층 더 희석시킨다. 왜냐하면 성의 혁명이 소위 '자유연애'를 가져온다거나, '사랑하자, 전쟁 말고\make love, not war\'라는 구호가, 그리고 애국주의 대신에 오르가즘이 정치적 프로그램이 된다고 말한다면, 그것은 성과 사랑을 무의식적으로 동일시하는 것이기 때문이다. 이런 식의 동일시가 오류임은 구체적인 경험 속에서만 분명해지는 것은 아니다. 우리는 사랑의 경험 없이도 성 경험을 할 수 있고, 아마 거꾸로 성 경험 없이도 사랑의 경험을 할 수 있다. 그러나 이 동일시의 오류는, 모든 사랑의 몸짓을 서슴없이 배제하는, 코드화된 성적인 몸짓의 성격을 관찰할 경우에도 분명히 나타난다. 성적인 몸짓은, 많은 사람들에게서 팔루스\Phallus\[24]가 남근의 상징이 되었을 정도로 테크노-가상적인 것이 되었다. 이처럼 고도로 코드화된 섹슈얼리티의 세계 속에는 사랑을 위한 공간이 남아 있지 않다. 사랑의 몸짓은 성의 몸짓에 맞서서 자신을 주장해야만 한다. 이런 문화적 상황은 역사에 유례가 없는 것은 아니지만(카툴루스[25]의 연애시를 생각해보라), 이것이 현재 상황의 특징이다.

섹슈얼리티를 사랑과 구별해야 할 필요성에도 불구하고, 두 맥락 사이의 긴밀한 연결은 부인될 수 없다. 요컨대 그 연결을 부인하면(이런 일은 이를테면 서부영화에서처럼 훈계적이면서 성적으로 불구인 쪽에서나, 냉장고 광고에서처럼 상업적이면서 외설적인 쪽에서나 똑같이 일어난다), 섹슈얼리티와 사랑은 둘 다 사라진다. 왜냐하면 사랑과 완전히 분리된 섹슈얼리티는, 포르노 영화에서처럼, 중노동을 연상시키는 우스꽝스럽고 고달픈 기계적인 움직임이 되기 때문이다. 또 섹슈얼리티와 완전히 분리된 사랑은, 신앙의 암송과 진실한 믿음과의 관계처럼, 진정한 사랑과는 관계없는 달콤한 가짜가 된다. 현 상황의 특징적인 사실로 받아들여야 하는 것은 바로, 우리가 생식의 몸짓을 이 맥락에서 떼어낼 수 있지만, 성적인 몸짓의 과잉코드화에도 불구하고 생식의 몸짓은 사랑의 몸짓과 같은 방식으로 작동하지 않는다는 사실이다. 다시 말해서, 진정한 사랑을 하기 위해서는, 비록 테크노-가상으로 인해서 성적인 몸짓이 사랑의 몸짓과 모순될지라도, 성적인 몸짓을 수행해야 한다는 것이다. 그리고 이것은 우리가 이제 사랑하는 능력을 잃게 될 처지에 놓여 있음을 말하는, 또 하나의 방식이다.

방금 말한 것에 대해서, 그것은 이론적 관찰이지 현상학적 관찰이 아니며, 이 몸짓 자체에서는 사랑에 대한 어떠한 의심도 있을 수 없다는 반론이 가능하다. 이론적으로 불가능한 사랑과 섹슈얼리티의 분리가, 구체적으로 바로 성적인 사랑으로서 경험된다고 말할 수 있을 것이다. 오르가즘과 관련되지만, 완전히 다른 실존적 차원에 있는 전도\轉倒, Überschlagen\의 순간이 존재한다. 이때 우리는 자기 자신을 잃지 않으면서 타인 속에 완전히 흡수된다.[26] 그리고 바로 이 순간이 사랑이다. '나'와 '너'를 하나의 '우리'로 만드는, 타인 속으로의 이 전도는, 사랑의 실존적 차원에서, 오르가즘에 의해서, 성적으로 얻어지는 절정으로 나타난다. 그러나 그것은 두 사람을 그 이전과 이후에 아무런 성적인 행위 없이 결합시킨다. 이렇게 보면, 사랑의 몸짓은,

그림을 그리는 몸짓이 붓을 사용하는 것처럼 성행위를 사용하는 몸짓처럼 보인다. 회화에 있어서 붓이 결정적이지 않다는 말이 아니다. 붓은 회화의 특성을 이루고, 붓이 없으면 회화는 공허한 잡담이다. 그럼에도 붓은 회화와 동일한 실존적 차원에 있지 않다. 반론은, 이것이 이론적으로는 이해하기 어렵지만 구체적으로는 자명하다고 주장할 것이다.

이 반론은 유지될 수 없다. 요컨대 이 설명이 현상학적인 것이 아니라 이론적인 것처럼 보였다면, 그것은 사랑의 몸짓 자체의 구체적인 행동들에 대한 광범위한 이론화로 인한 것이다. 사랑을 할 때, 우리는 우리의 다른 모든 몸짓들에서 그렇게 하듯이 우리 스스로를 보게 된다. 이런 이론적이고 역설적인 거리는 몸짓에 있어서, 인간 존재 전반에 있어서 전형적이다. 그러나 이러한 순진함\Naivität\의 결핍은, 사랑의 몸짓에서는 다른 모든 몸짓들에서와는 전혀 다른 성격을 갖는다. 다른 몸짓에서는 그것이 비판적 거리를 제공하고, 그 몸짓의 완성을 유도할 수 있다면, 사랑의 몸짓에서, 타인 속에 동화되는 이 몸짓에 그것은 파괴적으로 작용한다. 아마도 '원죄'가 의미하는 것은, 사랑에 대한 이 비판적인 거리일 것이다. 그러나 어떻든 간에 사랑의 몸짓에 대한 모든 현상학적 관찰은 다른 무엇보다도 우선 그 이론적 측면을 고려해야 하고, 그로 인해 그 자체도 이론적 성격을 갖게 된다. 그러므로 사랑의 몸짓은 본질적으로 이론을 전복하는 몸짓이라고 할 수 있다. 그것은 인간이 자신의 이론적 소외를 가장 고통스럽게 인식하는 몸짓이고, 동시에 가장 성공적으로 이 소외를 극복하려 시도하는 몸짓이다. 거창하게 말하자면, 사랑의 몸짓은 우리가 가장 구체적으로 세계 속에 있는 몸짓, 그렇기 때문에 우리가 삶 속에서 중심의 위치를 차지하는 몸짓이다.

이상한 것은, 사랑의 몸짓은 신체의 움직임으로는 도무지 설명할 수 없다는 것이다. 이를 시도해보면, 우리는 갑자기 사랑의 몸짓이 아니라 성적인 몸짓을 설명하고 있었음을 깨닫게 된다. 다른 한편으로, 사랑의 몸짓의 구체적 경험을 설명하려는 모든 시도는 실패하게 마련이다. 이를 시도해보면, 우리는 갑자기 신비스러운 경험을 설명하고 있었음을 알게 되기 때문이다. 물론 우리는 요가 해설서들이 그렇게 하듯이, 성적인 몸짓은 신비스러운 경험의 공학이라고 말함으로써 이 어려움을 우회할 수 있다. 그러나 이런 식의 주장은, 사랑의 몸짓에 대한 이해에 다가가는 것이 아니라, 요가 해설서에 대한 불신을 키우는 데나 도움이 될 뿐이다. 성적인 몸짓의 기술을 배우는 것으로는 사랑에 도달하기는커녕, 기껏해야 사랑에서 멀어질 뿐이기 때문이다. 이와 비슷하게, 깨달음이 아마 완벽한 요가 기술의 결과일 리는 없다는 결론을 내릴 수 있다. 그럼에도 사랑의 몸짓에 대한 서술이 불가능하다는 것은 생각해볼 거리를 준다.

이 문제는 아마 이런 모습일 것이다. 인간은 본능이 빈약한 존재이고, 그래서 자신이 유전적으로 프로그래밍되어 있지 않은 것은 몸짓으로 표현할 수 있다. 그러나 당연히 인간에게는, 비록 광범위하게 문화적으로 재프로그래밍되기는 했어도 본능적인 행동들도 있다. 성적인 행동은 이런 행동 양식 중에서 가장 눈에 띄는 것으로, 대부분의 심리학자들이 모든 행동의 원인은 거기에 있다고 생각할 정도로 두드러진다. 인간의 성적 본능은 무엇보다도 문화적으로 성적 몸짓으로 재프로그래밍되었고, 이 몸짓은 기계적으로 설명될 수 있다. 그러나 더 나아가 사람들은 이 본능 위에 우리가 심리학, 정신분석학, 그리고 그 밖의 비슷한 글들을 통해 알고 있는 프로그램 전체를 구축했다. 이 프로그램은 다시 온갖 다른 종류의 몸짓들로 이어지는데, 그 몸짓들도 기계적으로 설명될 수 있다. 그럼에도 인간은 총체적으로 프로그래밍된 존재가 아니다. 인간은 자신을 놓아줄 수 있고, 모든 프로그램에서 초연하게 빠져나갈 수 있다. 이런 평정[27]은 몸짓이 아니라 일종의 수동성이고, 행동이 아니라 방치이다. 이런 식의 상황은 기계적으로 설명하기 어렵다. 사랑의 몸짓 속에서 이런 평정과 격정은 행위\Tat\와 행동\Aktion\이 된다. 설명을 통해서 이 몸짓의 본질에 다가가는 것이 불가능한 것은 아마 이 때문일 것이다.

그러니까 신체의 움직임으로나 내적인 경험으로나, 사랑의 몸짓의 본질적인 요소를 잃어버리지 않고서는 그 몸짓을 설명할 수 없다면, 그럼에도 가능한 것은 바로 이 불가능성을 인식을 위한 방법으로 사용하는 것이다. 이를테면, 사랑의 몸짓에서 본질적인 것은 신비\Mystik\로서 성적 경험과 성적 경험으로서 신비라고 말할 수 있다. 섹스 없는 신비는 사랑이 아니며, 예를 들어 성녀 테레사에서처럼 아무리 성애화하더라도 이 사실을 덮을 수는 없다. 그러나 우리가 경험으로 아는 것처럼, 신비 없는 섹스 역시 사랑이 아니다. 그러므로 우리 세계의 전면적 성애화는, 우리가 사랑의 능력을 상실하는 과정의 한 측면일 뿐이라는 결론이 가능하다. 다른 한 측면은 우리 세계의 위협적인 범신비화\Panmystifizierung\이다. 따라서 요구해야 할 것은, 구체적 경험을 찾기 위해서 섹스를 신비화하고, 신비를 성애화하는 것이다.

하지만 이는 당연히 무의미하다. 왜냐하면 사랑의 몸짓에서 특징적인 것은 바로, 우리가 그 몸짓을 원할 수 있는 것이 아니기 때문이다. 그렇게 되면 그것이 결국 의지의 문제로 귀결되기 때문이다. 영어가 암시하듯이, 사람은 스스로를 사랑에 빠지도록 놓아두어야 한다. 사랑의 몸짓은 프로그램 속에 삽입되어 있지 않고, 프로그램을 넘어가며, 그렇기 때문에 스스로 프로그래밍될 수 없다. 그러나 이상하게도 이것은 이 몸짓이 자기 훈련의 결과이기보다 자유롭게 행동하기\Sichgehenlassen\의 결과라는 의미가 아니다. 왜냐하면 사랑의 몸짓은 한정\限定,

Beschränkungen\, '신의\信義, Treue\'라고 불리는 것과 결부되기 때문이다. 그러나 이러한 한정에 대한 관찰은 여기서 제시된 주제를 넘는다.

우리의 상황을 특징짓는 섹슈얼리티와 사랑의 흐릿한 경계는 두 맥락 사이의 진정한 밀접한 관계를 보기 어렵게 만든다. 테크노-가상의 코드는 우리를 성적인 몸짓을 위해 프로그래밍하고, 우리는 이를 종종 사랑의 몸짓과 혼동한다. 성의 인플레이션이 성의 가치를 깎아내렸기 때문에, 이 혼동의 결과로 사랑의 몸짓 또한 가치가 떨어진다. 또 우리는 점점 더 평정에 필요한 순진함을 잃고, 더 기술적이고, 더 가상적이고, 더 비판적으로 되기에, 사랑의 몸짓의 본질에 다가가는 데 어려움을 겪는다. 이것은 개인적으로나 사회적으로나 비극이다. 사랑의 몸짓은, 우리가 타인 속에 동화되고 소외를 극복하는 몸짓이기 때문이다. 사랑의 몸짓 없는 모든 의사소통의 몸짓은 오류이다. 또는, 사람들이 과거에 말했던 대로, 죄악이다.

7장
파괴의 몸짓

몸짓은 현존재\現存在\[28]가 밖으로 나타나는 신체의 움직임이다. 우리는 그 움직임에서 몸짓을 하는 사람이 세계 속에 어떻게 있는지 읽을 수 있다. 그리고 그럴 수 있는 이유는, 몸짓을 하는 사람은, 자신의 움직임이 다른 모든 움직임들처럼 제한되어 있음을 알더라도, 그 움직임을 자신이 자발적으로 한다고 확신하기 때문이다. 그 사람에게 원인의 설명(인과관계 설명)은 충분한 설명이 못 된다. 내가 파이프 담배를 피우게 하는 모든 원인들을 일일이 셀 수 있다 하더라도, 나는 담배를 피우지 않고 그 대신 껌을 씹을 수 있다고 확신할 수는 없을[29] 것이다. 왜 파이프 담배를 피우는지 물을 때, 내가 묻는 것은 이유(인과관계의, 과학적인 설명)가 아니라, 나의 동인(나의 동기)이다. 인과관계 설명은 우리가 들어 있는 세계를 '읽고', 동기에 대한 설명은 우리가 그 세계에 있는 방식을 '읽는다'. 동기들, 그러므로 판단들은 과학의 권한 밖에 있다. 그리고 몸짓이 과학적으로 만족스럽게 설명될 수 없다는 바로 이 사실이, 몸짓에서 현존재를 '읽을' 수 있게 해준다.

파괴의 몸짓이 던지는 질문은 악\惡\에 대한 질문이다. 이것은 파괴 욕구\Zerstörungswillen\가 존재하느냐 아니냐를 묻는 과학적 질문이 아니라, 파괴 욕구가 동기로서 자유롭게 선택된 몸짓들에 대한 비과학적인 질문이다. 그러므로 이 질문은 '흔히 말하는 악'이 아니라, 원래의, 윤리적인 의미에서 '악'에 대한 질문이다.

독일어로 이 질문을 하는 것은 장애인 동시에 도움이다. 독일어는 서구 언어의 일종이지만, 다른 여러 언어들과 같은 정도로 라틴어의 뿌리에 묶여 있지 않다. '체어슈퇴룽\Zerstörung\'과 '데슈트룩치온\Destruktion\'[30]은 정확히 같은 뜻이 아니다. 그리고 이 차이는 우리의 대화를 어렵고 또 풍부하게 만든다. '데슈트룩치온'은 파괴보다는 철거나 훼손을 뜻하고, '체어슈퇴룽'은 해체보다는 방해(성가신 것)의 제거를 뜻한다. 왜냐하면 '체어슈퇴룽'은 방해를 거부하고, '데슈트룩치온'은 구성을 거부하기 때문이다. 방해하는 것과 구성하는 것이 동일시될 때만 '체어슈퇴룽'을 '데슈트룩치온'으로 번역할 수 있다. 이제 구체적인 두 가지 예를 들어서, 악이 파괴와 관련되는지, 된다면 얼마나 관련되는지, 또 악이 해체와 관련되는지, 된다면 얼마나 관련되는지 하는 문제를 다루고자 한다.

죄수가 감방 안에서 둥글게 원을 그리면서 걸으면, 사방의 벽을 치게 된다(그리고 그 벽들에 부딪친다). 이 부딪침이 난폭하더라도 그것은 몸짓이라고 볼 수 없다. 절망적인 그의 주먹질 때문에 그 벽 하나가 무너진다 해도 마찬가지이다. 이런 식의 행동은 몸짓이라기보다 벽과의 충돌에 의해 야기되는 반사작용이다. 그런데 이 죄수가 어떤 식으로든 벽에 구멍을 뚫기 위해서 벽의 틈새를 살펴보기로 결정할 경우, 그 행동은 벽에 대해 아무 결과를 내지 못하더라도 파괴의 몸짓이라고 할 수 있다. 그러므로 몸짓이 여타의 행동들과 구분되는 것은, 그 결과가 아니라, 그 행동에서 어떤 결정이 밖으로 나타난다는 사실, 그 행동이 윤리적 현실 차원에서의 현상, 즉 존재의 표명이라는 사실이다. 한마디로, 그 행동에 '동기가 부여된다'는 사실이다.

이 경우 중요한 것은, 이 벽이 나를 방해한다는 판단, 그리고 실제로 불가능하더라도 그것이 파괴되어야 한다는 판단이다. 이 판단이 몸짓의 동기이다. 이론상으로, 그것은 몸짓에서 드러난다. 우리는 파괴의 몸짓이 일의 몸짓과 비슷함을 알 수 있다. 일이란, 지금의 상태와 다른 어떤 것을 하려는 결정이 그 동기인 몸짓이다. 지금의 상태가 마땅히 있어야 하는 상태에 있지 않기 때문이다. 일과 마찬가지로 파괴는 뭔가가 마땅히 있어야 하는 상태로 있지 않다고 판단한다. 그러나 일과 다르게 파괴는 그 상태를 다르게 만드는 대신, 그것을 제거하기로 결정한다. 파괴는 그 대상이 이런 상태에 있는 것\Sosein\을 부정하는 것이 아니고, 그 대상 자체를 장애물로서 부정하는 것이다. 그러므로 파괴가 일보다 더 급진적이라고 생각할 수 있다. 그러나 이것은 착각이다. 파괴가 덜 급진적이다. 왜냐하면 그 판단이, '있어서는 안 되는 것\Nicht-Sein-Sollen\'의 뿌리까지 미치지는 않기 때문이다. 파괴에는 당위 모델이 없다. 일은 혁명적이다. 그것은 그러해서는 안 되는 어떤 것을 마땅히 그러해야 하는 어떤 것으로 대체한다. 파괴는 혁명적이지 않다. 그것은 부정하지만 변증법적이지 않다. 파괴적인 몸짓에서 나타나는 현존재는, 일의 몸짓에서 표현되는 현존재에 비해, 세계 속에서 덜 급진적이다.

이 사례에서 파괴와 해체는 동시에 일어난다. 벽을 파괴하려면 죄수는 벽을 쌓아올린 돌들을 해체해야 하기 때문이다. 벽은 그에게 방해가 된다. 왜냐하면 그것은 그에게서(또는 그 안에 수감되는 모든 사람에게서) 자유를 박탈하기 위해 돌을 특정한 방식으로 구축한 것이기 때문이다. 그런데 죄수의 몸짓이 파괴이자 해체인데도 불구하고, 이것이 곧바로 어떤 악한 것과 관계된다는 느낌은 들지 않는다. 여기서 악한 것은 아무것도 없다. 왜냐하면 그 몸짓의 의도가 파괴와 해체 너머를(말하자면 감옥으로부터 해방을) 가리키기 때문이다. 이 몸짓의 동기는, 자유로워지려는 의도로 벽을 파괴하는 것이다. 이것이 악한 몸짓이 아님은, 몸짓 자체에서가 아니라, 그것을 넘어서는 의도에서 분명해진다.

이제 두 번째 예를 들어보자. 승산이 없는 상황에 처한 체스 경기자가 있다고 가정해보자. 그가 자제력을 잃고 신경이 곤두서서 체스 판을 뒤엎을 경우, 그것을 파괴의 몸짓이라고 할 수는 없다. 그것은 신경의 긴장으로 인해 일어난 행동이다. 그러나 만약 그가 예상 가능한 패배, 또는 습관적인 패배를 피하려고 체스 판을 뒤엎기로 결심한다면, 그것은 파괴의 몸짓이라고 할 수밖에 없다. 이 몸짓에서 특징적인 것은, 그것이 신경질적인 체스 판 뒤엎기처럼 게임에서 늘 일어날 수 있는 우연, '사고'가 아니라, 체스 게임의 '수'라는 것이다. 파괴의 몸짓은 (나치즘이 업무상 재해가 아니었던 것과 마찬가지로) '시스템 장애'가 아니라, 윤리에 관계되는 현상, 즉 '동기가 있는' 행동이다. 파괴의 몸짓처럼, 윤리와 관계되는 현상들이 일어나는 분위기는, 우연이나 필연(우리는 그것들이 동일한 현실의 차원에 있음을 알고 있다)이 아니라, 자유이다.

체스 판 뒤엎기는 체스 게임에서 하나의 '수'이고, 이 게임의 세계에서 행해질 수 있는 여러 몸짓들 중 하나이다. 그러나 그것은 규칙을 어기는 '수'이다. 그러므로 파괴자는 '게임을 더 이상 함께하지 않는' 사람이 아니라, 규칙을 어기면서 게임을 계속하기로 결정한 사람이다. 오직 이 결정만이, 게임의 규칙이 그를 방해한다는 것을 설명한다. 그가 게임을 그만두면, 규칙은 그에게 방해가 되지 않을 것이다. 그는 방해가 되는 규칙을 파괴하기로(체스 판을 뒤엎고 예상되는 패배를 회피하기로) 결정한다. 왜냐하면 이러한 결정을 할 때 그가 게임 도중에 있기 때문이다.

이 사례에서 파괴와 해체는 분리된다. '해체'는 사물들이 배열되는 규칙을 제거함으로써, 이 사물들이 와해되도록 하는 것을 말한다. 체스 판을 뒤엎을 때 이와 같은 일은 일어나지 않는다. 그것은 체스의 규칙을 제거하는 것이 아니라, 규칙을 따르지 않음으로써(법률이 유효함을 확인하는 도둑처럼, 규칙을 파괴함으로써) 오히려 규칙을 시인한다. 파괴자(야만인)들이 반드시 파괴적인 인물들은 아니다. 게르만족이 로마제국을 멸망시켰을 때, 그들은 자신들의 규칙을 다른 영역(예를 들어 교회)으로 옮겨놓았다. 해체적인 사람들(예를 들어 견유론자나

에피쿠로스파의 쾌락주의자들)이 승리했더라면, 로마제국은 멸망하지는 않았겠지만, 해체되었을 것이다. 파괴하는 자는 방해하는 것을 파괴하고, 해체하는 자는 체제를 해체한다. 파괴자는 도둑들이며, 해체하는 자들처럼 법률을 거부하는 자들이 아니다. 파괴자들은 좌절한 보수주의자들이다. 해체하는 자들은 좌절한 혁명가들이다.

체스 두는 사람이 체스 판을 뒤엎는 것은, 그렇게 하지 않으면 패배하게 될 것이 두렵기 때문이다. 그의 동기는 규칙에 위배되는 '수를 써서' 패배를 회피하는 것이다. 그의 의도는 게임을 중단시키고, 게임을 파괴하는 것이다. 그는 '의도적으로' 체스 판을 뒤엎는데, 바로 그 때문에 그의 몸짓은 사악하지 않고, 비록 악랄하다\diabolisch\는 말이 '사방으로 팽개치는\auseinanderwerferisch\'이라는 뜻일지라도 악랄한 것도 아니다. 누군가가 자신이 알지도 못하고 관심도 없는 두 사람이 두는 체스 판을 뒤엎는다면 그것이 비로소 사악한 것에 해당한다. 이런 몸짓의 동기는 재미없는 게임을 파괴하려는 판단일 것이다. 그것은 의도가 없는\absichtslos\ 몸짓이며, 그 동기는 '순수할' 것이다(칸트적인 의미에서 "무관심한 자기만족"). 왜냐하면 이런 몸짓에 방해가 되고 파괴의 동기를 주는 것은, 체스 경기의 어떤 특정한 상황이 아니고, 또 해체에서처럼 게임의 규칙들도 아니다. 그것은 여기서 규칙을 따르는 어떤 과정이 진행되고 있다는 사실 자체이다. 이 결정이 의미하는 바는, '이 규칙들은 방해가 된다'거나 '이 규칙들은 틀렸다'가 아니라, '이 게임이 규칙을 따르기 때문에 방해가 된다'는 것이다. 그러므로, '만들어졌지만 방해가 되는' 것이 아니고, '잘못 만들어졌고, 그래서 방해가 되는' 것도 아니고, '만들어졌고, 그래서 방해가 되는' 것이다. 이것이 '순수한 악의'일 것이다. 이런 악의는 흔치 않다. 인간적이지 않고, 의도와는 무관하기\unabsichtlich\ 때문이다.

그것은 순수한 동기만 있는 몸짓이다.

인간은 전적으로 세계 속에 있지만, 그 세계를 마주 보고 서 있는 것으로서 그렇게 있다. 세계는 인간에게 환경으로서 객체이다. 그것은 인간에게 몸짓을 통한 표현을, 주체로서 행동을 허락한다. 세계의 근본적 경향은 엔트로피적이다. 전체로서 세계는 열역학 제2법칙에 따라 계속해서 개연성\Wahrschein-lichkeit\이 더 큰 쪽으로 나아간다. 세계는 점점 더 많이 변형되며, 점점 더 무질서해진다. 왜냐하면 형태라는 것은 있을 법하지 않은, 불안정한 예외적 사태이기 때문이다. 예외가 규칙을 증명하는 것이 아니라, 규칙이, 있을 법한 우연을 증명하는 예외인 것이다. 개연성을 향한 이 경향(우연이 필연이 되는)이 '객관적인 시간'이고, 그것(예를 들어 방사성 원소의 분해) 때문에 시간의 단위를 '객관적으로' 측정할 수 있다.

세계 내의 존재로서 인간은 이러한 엔트로피 경향에 종속된다(예를 들어 인간은 죽는다). 그러나 주체로서, 윤리적 행위자로서 인간은 이 경향에 저항한다. 인간은 자기 주위에 규칙들을 세우고 사물들을 정돈함으로써, '만들어냄으로써' 그것을 부정한다. 만들어진 대안 세계('문화')는 있을 법하지 않다. 우리가 '인간 정신'이라고 부르는 것은, 바로 이 있을 법하지 않은 것\Unwahrscheinlichkeit\이다. '만들어진 것'[31]은 (우리를) 자유롭게 한다. 왜냐하면 그것은 우연히 인간에 부과된 필연을 지평선으로 밀어내고, 우연에도 필연에도 결정을 허락하지 않기 때문이다. 그러나 만들어진 것은 동시에 방해가 된다. 왜냐하면 그것이 규칙에 따른 변수로 판단의 여지를 제한하기 때문이다. 만들어진 것이 방해하기 때문에, 파괴자가 있다. 그리고 만들어진 것이 있음 직하지 않고, 그래서 그것이 다르게 만들어질 수도 있기 때문에, 해체자가 있다. 이것은 인간적이다. 즉, 의도가 바로 자유인 것이다.

그러나 '[어떤 것이] 만들어졌고, 그렇기 때문에 방해가 된다'는 결정은 비인간적이다. 이 결정 속에서 인간 정신은 세계의 비\非\정신\Ungeist\과 결합되고, 비정신에 반대하는 인간 정신의 약속을 배반한다. 인간은 순수한 동기에서 이렇게 한다. 왜냐하면 그는 여기서 아무런 의도도 추구할 수 없기 때문이다. 만들어진 것들의 바깥에서는, 있음 직한 것과 우연하게 필연이 된 것들 속에서 아무것도 '읽어낼' 수 없다. 그것은 악마적이다. 순수한 악의이다.

파괴의 몸짓에 대한 관찰은 악에 대해 질문할 수 있게 한다. 그것은 파괴와 해체가 사악하다고 주장하는 사람들이 놓는 덫을 피해갈 수 있게 해준다. 우리는 이런 도덕주의자들을 마음 놓고 경멸할 수 있다. 왜냐하면 그들의 판단은 '[어떤 것이] 만들어졌고, 그렇기 때문에 좋다'이기 때문이다. 그들이 옹호하는 것은 정신이 아니라, 만들어진 것 속의 경직된 정신, 정신의 죽은 시체이다. 근본적으로 그들의 판단은, '파괴와 해체는 나를 방해하기 때문에 나쁘다'는 것이다. 그러나 파괴와 해체는 그것으로 어떤 의도가 추구되는 한 나쁜 것이 아니다. 의도가 있는 파괴는 좌절한 보수주의이고, 의도가 있는 해체는 좌절한 혁명이다. 두 가지가 동시에 일어나면, 그 결과는 좌절한 일\Arbeit\이 된다. 이런 몸짓들로부터 우리는 좌절한, 그러니까 피상적이고, 철저하지 못한, '진짜가 아닌' 현존재를 읽어낼 수 있다. 이런 식의 파괴와 해체는 '거짓된'(가짜인) 것이지만 나쁜 것은 아니다. 그것이 진짜 일의 몸짓의 단계가 되면, 그것은 '옳은' 것이 되기까지 한다. 왜냐하면 일을 하는 것은 언제나 파괴하는 것과 해체하는 것 또한 의미하기 때문이다. 진짜 혁명적인 일의 몸짓들에서 가짜 파괴와 해체를 가려내는 것은, 어렵지만 중요한 과제이다. 예를 들면 그것은 무너진 집에서 하나의 폐허를, 또는 어떤 명제를 뒤엎는 학자에게서 회의론자를 가려내는 것과 같다.

그러나 파괴의 몸짓에 대한 관찰은 또한 모든 것을 상대화하는 사람들이 놓는, 악을 대수롭지 않게 여기는 덫을 피해갈 수 있게 해준다. 우리는 이런 비도덕주의자들도 마음 놓고 경멸할 수 있다. 왜냐하면 그들은 악에 대한 자신들의 능력을 하찮게 여김으로써 스스로 인간의 존엄성을 경멸하기 때문이다. 드물기는 하지만, 순수한, 의도 없는, 파괴와 해체의 몸짓, 순수한 동기에서의 정신에 대한(형태와 자유에 대한) 배신이 있다. 이런 몸짓들로부터 우리는 세계 속에 있는 악의 현존으로서 현존재, 순수하고 근원적인 악으로서 현존재를 읽어낼 수 있다. '악마'는 있다.

파괴와 해체가 의도적으로 일어날 때, 그것들이 '실용적'일 때, 그 동기는 '불순'하고, 그렇기 때문에 그것들은 '순수한 악'이 아니다. 그리고 순수한 악이 아닌 것은 전혀 악이 아니고, 오히려 자유에 대한 좌절된 추구이다. 그러나 그것들이 의도 없이, '순수한 동기'에서 일어난다면, 그것들은 사악하다. 드물긴 하지만 그것은 (유감스럽게도 '순수한 선'이 그렇듯이) 비인간적이기 때문이다. 그리고 그럴 때 그 파괴와 해체는 끔찍하다.

8장
그리기의 몸짓

작업을 하고 있는 화가를 볼 때 우리는 여러 가지 몸들(화가의 몸, 그림 도구, 물감과 캔버스의 몸)이 도무지 꿰뚫어볼 수 없는 방식으로 움직임으로써, '결과적으로' 하나의 그림이 나오게 되는 과정을 관찰한다고 생각한다. 물론 이때 사람들은, 앞에 말했듯이 그 과정을 꿰뚫어볼 수 없다는 느낌을 받으며, 그렇기 때문에 관찰된 움직임들 뒤에는 '화가의 의도'나 '그려지는 그림의 아이디어'와 같은 보이지 않는 몸의, 보이지 않는 또 다른 움직임이 있을 거라고 추정한다. 서구의 세계관 자체를 보여주는 하나의 예가 될 수 있는, 그리는 행위에 대한 이 같은 인식은, 관찰된 것이라고 여겨지는 현상들을 설명하려는 익숙한 시도로 이어진다. 여기서 '아이디어'를 '그림'과, '주체'를 '객체'(또는 우리가 악명 높은 이 변증법의 짝을 뭐라고 부르든 간에)와 동일시하는 것을 설명하기란 어려운 일이다. 그러나 점점 커지기 시작하는 의심은, 진짜 어려움은 이것이 아니라, 어쩌면 설명하려는 현상이 전혀 제대로 관찰되지 않아서 질문 자체가 잘못되었을지 모른다는 것이다. 그림 그리는 것을 관찰할 때 우리가 스스로 본다고 생각하는 것을 실제로는 보지 않는다는 의심이다. 이것은 모험적인 주장이다. 그렇다면, 그림 그리는 것을 제대로 한 번 관찰하는 것이, 수백 년 세월과 종교, 철학, 이념들에 의해 정당화되었던 '영혼-육신' 또는 '정신-물질'의 문제를 극복하기에 충분할 것인가? 그렇다, 그것이 성공적이라면 그것으로 충분할 것이다. 질문은 바로 이것이다. 어떻게 대상을 올바르게 볼 수 있는가? 어떤 종류의 세계관이든 간에 하나의 세계관을 벗어나서 우리가 무엇인가를 볼 수 있는가? 우리는 늘 우리가 본다고 생각하는 것만을 보지 않는가? 그림 그리기에 대해 설명을 시작하기 전에 먼저 그것을 제대로 바라보라는 요구는, 처음에는 대수롭지 않은 당연한 요구 같았지만, 이제 불가능한 요구처럼 보인다. 진리는 중용에 있다. 일어난 일들을, 우리를 지배하는 세계관이 요구하는 대로 보지 않기란 매우 어렵기는 하지만 불가능한 것은 아니다. 편견이 관찰자에게 아주 깊이 자리 잡고 있다 하더라도, 그 편견을 관찰에서 배제하는 방법들은 있다. 이런 방법들이 있다는 것, 지금 사람들이 어디서나 그 방법들을 사용하고 있다는 것은, 서구의 세계관이 처해 있는 위기의 징후이다.

그리는 행위를 관찰할 때 우리가 보는 것은, 동시적으로 진행되는 움직임들, 요컨대 '그리는 몸짓'이다. 간단히 말하면, '뭔가'가 움직이는 것이다. 그러나 이 '뭔가'에 이름을 붙이려고 하면 우리는 곧바로 난관에 부딪친다. 우리는 화가가 어떻게 자신의 몸을 움직이는지 보지 않는다. 우리는 그것을 본다고 생각할 뿐이다. 우리는 화가의 몸을 보지 않고, 그 몸을 움직이는 화가는 더더욱 보지 않는다. 우리는 대략 '손-붓'이라고 부를 수 있을 움직이는 몸들과, '오른발'이라고 부를 수 있을 또 하나의 몸을 보고, 이 두 가지 움직임이 더 정확하게 이름 붙일 수 없는 또 다른 몸의 중재로 조정되고 있는 것을 본다. 우리는 손과 발은 하나의 전체에 속하고, 붓은 나중에 추가되었음을 볼 수 있다고 믿지만, 우리가 그렇게 믿는 것은, 우리가 이 사실을 알고 있다고 생각하기 때문이다. 우리가 실제로 보는 것은, 손과 붓이 하나의 전체에 속하고, 발은 '손-붓'의 연결 기능 속에서, 그러니까 도구처럼 움직이는 것이다. 그러나 우리는 우리가 이 사실을 보도록 허용하지 않는다. 왜냐하면 우리가 이것에 대해 더 잘 알고 있다고 생각하기 때문이다. 우리는 발이 아니라 붓이, 보이지 않는 화가의 도구임을 안다고 생각한다. 우리는 발은 화가의 신체 기관임을 안다고 생각한다. 그래서 우리는 앞으로 나아갈 수 없다.

그리기의 몸짓을 실제로 보기 위해 우리가 가장 먼저 해야 할 일은, 이 몸짓 속에서 움직이는 몸들의 목록을 포기하는 것이다. 이런 목록은 요컨대, 몸짓의 바깥 어딘가에 있다가 몸짓이 일어났을 때 비로소 몸짓 속에서 움직이는 몸을 전제로 한다는 의미에서 '형이상학적 \metaphysisch\'이다. 임의의 목록을 하나 제안해서 적용해보면, 이것을 이해할 수 있다. 예를 들면 이런 목록이다. (*1*) 화가의 몸, (*2*) 붓, (*3*) 물감 튜브, (*4*) 캔버스. 우리는 이 몸짓을 다음과 같은 단계로 구분한다. (*a*) '화가는 물감 튜브를 연다.' 우리는 두 손, 튜브 뚜껑, 흘러나오는 물감, 그리고 이 몸짓에 간접적으로만 참가하는 일련의 몸을 본다. 손과 뚜껑과 물감은 이 목록에서는 예상되지 않았던 것이고, 예상되었던 몸들은 붕괴한다. (*b*) '화가는 붓에 물감을 조금 얹는다.' 우리는 '손-붓-물감'이라고 부를 수 있을 몸을 본다. 그것은 목록에서 예상되지 않았던 것이고, 이 상황의 지평선에 있는, 기껏해야 예상되었던 것의 여분이라고 할 수 있을 몸이다. (*c*) '화가는 캔버스를 가볍게 두드린다.' 이 상황의 중심은 캔버스의 한 점 위에 있는 붓끝이고, 이 중심 주위에서 우리는 그 몸들을 구분하려는 모든 노력을 가로막는, 대단히 복잡한 일련의 움직임을 볼 수 있다. 제안된 이 목록은 무의미한 것 이상으로 나쁘다. 이 목록이 무의미한 이유는, 그것이 이 몸짓의 각각의 단계들을 분석할(그것을 몸들 속으로 분산시킬) 수 없게 하기 때문이다. 그리고 이 목록이 무의미한 것 이상으로 나쁜 이유는, 그것이 화가의 몸짓에 대한 관찰 속에, 이 몸짓 자체에서는 보이지 않는 형태들을 강요하려는 요소를 투영하기 때문이다. 분명해지는 것은, 이 몸들의 목록은 모두 다 관찰자가 이 몸짓을 주의 깊게 살펴보기도 전에 몸짓 속에 투영시키는 개념들의 목록이라는 것이다. 그것은 편견의 목록이다. 눈에 보이지 않는 화가와, 화가의 보이지 않는 정신, 보이지 않는 의도뿐만 아니라, 외관상으로는 눈에 보이는 것 같은 몸인, 화가의 붓과 캔버스도 마찬가지로 이러한 관념적인 편견이다. 그리기의 몸짓을 정말로 보려 한다면, 우리는 그 몸짓 속에서 움직이는 몸들을 따라서 그것을 분석하려는 시도를 포기해야 한다. 서구의 전통을 생각하면 이것은 쉬운 일이 아니다. 그러나 그렇게 해야 우리는 비로소 이 몸짓을, 그 형태에 따라서, 요컨대 이 몸짓에서 실제로 관찰 가능한 단계별로 분석하는 것을 시작할 수 있다.

이렇게 할 경우에, 우리는 그리기의 몸짓은, 뭔가를 가리키는\deuten\ 움직임이라는 의미에서, 아주 분명하게 의미 있는\bedeutungsvoll\ 움직임이라는 사실에 놀라게 된다.[32] 당연히 우리는 이 행동이 무엇을 의미하는지를, 요컨대 그것이 그려지는 그림을 의미한다는 것을 처음부터 알고 있다고 생각한다. 그렇기 때문에 우리가 그것을 '그리기의 몸짓'이라고 부르고 있지 않은가? 그러나 이 몸짓을 정확히 관찰해보면, 이러한 앎은 몸의 개념이 그런 것처럼 이 관찰에 들어맞지 않음을 확인할 수 있다. 오히려 이 몸짓의 의미는 그 몸짓의 각각의 단계들에서 드러난다. 각각의 단계들은 그려지는 그림을 가리키고, 그럼으로써 의미 있게 된다. 물감 뚜껑을 여는 의미는, 오른발 움직임의 의미와 마찬가지로, 그려지는 그림이다. 이 몸짓이 그 그림을 의미한다는 것은 그림이 완성되기를 기다리지 않고도 알 수 있다. 이 그림은 이 몸짓의 모든 단계에, 그리고 전체로서의 몸짓에, 말하자면 하나의 경향으로서 포함되어 있다. 이 그림은 그리기의 몸짓에 형태를 부여한다. 왜냐하면 이 형태는 그림을 가리키는 하나의 조짐이기 때문이다. 우리가 이것을 깨닫는 것은, 사전에 그럴 것이라고 추측했기 때문이 아니라, 이것이 말하자면 갑자기 얼굴을 때리는 것처럼 분명해지기 때문이다. 또 우리는 이 몸짓을 조각조각 분해해본 다음이 아니라, 그것을 보자마자 깨닫는다. 그러므로 몸짓에 대한 모든 분석은, 몸짓은 어떤 의미 있는 움직임에 관계된다는 사실을 전제로 해야 한다.

이로써 몸짓을 분석하는 데는 하나의 방법이 정해진다. 뭔가를 가리키는 움직임은 그 움직임의 원인들을 나열하는 것으로는 이해될 수 없다. 어떤 움직임을 앞에 있었던 움직임들과 연관 짓고, 어떻게 앞의 움직임들로부터 그 움직임이 생겨나는지를 보여주는 인과관계 설명은, 이 움직임이 무엇을 가리키는지를 설명하지 않는다. 움직임을 이해하려면 그것의 목표를 알아야 한다. 필요한 것은 움직임을 그것의 미래와 연관 짓는 설명이다. 이 몸짓의 의미인, 그려지는 그림은 이 몸짓의 미래이고, 이 몸짓을 이해하려면 이 미래로부터 그것을 설명해야 한다. 인과관계(과학적인) 설명은 여기서 쓸모가 있지만 충분하지는 않다. 그리기의 몸짓을 인과관계로(물리적, 생물학적, 심리학적으로, 또는 사회학적으로) 설명한다면, 그것을 하나의 움직임으로(예를 들어 '떨어지는 돌'이나 '기어 다니는 벌레'와 같은 유형의 움직임으로) 설명할 수는 있지만, 그것 자체로, 요컨대 '그리기의 몸짓'으로는 설명할 수 없다. 왜냐하면 의미 있는 움직임으로서 이 몸짓은, 그 원인들을 나열함으로써 속속들이 설명될 수는 있지만 만족스럽게 설명되지는 않기 때문이다. 그것은 '자유로운' 움직임인 것이다. 여기서 '자유롭다'는 것은, 그 몸짓이 그 의미로부터, 그 미래로부터 비로소 만족스럽게 설명 가능하다는 의미에서이다. 그러므로 우리는 이것이 하나의 자유로운 움직임이고, 현재로부터 미래로 손을 뻗는 것이며, 바로 몸짓이라는 사실에서 출발해야 한다.

우리가 몸짓을 바라볼 때 실제로 보는 것을 정확히 파악하려면, 몸짓에 대한 모든 분석은 의미 분석이 되어야 한다. 그 분석 방법은 암호 해독의 방법, 몸짓을 그 의미의 구성 요소들로 분해하는 방법일 수밖에 없다. 예를 들어 몸짓의 어떤 특정한 단계에 대해 이것이 의미하는 것은 캔버스 위에서의 붓질이고, 그 두 번째 단계에 대해 이것이 의미하는 것은 붓질에 대한 캔버스의 저항이고, 그 세 번째 단계에 대해 이것이 의미하는 것은 그 저항에 대한 극복이라고 말할 수 있을 것이다. 물론 이 세 단계는 붓의 움직임, 캔버스의 움직임, 그리고 캔버스에서 물러서는 발의 움직임이라는 식으로, 몸들의 움직임으로도 설명될 수 있다. 그러나 이런 설명은, 텍스트를 분석할 때 'O'라는 철자를 동그라미로, 'X'라는 철자를 십자가라고 설명하는 것과 비슷하다. 몸짓에 적합한 분석을 위해, 이 분석은 의미의 요소들('철자')로 이루어지고, 분석의 과제는 몸짓의 판독(디코딩)이다. 이런 식의 기호학적 분석이 인과관계 분석과 다른 점은, 무엇보다도 분석 대상에 대한 분석자의 태도이다. 인과관계로 분석되는 현상들은 분석자에게 하나의 문제\Problem\가 되고, 그 문제는 그 현상이 일어난 원인을 열거함으로써 설명된다. 의미론적으로 분석되는 현상들은 분석자에게 하나의 수수께끼\Enigma\, 판독을 통해서 풀리는 퀴즈가 된다. 그러나 그리기의 몸짓에서는 그 몸짓 자체에 의해서 분석자에게 이런 태도가 강요된다. 인과관계 분석은 이 몸짓을 설명하기에 부족하기 때문에, 분석자는 그것을 수수께끼로 간주해야 한다. 그러나 이 몸짓이 문제적일 뿐만 아니라 수수께끼 같기도 하다는 사실, 그리고 이 수수께끼 같은 측면이 관찰자의 자의적 견해의 결과가 아니라 관찰자에게 강요된 것이라는 사실은 다름 아니라, 이 몸짓이 자유로운 움직임임을 의미한다.

몸짓의 수수께끼를 풀기 위해서 몸짓을 판독하기 시작하면, 그것을 '읽을 수 있는' 여러 개의 차원이 있고, 이 차원들이 위계적으로 배열될 수 있음을 알게 된다. 예를 들어 '붓질'이라는 의미의 차원은 '색채 구성'이라는 의미의 차원에 종속된다. 회화 몸짓의 수수께끼는 여러 가지 의미론적 차원들로 분리될 수 있고, 각각의 차원들은 또 다른 '독법'을 생겨나게 한다. 분석자가 차원들을 더 많이 구분하는 데 성공할수록, 그리고 그 차원들을 병렬시키는 데 성공할수록, 몸짓의 의미는 그만큼 더 풍부해진다. 이것은 의미론적 분석 방법의 특징이다. 그 방법은 분석 과정에서 현상이 그 자체의 의미를 펼칠 수 있게 한다. 분석 속에서 현상은 점점 더 조밀해진다. 이것 또한 의미론적 분석을 인과론적 분석과 구별 짓는다. 우리가 문제를 분석하는 것은 문제를 꿰뚫어볼 수 있게 만들고, 그럼으로써 그것을 제거하기 위함이다. 해결된 문제는 더 이상 문제가 아니다. 수수께끼를 분석하는 것은 그 수수께끼 속으로 뚫고 들어가기 위함이다. 해결된 수수께끼는 수수께끼로 남는다. 그리기의 몸짓을 분석하는 목적은 회화의 문제를 제거하는 것이 아니다. 그것은 오히려 회화의 수수께끼를 점점 더 깊이 파고 들어가서 점점 더 풍부하게 경험하기 위한 것이다.

그러므로 그리기의 몸짓을 분석하는 것은 그 자체가, 외부로부터 그 몸짓을 향해서 다가오는 몸짓이 아니다. 오히려 그것 자체가 분석해야 할 몸짓의 구성 요소인 것이다. 그리기의 몸짓은 스스로를 분석하는 움직임이다. 우리는 이 몸짓에서 그 자체가 스스로를 분석하는 의미의 차원을 관찰할 수 있다. 이 몸짓의 특정한 단계들, 예를 들어 캔버스로부터 독특한 물러서기 또는 독특한 바라보기가 의미하는 것은 자기비판, 자기분석이다. 이 단계를 설명하는 데는, 그 몸짓 주위의 어딘가를 떠도는 '화가의 정신' 같은 형이상학적 개념은 (우리의 사고 습관 깊숙이 뿌리박혀 있고 우리의 관찰을 왜곡시키기는 하지만) 필요 없다. 필요한 개념들은 몸짓 자체의 구체적인 형태에서 볼 수 있다. 이 몸짓의 자기비판적 차원은 몸짓 전체에 스며들어 있을 만큼 다른 모든 의미의 차원과 밀접하게 연결되어 있다. 그런 의미에서 이 몸짓의 모든 단계는 자기분석적이다. 이 몸짓은 현재에서 미래로 손을 뻗을 뿐만 아니라, 미래를 현재로 끌어들이는 선취\Vorwegnehmen\이고, 현재를 미래 속으로 재설계하는 것이기도 하다. 그것은 그 자체의 의미에 대한 지속적인 통제이자 재설정이다.

다시 말해서, 이 몸짓의 분석은, 몸짓의 수수께끼를

풀기 위해서는 분석자 스스로가 그 몸짓 속으로 들어가야 함을 보여준다. 몸짓에 대한 이해는 자신에 대한 이해여야 한다. 이 또한 이 몸짓이 자유로운 움직임이라는 것을 의미하는 것에 다름 아니다. 자유는 현상에 대한 밖에서의 관찰이 아니라, 자신의 참여에 의해서만 이해될 수 있기 때문이다. 그리기의 몸짓을 이해하기 위해 그것을 분석하려면, 우리 자신이 그 몸짓에 참여해야 한다.

비록 몸짓에 대한 진정한 분석은 몸짓과 아울러 자기 자신을 그 몸짓의 내부로부터 펼쳐내기 위해 몸짓 속으로 밀고 들어가야 하지만, 이런 분석은 또한 그 몸짓을 '초월하는' 측면들도 내포한다. 더 넓은 '맥락'에서, 요컨대 그것들이 모여서 '역사'를 이루게 되는, 관찰 가능한 모든 몸짓의 맥락에서, 그리기의 몸짓에 대한 읽기가 가능해지는 의미의 차원이 있다. 그러나 이 차원마저도 원래 이 몸짓의 바깥에 있는 것이 아니다. 왜냐하면 몸짓이 역사 속에 있기만 한 것이 아니라, 거꾸로 역사가 몸짓 속에 있기도 하기 때문이고, 이것은 이 몸짓의 인과론적 의미에서만이 아니라, 역사적 의미인 의미론적 의미에서도 그렇다. 그런데 사실이 그렇다면, 그 자체가 역사적인 움직임이면서, 동시에 역사적인 의미를 갖는 몸짓의 분석은, 분석할 몸짓의 이러한 '독해 차원\Leseebene\'에도 스며들고, 그 몸짓 속으로 침투한다. 이를 확인하는 것은 이 글의 목표들 중 하나이다. 몸짓들에서 '안'과 '밖'의 구분은 무의미하며 혼선만 가져옴을, 그리고 몸짓을 이해하는 데는 이런 구분을 포기하는 것이 성공 가능성이 더 높은 전략임을 보여주는 것이다.

이 글의 서두에서는 서구의 세계관이 언급되었다. 우리(서구) 자신이 몸담고 있는 세계에서 일어나는 현상들을, 종합의 과정으로, 이전까지는 어떤 식으로든 분리되어 있던 요소들의 결합으로 보려는 경향이 그것이다. 예를 들어 물을 수소와 산소의 결합으로, 인간의 몸짓을 정신과 육체의 결합으로, 그림 그리는 몸짓을 화가와 재료의 결합으로, 또는 그리는 몸짓의 분석을 분석자와 몸짓의 결합으로 보려 한다. 또한 서두에서 나는, 이 경향을 견지하는 것이 이제 점점 어려워지고 있으며, 그 이유는 이런 생각이 해결 불가능한(그러므로 아마도 잘못된) 이분법을 가져온다는 사실이 점점 더 분명해지기 때문이라고 주장했다. 물론 이 경향을 포기하기도 마찬가지로 어렵다. 현상을 관찰할 때 전혀 의식하지 못할 정도로 우리의 사고 습관 속에 이 경향이 깊숙이 뿌리내리고 있기 때문이다.

우리가 물을 볼 때, 우리가 보는 것은 물이지, 수소와 산소의 결합이 아니다. 이 원자들은 우리의 분석 결과이고, 물 '다음에' 온 것이다. 그것들은 물'에서 나온' 추론이다. 이는 우리가 이 원자들을 그것들 자체로 혹은 물로 결합된 상태로 관찰할 수 있는 상황들이 존재하지 않는다는 뜻이 아니다. 이 말이 뜻하는 바는, 이 원자들이 '물'이라는 구체적인 상황에서 추상적인 지평선을 형성할 뿐이고, '물'이라는 구체적인 상황에 대해 나중에 덧붙여진 '설명'이라는 것이다. 그런데 구체적인 현상을 '해부'하고 그로부터 개념화하는 우리의 경향은, 인간의 몸짓과 같은 현상들에 관심을 기울여보면 훨씬 더 분명해진다. 우리가 보는 것은 몸과 정신의 공동 작업이 아니라 하나의 몸짓이고, 정신이 배제된 몸(시체는 여기서 제외된다)이나, 몸이 없는 정신을 우리가 구체적으로 관찰할 수 있는 상황이 있는지는 의심스러울 수 있다. 정신과 몸은 '몸짓'라는 구체적인 현상으로부터의 추정이고, 나중에 덧붙여진 '설명'이다. 그러니까 정신만큼이나 몸이, 그리고 그것들(정신과 몸)이 만들어내는 것은, 구체적으로 관찰된 몸짓의 추상적인 '이론적' 지평일 뿐이다. 그런 다음에 우리는 나중에 만들어진 이 지평을 몸짓 자체에 투사하고, 나아가 그것을 구체적으로 본다고 생각한다.

그리기의 몸짓을 관찰할 때 우리가 보는 것은, 그 과정 속에서 종합으로서 하나의 그림이 '나타나는', 화가와 재료의 그 어떤 비밀스러운 접합이 아니라 그리기의 몸짓이다. '화가'와 '화가의 재료'는 우리가 이 몸짓을 설명하는 단어들이지, 거꾸로 이 몸짓이 그것들을 설명하는 것이 아니다. 우리는 이 단어들의 의미가 어떻게 서로 만나는지 보지 않는 것이다. '화가'와 '화가의 재료'는 그리기의 몸짓 다음에 오지만, 그것은 선입견이 된다. 우리가 그것을 우리의 관찰에 투사하기 때문이다. 이것은 물론, (화가) X씨가 그리기의 몸짓에서 벗어나 있을 때에도 구체적으로 관찰될 수 없다는 말이 아니다. 이것은, 그가 몸짓에서 벗어나 있을 때는 화가로 보이지 않는다는 말이다. 이것은, 화가의 붓이 다른 상황들 속에서도 관찰될 수 있는 사물이 아니라는 말이 아니다. 이것은 오직 그리기의 몸짓 속에서만 붓이 '화가의 붓'으로 보인다는 말이다. X씨와 붓은, 그것들이 어떤 상황에서 관찰되느냐에 따라서 그것들이 무엇인지를 '설명'하는 여러 가지 다른 이름들이 걸릴 수 있는 걸이 못들이다. 모든 상황에서 벗어나 있을 때 X씨와 붓은, '빈' 개념이고, 형태이고, 관념이고, 상황의 가상성(또는 이 선입견을 우리가 뭐라고 부르든)이다. 그들은 어떤 상황 속에 있을 때 비로소 실제가 된다. 그리기의 몸짓 속에서 비로소 X씨는 실제로 화가 X씨가 되고, 붓이라는 사물은 화가의 붓이 된다.

이런 견해는 전통적인 서구 세계관과 일치되기 어렵다. 그러나 그것은 반대로 구체적인 경험과는 쉽게 일치된다. 화가에게 물어본다면, 그는 아마 그리기의 몸짓 속에 있을 때만 자신을 진짜 화가라고 느낀다고 주장할 것이다. 그는 자신이 붓을 들고 캔버스를 마주할 때(또는 붓이 그를 붙들고 캔버스가 그를 마주할 때)에만, 정말로 살아 있다고 말할 것이다. 또한 그에게는 자신이 왜 그림을 그리는지, 왜 그 색채를 선택하는지와 같은 질문들은 무의미해 보일 것이다. 왜냐하면 우리는 이 질문들을 똑같이 뒤집어서, 왜 그가 이 회화에 의해서, 그리고 이 색채에 의해서 선택되었는지 물어볼 수도 있기 때문이다. 그가 그림을 선택한 것은 '그림을 그리기 이전에' 다양한 가능성들이 자신에게 주어져 있었다는 형이상학적인 의미에서도 아니었고, 또 회화가, 붓이나 캔버스로부터 그에게로 그 어떤 외침이 전해진다는 형이상학적인 의미에서 그의 '소명'인 것도 아니었다. 왜냐하면 바깥으로부터 회화를 선택할 수 있는 화가와 같은 어떤 것, 또는 어떤 화가를 부를 수 있는 붓과 같은 어떤 것이란 존재하기 않기 때문이다. 그것들은 은유이다. 이 사실은 (다른 사실들도 모두 그렇듯이) 단순하다. 구체적인 그리기의 몸짓이 있는 것이고, 화가와 붓이 이 몸짓 속에서 '실현되는' 것이다.

'신비주의'라는 말을 구체적인 현실 속에서 주체와 객체의 윤곽이 불분명해지는 것으로 이해한다면, 그리기의 몸짓에 대한 이런 설명은 신비주의적인 것처럼 들린다. 그것은 선불교도들이 활쏘기에서 화살과 활시위의, 꽃꽂이(이케바나)에서 꽃과 사람의, 그리고 다도 의식에서 차와 찻잔의 '하나 되기\Einswerden\'를 말할 때 생각하는 것과 일치하는 듯이 보인다. 실제로 선\禪\은 현상학적 방법과 마찬가지로 현상의 구체적 경험을 강조한다. 그러나 구체적인 세계의 관찰에서 추상화하는 선입견을 배제하려는 노력에 신비주의적인 것은 아무것도 없다. 동아시아의 세계관은 융합적이고 심미적이며, 그중에서도 신비주의적인 세계-경험을 유도한다. 서양의 세계관은 분석적이고 이성적이며, 점점 더 많은 추상화, 구체적인 것으로부터의 이탈을 유도한다. 현상학적 방법은 서양의 사유를 소격\疏隔\으로부터 구해내기 위해서 그 사유가 출발하는 구체적인 '기반'을 되찾으려는 시도이다. 따라서 현상학적 방법은 서양 전통에 대립한다. 그것이 서양 전통의 뿌리로 되돌아가기 때문이다. 그럼에도 그것은 바로 이 때문에 전적으로 서양의 기반 위에 남아 있다. 그리기의 몸짓이 완전히 구체적으로 진행될 때의 그 수수께끼 같은 자유의 분위기를 현상학적인 방법으로 조사하려 하면, 현상학적 방법의 이러한 서구적 성격은 분명해진다.

회화는, 앞서 말했듯이 명백하게 '의도된' 움직임이고, 그 움직임은 현재로부터 미래를 가리킨다. 이 움직임 속에서 X씨는 화가로서 실제가 된다.[33] 왜냐하면 그는 이 움직임 속에서 어떤 미래를 향하는, 그려지는 그림을 향하는 '손 뻗침 \Greifen\'이 되기 때문이다. 무엇인가를 가리키기 때문에 그는 실제가 되고, '살아 있다'. 그림은 그의 삶의 의미이다. 그는 이런 방법으로 자기 자신에게 실제가 된다. 그리기의 몸짓은 자기분석적인, 요컨대 '자의식을 지닌' 몸짓이기 때문이다. 그런데 화가는 관찰자들에게도 실제가 된다. 관찰자는 자기를 실현하는 몸짓 속에서 자기 자신을 이런 식의 손 뻗침으로 인식하기 때문에, 자신에 의해서 관찰되는 [화가의] 그리기의 몸짓 속에서 자기 자신을 재인식한다. 그리고 이 재인식은, 관찰자가 이 세계 속에 화가가 실제로 자신과 함께 있음을 인식하는 방법이다. 이런 식으로 그리기의 몸짓은, X씨가 자기 자신에게, 그리고 그와 함께 이 세계에 있는 타인들에게 실제가 되는 방법이다.

지금 말한 것은, X씨가 자신이 실제로 존재함을 알고 있고, 타인들이 X씨가 실제로 거기 있음을 알고 있다는 사실을 어색하고 복잡하게 표현한 것처럼 보인다. 사실 이 설명은 복잡하고 어색하지만, 그 이유는 그것이 '의식', '정신', '영혼' 따위의, 단순한 사실들로의 접근을 가로막는 어색하고 복잡하고 형이상학적인 개념들을 우회하기 위해서 어쩔 수 없이 강요되었을 뿐이기 때문이다. 사실은 이런 것이다. 우리는 몸짓이다. 동시에 우리는, 우리가 그 속에서 몸짓으로 표현하는 세계, 우리를 통해서 몸짓으로 표현하는 세계, 그리고 우리가 '의미하는' 세계와 사건들에 부딪친다. 이 사건들 대부분은 인과관계로 만족스럽게 설명할 수 있다는 점에서 의미가 없는 것들이다. 우리의 몸짓은 이 무의미한 사건들에 의미를 부여할 수 있다. 그런데 이 사건들 중 어떤 사건들은 의미가 있고, 미래를, 말하자면 우리 자신을 가리킨다. 우리가 그것들의 미래이기 때문이다. 이런 사건들이 타인의 몸짓들이다. 우리는 그 속에서 우리 자신을 재발견한다. 이 모든 것은 단순하고 당연하지만, 우리가 이 당연한 것을 의식이나 정신 같은 형이상학적인 원인들을 통해 설명하려 들기 때문에 복잡해진다.

우리는 이 세계 속에 홀로 있지 않으며, 그렇다는 것을 알고 있다. 이는 우리 주위에서 타인의 몸짓들이 우리를 가리키기 때문이다. 이러한 가리킴은 행동인 동시에 행해질 것의 선취이다. 문법은, 의미를 '갖는' 것과 의미를 '주는' 것이 사실은 같은 말이라는 사실을 말로 설명하기 어렵게 만든다. 그러나 그리기의 몸짓에 대한 관찰은 이 문법의 장애물을 우회한다. 그려지는 그림은, 이 몸짓이 그림을 그림으로써 '주는' 의미이고, 그려지는 그림을 선취함으로써 '갖는' 의미이다. 화가는 이 몸짓 속에서 자신을 실현한다. 그의 삶이 거기서 몸짓이 주는 의미를 얻기 때문이다. 몸짓은 붓질과 발의 움직임과 눈의 깜빡임을 통해서, 한마디로 가리킴의 움직임을 통해서 의미를 부여한다. 가리킴의 움직임은 그 자체로 '일'은 아니고, 일의 계획이다. 그럼에도 가리킴의 움직임은 세계의 변화를 목표로 하고, 또 그것을 결과로 얻는다. 화가가 그리기의 몸짓 속에서 실제가 되는 것은, 그의 삶이 이 몸짓 속에서 세계의 변화를 목표로 하기 때문이다. 그의 삶은 그려지는 그림을 목표로 삼고, 그것을 통해서 화가와 함께 거기 있는 타인들을, 미래를 지향한다. 왜냐하면 그리기의 몸짓을 향해 다가오는 것은 이 몸짓의 분석, 말하자면 대응-의미\Gegen-Bedeutung\이기 때문이다. 몸짓들의 이러한 대화, 이러한 맞물림은 바로, 세계를 변화시키는 것, 타인을 위해서 세계 속에 있는 것을 의미한다. 왜냐하면 '세계'란 '사물들'의 어떤 객관적인 맥락이 아니라, 서로 맞물리는 구체적인 사건들의 맥락이고, 그 사건들 중 일부가 세계에 의미를 부여함으로써 의미를 갖기 때문이다. 그리기와 같은 몸짓을 관찰함으로써 서양의 대상화하는 세계관에서 벗어나면, 우리는 '의미를 갖다', '의미를 주다', '세계를 변화시키다', 그리고 '타인을 위해서 거기 있다'는 말들이 어떻게 같은 상황을 표현하는 네 개의 서로 다른 표현인지를 알 수 있다.

이 모든 것은 그러나 자유에 대해서 말하려는 시도에 다름 아니다. 자유롭다는 것은 바로, 의미를 갖고, 의미를 주고, 세계를 변화시키고, 타인을 위해서 거기 있는 것, 한마디로, 참으로 사는 것이다. 자유는, 선택의 조건이 많을수록 자유가 더 커진다는 의미에서의 선택의 기능이 아니다. 화가는 자신이 기관차 운전사나 도둑이 될 수도 있었음을 '알면', 그 몸짓 속에서 더 자유로워지는 것이 아니다. 자유는 제약에 대한 기계적인 반대 개념이 아니다. 내적이고 외적인 조건들이 적으면 적을수록 자유는 그만큼 커진다. 화가는 자신의 붓과 자신의 마음이 자신에게 부과한 경계선을 넘어설 때 그 몸짓 속에서 더 자유로워지는 것이 아니다. 자유는 미래에 대한 자기분석적인 가리킴이다. 그리기의 몸짓 자체가 자유의 한 형식이다. 화가는 자유를 가진 것이 아니라, 자유 속에 있다. 그는 그리기의 몸짓 속에 있기 때문이다. 자유롭다는 것은 참으로 거기 있다는 것과 같은 말이다. 몸짓의 관찰은 우리가 자유의 구체적인 현상을 볼 수 있게 해준다. 추후에 시도하는 설명에 의해서만 그것의 존재론적, 심미적, 정치적 차원들을 구별해낼 수 있다. 구체적으로 자유는 나눌 수 없다. 자유는 우리가 그것을 통해서, 타인들이 우리와 함께 이 세계 속에 있음을 깨닫는 형식인 것이다.

그리는 몸짓의 의미는 그려지는 그림이다. 이 글에서는

그림에 대한 이야기가 별로 없었다. 몸짓 자체에 주의를 집중하려는 의도를 따랐기 때문이다. 물론, 그려질 그림은 몸짓에서 추정되고, 그려진 그림은 굳어진, 동결된 몸짓이다. 만약 몸짓에 대한 일반 이론, 즉 몸짓을 판독할 수 있게 해주는 의미론적 학문 분야가 존재한다면, 미술비평은 아마 오늘날처럼 경험론이나 '직관'의 문제, 또는 미학적 현상을 인과론적으로 해설하는 문제가 아니라, 그림으로 굳어진 몸짓들을 정밀 분석하는 문제가 되었을 것이다. 이러한 '안무학\Choreographologie\'[34]이 결여되어 있으므로, 아마 더 나은 전략은 몸짓 자체를, 그것이 우리 앞에서, 그리고 우리 속에서 구체적으로 일어나는 그대로 관찰하는 것, 그것을 자유의 한 사례로서 관찰하는 것일 터이다. 그것은 우리 전통이 우리에게 씌워놓은 객관화와 추상화라는 선입견의 안경을 벗고서 새로운 눈으로 세계를 바라보려는 것을 의미한다. 그때 세계는 다시 '빛나고', 구체적인 현상들의 광채 속에서 반짝일 것이다.

9장
사진 촬영의 몸짓

의심의 여지없이 사진의 발명은 혁명적이라 할 수 있다. 왜냐하면 그것은 4차원의 시간-공간 속에 있는 대상을 2차원의 평면 위에 고정시키는 방법이기 때문이다. 이 방법은—회화와는 대조적으로—그 대상 자체가 표면 위에 새겨지도록 한다는 의미에서 혁명적이다. 사진은 대상이 표면에 남기는 일종의 지문\指紋\으로서, 회화에서와 같은 묘사가 아니다. 대상은 사진의 원인이고, 회화의 의미이다. 사진의 혁명은 구체적인 현상과 그 현상에 대한 우리의 개념 사이의 전통적 관계를 뒤집어놓는다. 회화에서 우리는 이 전통에 따라 평면 위에 현상을 붙잡아두기 위해 스스로 어떤 '개념'을 만든다. 사진에서는 반대로 현상 자체가 자신의 개념을 우리를 위해 표면 위에 만들어낸다. 실제로 사진의 발명은 합리주의적 이상주의와 경험론적 이상주의 사이의 이론적 논쟁에 대한 뒤늦은 기술적 해법이다.

17세기 영국 경험론자들은 개념이 사진과 같은 방식으로 우리에게 각인된다고 생각한 반면, 당대의 합리주의자들은 개념이 회화에서처럼 우리에 의해서 설계된다고 생각했다. 사진의 발명은 개념이 두 가지 방향에서 작동한다는 것을 입증했다. 19세기에 두 진영의 주도적인 관점들의 상호 연관성을 어느 정도 일반적으로 인정하게 되었다는 사실을 감안한다면, 사진은 너무 늦게 도착하는 바람에 철학 담론에 영향을 미칠 수는 없었다. 이것은 기술이 이론에 뒤처져 따라가는 것을 보여주는 하나의 사례이다. 그럼에도 불구하고 사진의 발명은, '객관적' 사유와 '이념적' 사유의 차이에 대한 담론을 전적으로 기술의 차원에서 시작하게 했다는 의미에서 혁명적이다. 사진은 '객관적'인 개념이고, 회화는 우리 주위의 구체적인 현상들과 관련해서 우리가 갖는 '이념적'인 생각이라고 여겨진다. 이것은 테크놀로지가 이론을 만들어내는 것을 보여주는 하나의 사례다. 실제로 우리는 사진이 발명된 지 100년이 넘은 지금에서야 비로소 사진과 회화의 비교에서 생겨나는 이론적 가능성들을 확인하기 시작하고 있다.

사진은 현상에 의해서 발생하는 반면 회화는 현상을 지시한다(의미한다)는 사실을 인정하면, 우리는 인과론적인 설명과 기호론적인 설명 사이의 차이를 분석할 수 있다. 따라서 사진은 우리가 전자기적 과정과 화학적 과정 등등의 그 원인들을 알면 설명되고, 회화는 우리가 그것에서 표현되는 '의도성'을 파악하면 설명된다. 이 문제를 논의하는 것은 매력적이지만 이 글의 의도는 그 논의에 발을 들이는 것이 아니다. 그 이유는 다음과 같다. 사진은 회화와 마찬가지로 매우 복합적이고 상호모순적인 움직임들로부터 생겨난다. 객관성과 주관성의 구분이 불확실한 정도를 넘어설 만큼, 그리는 행위에도 객관적인 단계들이 있고 사진 촬영 행위에도 주관적인 단계들이 있다. 우리가 회화와 사진을 구분하려 한다면—그것은 우리가 세계와의 관계를 이해하려면 반드시 해야 하는 일이다—무엇보다도 먼저 사진과 회화를 만들어내는 이 몸짓들을 조사해야 한다.

사진 촬영의 몸짓을 조사하는 것은 사진 자체의 연구를 위해서나, 그것을 회화와 비교하는 데서나 꼭 필요한 준비 단계로 보인다. 그리고 이것이 바로 이 글이 수행하려는 바다.

그러나 그것을 조사하기 위해서 어떤 사진가의 몸짓들을 서술하려고 하면 곧바로 우리는 이상한 사실에 놀라게 된다. 우리가 하는 일이 마치 이 몸짓을—은유적 의미일지라도—'사진 찍으려는' 시도처럼 보이는 것이다. 우리가 '서술\Beschreibung\'을 어떤 맥락에서 다른 맥락으로의 번역이라는 뜻으로 이해한다면, 사진은 어떤 몸짓을 2차원적으로 '서술하는 것'이다. 파이프 담배를 피우는 남자를 찍은 사진은 그 몸짓을 4차원에서 2차원으로 번역함으로써 그의 담배 피우는 몸짓을 서술한 것이다. 그 서술의 구성 요소들은, 그 몸짓 자체에 의해서(간단히 말해서, 담배를 피우는 행위 속에서 움직이고 있는 신체를 비치는 빛에 의해서) '조작된다\manipuliert\'. 반면 사진가가 타자기로 쓴 서술은, 서술되는 몸짓과는 아무런 인과관계가 없는 요소(타자기의 글자)들로 이루어진다. 이 때문에 우리가 사진 촬영의 몸짓이라는 주제에 대해 글을 쓸 때, 단순히 은유적인 의미에서라도 그것이 어떤 면에서는 바로 이 주제를 사진으로 찍는 것이라는 생각에 현혹된다면 착각을 하는 것이다. 그러므로 사진은 사진 촬영의 몸짓에 대한 서술의 모델에서 제외되어야 한다. 이것은 주목할 만한 일이다. 도구가 우리의 사고를 형성하는 위험성을 보여주는 사례이기 때문이다. 처음에 우리는 사진을 '객관적으로' 보기 위한 도구로 발명한다. 그런 다음에 우리는 사진 자체를 사진적인 보기를 통해서 관찰하려 한다. 이 도구가 우리의 사고에 행사하는 억압적인 영향력은 다양한 차원에서 일어나는데, 그중에는 다른 차원들보다 덜 알려진 것들이 있다. 우리는 도구들이 안장에 올라앉아 우리를 타고 돌아다니게 해서는 안 된다. 이 글의 경우에, 우리가 여기서 무슨 일이 '실제로' 일어나는지를 알아내려면, 우리는 사진 촬영의 몸짓을 사진 찍듯이 관찰하려 해서는 안 된다. 우리는 마치 그것에 대해서 아무것도 모르는 것처럼, 그것을 아주 순진하게 처음 보는 것처럼 주시해야 한다.

이것은 아주 쉬워 보이지만 어려운 일이다. 우리가 마주하는 것은 뚜렷이 정의되지 않은 상황이다. 어떤 살롱을 예로 들어보자. 한 사람이 의자에 앉아서 파이프 담배를 피우고 있다. 그런데 이 방에는 또 한 사람이 카메라를 들고 있다. 우리가 '평범한'이라는 말을 '살롱에 적합한'이라는 의미로 사용한다면 이 두 사람은 평범하게 행동하지 않는다. 파이프 담배를 피우는 사람은 담배 때문이 아니라 다른 이유로 담배를 피우는 것 같다.

우리가 그 이유를 짚어내기는 어렵지만, 그는 마치 담배 피우기를 '연기하는' 것처럼 보인다. 반면에 카메라를 든 남자는 아주 특이하게 그 주위를 돌아다닌다. 이 사람의 활동을 서술하는 것이 우리의 의도에 들어 있다면, 그는 우리에게 이 장면의 중심이 되고, 담배 피우는 사람은, 카메라를 든 사람이 그 이미지를 중심으로 원을 그리며 움직이는 이유에 대한 설명이 된다. 이것은 주목할 만한 일이다. 왜냐하면 이것은 상황이 그 상황을 형성하는 요소들의 관계보다는, 연구자의 의도, 목적에 의해서 구성된다는 것을 보여주기 때문이다. 그러므로 우리가 객관적인 서술이란 관찰자의 입장에 예속되지 않은 설명이라고 생각한다면, 그것은 '객관적인' 설명이 아니다. 정반대로, 여기서 서술된 상황은 관찰자에 의해서 '조정된'[35] 것이다. 그러나 '조정된'이라는 말은 당연히 사진의 개념으로서, 이것은 관찰에서 사진적인 모델을 배제하기가 얼마나 어려운지를 보여준다. 이것은 사진이 '객관적인' 서술이 아님을 의미한다. 이 이미지를 기억하면서 다시 한번 사진적인 모델을 잊으려고 시도해보자.

이 상황의 중심에는 카메라를 든 남자가 있다. 그런데 그는 움직이고 있다. 어떤 중심에 대해서 말하면서, 그 중심이 주변과의 관계 속에서 움직인다고 하는 것은 부자연스럽다. 중심이 움직인다면, 그 중심은 관찰자에 대해 상대적으로 움직이는 것이고, 그러면 전체 상황도 함께 움직인다. 그러므로 우리가 카메라를 든 남자를 볼 때 우리가 보는 것은, 의자에 앉아 있는 사람까지를 포함하는 전체 상황의 움직임이라는 사실을 우리는 인정해야 한다. 이것을 인정하기는 어렵다. 왜냐하면 우리는 어떤 사람이 앉아 있다면 그 사람은 움직이지 않는다고 생각하는 데 익숙하고, 우리가 본다고 생각하는 것을 믿는 데 익숙하기 때문이다.

실제로 우리는, 의자에 앉은 사람에게 주의를 집중하면

이 상황이 정지되고, 그 속에서 카메라를 든 남자가 움직이고 있는 것을 본다. 반대로 우리가 카메라를 든 남자에게 주의를 집중하면 이 상황은 움직이는 상황이 되고, 의자에 앉은 남자는 동적인 상황 속의 정적인 일부가 된다. 여기서 떠오르는 한 가지 생각은, 코페르니쿠스의 혁명은 위치를 변경한 결과이지, 프톨레마이오스의 체계가 제시한 것보다 더 '진실한' 관점은 아니라는 것이다. 다시 말해서, 카메라를 든 남자는 고정된 어떤 상황을 사진으로 찍을 최적의 지점을 찾으려고 움직이는 것이 아니다(물론 그 자신은 그렇다고 생각할 수 있다). 사실은 그는 움직이는 상황을 고정시키려는 자신의 의도에 가장 적합한 위치를 찾고 있는 것이다.

그럼에도 이런 문제가 생긴다. 카메라를 든 남자는 그를 관찰하는 우리에게만 이 상황의 중심에 있을 뿐 그 자신에게는 그렇지가 않다는 것이다. 그는 상황을 관찰하고 있으므로 자신이 이 상황 밖에 있다고 생각한다. 그는 의자에 앉은 남자가 자기 관심의 초점이기 때문에 그 사람이 상황의 중심에 있다고 생각한다. 또 이 방에서 자신을 관찰하고 있는 우리 또한 그에게는 상황의 일부가 된다. 이는 우리가 이것을 두 개의 다른 상황이라고 생각하도록 오도할 수 있다. 그 하나는 카메라를 든 남자가 중심이 되고 우리가 그를 바라보는 상황이고, 다른 하나는 의자에 앉은 남자가 중심이 되고 우리가 그것에 관련되는 상황이다. 이것은 서로 다른 두 가지 상황, 그러나 서로 스며드는 상황이다. 그러나 실은 이것은 단일한 상황이다. 우리는 이를 확인할 수 있는데, 왜냐하면 우리가 관찰자의 역할에서 벗어나서 우리 자신을 그 상황의 일부분으로 관찰할 수 있는 가능성을 갖고 있고, 또 카메라를 든 남자도 마찬가지로 그렇게 할 수 있기 때문이다. 그 남자의 몸짓들을 관찰하면, 실제로 우리는 그 움직임들의 일부는 말하자면 그 자신의 뒤쪽에서의 개입이라는 것[36]을 알 수 있다.

어떤 상황 속에 있는 우리 자신에 대한 이러한 바라봄('성찰적'이거나 '비판적'인 보기)은 우리의 세계-내-존재의 특징이다. 우리는 세계 속에 있고, 세계를 보며, 세계에 관해 '안다'. 그러나 다시 한번 말하지만, 여기에는 '객관적인' 것은 아무것도 없다. 우리가 어떤 역할에 사로잡혀 있는 상태로부터 우리 자신을 풀어내는 이 몸짓, 그리고 카메라를 든 사람에게도 똑같이 열린 이 몸짓은 여전히 어떤 '장소'와 관련된 상태로 남고, 그 장소로부터 우리는 단일한 상황을 두 번 경험한다고 말할 수 있다. 이 '장소'는 합의를 위한 기반, 상호주관적 인식을 위한 기반이다. 우리 자신과 카메라를 든 사람이 이 기반 위에서 만날 경우, 우리는 그 상황을 '더 잘' 보는 것이 아니다. 우리는 그 상황을 상호주관적으로 보고, 우리 자신을 상호주관적으로 보는 것이다.

카메라를 든 남자는 인간이다. 즉 그는 그저 단순히 그 상황 속에 서 있는 것이 아니라, 성찰하면서 그 상황에 마주 서 있다. 우리는 이것이 인간이라는 것을 안다. 우리가 그것을 아는 것은 단지 우리가 인간의 몸이라고 식별하는 어떤 형태를 보기 때문에만 그런 것이 아니다. 우리는 또한, 그리고 더 특이하게도, 그 몸짓들을 보기 때문에 그것을 안다. 그 몸짓들은 의자에 앉은 남자를 향한 아주 뚜렷한 주의와, 그것에 대한 성찰적인 거리를 '알리고' 있다. 우리는 이 몸짓들 속에서 우리 자신을 다시 인식한다. 왜냐하면 그것이 우리 자신의 세계 속의 존재 양식이기 때문이다. 우리는 이것이 인간이라는 것을 안다. 왜냐하면 우리가 그 사람 속에서 우리 자신을 재인식하기 때문이다. 우리가 인간의 몸을 식별하는 것은 이 직접적이고 구체적인 재인식의 부수적인 요소이다. 우리가 단지 이런 식별\Identifizierung\만 신뢰한다면, 우리는 착각할 수 있다. 우리는 인간의 몸짓을 흉내 내는 인공지능 로봇을 볼 수 있을 것이다. 그러나 어떤 몸짓에서 우리의 재인식은 착각될 수 없다. 단지 우리가 그 몸짓 속에서 우리 자신을 재인식하기 때문에, 그것은 인간의 몸짓인 것이다.

카메라를 든 남자가 인간이기 때문에, 그리고 우리가 '꾸밈없는\naiv\ 인간'이라고 부를 수 있을(그것은 그 자체로 모순이다) 인간은 아무도 없기 때문에, 결국 '꾸밈없는 사진'이란 있을 수 없다. 카메라를 든 남자는 자신이 무엇을 하는지 알고, 우리가 그의 몸짓을 관찰하면 그렇다는 것을 알 수 있다. 그렇기 때문에, 그 사람의 몸짓들을 철학적인(성찰적인) 개념들로 서술하는 것은 불가피하다. 그 이외의 서술 방식은 어떤 것이든 이 몸짓의 성찰적이고 자의식적인 본질을 파악하지 못하기 때문에 도움이 되지 않을 것이다. 이것은 인간의 모든 몸짓에 해당되지만 특히 사진가의 몸짓에 들어맞는다. 사진 촬영의 몸짓은 철학적 몸짓이다. 또는 다르게 말해서, 사진이 발명된 이후로 언어뿐만 아니라 사진을 매체로 해서도 철학하는 것이 가능해졌다. 그 이유는, 사진 촬영의 몸짓은 바라봄의 몸짓이고, 따라서 고대 철학자들이 테오리아\theoria\라고 불렀던 몸짓이라는 것, 그리고 그 철학자들이 이데아라고 불렀던 어떤 그림이 거기서 생겨난다는 것이다. 대다수의 다른 몸짓들과는 달리 사진 촬영의 몸짓은 직접적으로 세계를 변화시키거나 타인들과 소통하기를 추구하는 것이 아니라, 뭔가를 관찰하고, 관찰한 것을 고정시키고, 그것의 '형식화\formal machen\'를 추구한다. 철학자들은 세계를 설명하는 것으로 자신들의 역할을 한정하지만(말하자면 세계를 관찰하고 그것에 대해서 수다를 떨지만), 중요한 것은 세계를 변화시키는 것이라는, 마르크스주의의 자주 인용된 주장은, 사진 촬영의 몸짓에 적용되면 그다지 설득력이 없다. 사진은 세계에 대한 응시의 결과물인 동시에 세계의 변화이고, 새로운 유형의 어떤 것이다. 철학에서 생겨난 개념들이 사진처럼 구체적이지는 않지만, 똑같은 것이 전통적인 철학에도 해당된다. 사진의 구체성\Greifbarkeit\은, 의심의 여지없이 사진을 철학의 전통적인 방법들의 결과들보다 우월하게 만드는 이유이다.

카메라를 든 사람이 하고 있는 것은 아마 개별적인 단계들로 정확히 나눌 수 없을 만큼 복합적인 몸짓이다. 그렇게 하는 것은 또한 나의 의도가 전혀 아니다. 왜냐하면 나의 목적을 위해서는 이 몸짓에서 세 개의 측면을 구분할 수는 있지만 그것들을 분리할 수는 없다고 말하는 것으로 충분하기 때문이다. 첫 번째 측면은, 이 상황을 관찰할 수 있는 어떤 지점, 위치를 찾는 것이다. 두 번째 측면은, 이 상황을 선택된 위치에 맞도록 조정하는 것이다. 세 번째 측면은 이런 조정이 성공인지 실패인지를 알게 해주는 비판적인 거리에 해당한다. 물론 네 번째 측면이 있는데, 그것은 셔터를 누르는 것이다. 그러나 이 과정은 기계적으로 일어나므로 어떤 면에서 실제 몸짓의 바깥에 있다. 게다가 카메라 내부에는 복잡한 전자기적, 화학적, 기계적인 기술이 있고, 한 장의 사진에서 전체가 정점을 이루게 되는 현상, 확대, 보정이라는 전체적 처리 과정이 있다. 이 기술들은 사진 촬영의 몸짓의 결과에 결정적인 영향을 미치고, 그것들을 분석하는 것은 매력적인 일이지만, 지금 우리가 관찰하고 있는 상황의 바깥에 있다. 우리의 의도는 사진을 분석하는 것이 아니다. 그러려면 이러한 기술에 대한 분석을 빼놓을 수 없을 것이다. 우리에게 중요한 것은 우리가 살롱에서 관찰할 수 있는 것과 같은, 사진을 찍는 몸짓을 관찰하는 것이다.

언급된 이 몸짓의 세 가지 측면은 똑같이 명백하지 않으며, 또 이 몸짓 내에서 동일한 의미를 갖지도 않는다. 이 몸짓의 첫 번째 측면인 위치 탐색은 가장 눈에 띄고, 나머지 두 측면은 거기에 종속된다는 인상을 줄 수 있다. 그러나 세심히 검토하면, 상황의 조작과 관찰이 의도되는 그 두 번째 측면이, 그것을 몸짓으로서 더 강하게 특징짓는다는 사실이 드러난다. 첫 번째 양상처럼 분명하지 않고, 또 사진가들이 쉽게 인정하지도 않지만, 바로 이 조작이 위치의 탐색을 조종한다. 세 번째, 자기 비판적 양상에 해당되는 것은 관찰자에게는 결정적으로 보이지 않을 수 있지만, '사진의 질'을 평가하는 판단 기준을 제공하는 것은 바로 이 관점이다.

사진 촬영의 몸짓에 대해 방금 말한 것은, 몇 가지만 바꾸면 철학하는 몸짓에 그대로 적용할 수 있다. 철학하는 몸짓을 조사하면 우리는 아마도 비슷한 방식으로 서로 연관되어 있는 똑같은 세 측면을 발견하게 될 것이다. 이와 함께, 사진 촬영은 철학의 입장을 새로운 맥락으로 번역하는 몸짓이라는 점을 말해야 한다. 사진에서처럼 철학에서도 위치 탐색은 분명히 나타나는 측면이다. 조명을 받는 장면의 조작은 늘 쉽게 인정되지는 않지만, 그럼에도 철학에서 나타나는 다양한 움직임들의 특징이다. 자기비판적인 측면은 우리가 이 조작이 성공적이었는지 아닌지를 판단할 수 있게 해준다. 이 세 가지 양상을 가능한 한 세밀하게 관찰하면, 사진 촬영의 몸짓이 산업시대의 환경에서 철학의 진화라는 느낌은 더 강해진다.

위치 탐색은 사진가의 신체적 움직임에서 두드러지게 나타난다. 그런데 그가 카메라를 다루는 것을 관찰해보면 이보다 덜 분명한 차원이 하나 등장한다. 사진가가 찾는 위치는, 시공간 속의 어떤 지점이다. 사진가는 자신이 지금 어떤 평면 위에 붙잡아놓으려는 사진의 모티브를 어디서 얼마나 오랫동안 조명해야 하는지 자문한다. 우리가 든 사례에서 이 모티브의 중심점은 살롱에서 의자에 앉아 파이프 담배를 피우는 사람이다. 이 문장은 그 자체가 이 상황의 설명, 말하자면 어떤 형이상학적인 크레인에 의해 이 살롱 위로, 그리고 이 사건이 일어나는 시간 밖으로 들어 올려진 어떤 관찰자가 특정한 지점에서 바라본 상황의 설명이다. 사진가의 몸짓들은, 그가 이런 위치에 도달할 수 있으리라고 생각하지 않으며, 설사 그런 위치에 도달할 수 있다고 해도, 그것은 그 위치가 다른 위치들보다 낫다는 어떤 비밀스런 증거에 의해서만 가능하다고 생각함을 보여준다. 실제로 이 몸짓들은, 사진가가 이 상황에 대해서 최선의 위치가 어디인지 모르고 있으며, 상황에 따라 다른 위치들이 있을 수 있고, 그 위치의 '질\質\'은 상황 자체만이 아니라 관찰자의 의도에도 좌우된다고 생각한다는 것을 보여준다. 내가 만약 담배 연기가 파이프에서 피어오르는 바로 그 순간을 사진으로 포착하고 싶다면, 파이프의 '형상\Gestalt\'에 의해서 나에게 강요되는 가장 뛰어난 앵글이 구체적으로 있어야 한다. 반대로 내가 만약 담배 맛으로 인해 이 흡연자의 얼굴에 떠오르는 만족감을 사진으로 포착하고 싶다면, 처음에 잡았던 것과는 다른 각별한 앵글이 있어야 한다. 그러나 그 앵글도 마찬가지로 이 상황의 '형상'에 의해 강요되는 앵글이어야만 한다. 그러므로 사진가는 하나의 좋은 지점을 찾기에 앞서, 상황을 인식하려는 목표를 갖고 있어야 한다. 물론 사진가의 몸짓을 관찰하면, 그가 위치를 탐색하는 동안 목표를 바꿀 수 있다는 것을 알 수 있다. 그는 파이프에서 피어오르는 담배 연기를 촬영하려 했고, 거기에 적합한 앵글을 찾는 도중 흡연자의 얼굴에 나타나는 표정과 갑자기 맞닥뜨렸다. 실제로 여기서 작동하는 것은 이중의 변증법이다. 그 하나는 목표와 상황 사이의 변증법이고, 다른 하나는 이 상황에 대한 서로 다른 관점들 사이의 변증법이다. 사진가의 몸짓들은 이러한 두 개의 상호 교차하는 변증법들 간의 긴장을 보여준다. 달리 말해서, 위치 탐색의 움직임이자, 이 탐색을 촉진하는 내적, 외적인 긴장을 드러내는 사진 촬영의 몸짓은, 회의\懷疑\의 움직임이다. 이런 측면에서 사진가의 몸짓을 관찰하는 것은 방법적 회의의 전개를 지켜보는 것을 의미한다. 그리고 그것은 바로 철학의 몸짓 그 자체인 것이다.

이 움직임은 우리가 흔히 시간-공간의 4차원이라고 부르는 것 속에서 계속된다. 첫 번째 차원에서 사진가는 상황에 다가가고 상황으로부터 물러선다. 두 번째 차원에서 사진가는 상황을 여러 가지 수평적 앵글에서 관찰하고, 세 번째 차원에서 사진가는 여러 가지 수직적 앵글에서 관찰한다. 네 번째 차원에서 사진가는 마침내 자신의 다양한 길이의 '노출' 시간으로 그 상황을 포착하기 위해 카메라를 조작한다. 이 네 개의 차원은 아주 복잡한 방식으로 중첩되는데, 시간의 차원은 카메라 조작을 포함하기 때문에 다른 차원들보다 두드러지게 돋보이는 성격을 갖는다.

이 네 차원은 중첩되고, 사진가의 탐색 과정은 시간-공간 내에서 파악하기 어려운 불분명한 움직임처럼 보인다. 그러나 더 자세히 관찰하면, 마치 시간-공간이 상황에 따라 각각의 영역으로 나뉘어져 있기라도 한 것처럼, 이 시간-공간 속에는 사진가가 탐색을 하면서 뛰어넘어야 하는 장벽 같은 것이 있음을 보여준다. 그 영역들 중에는 위에서 내려다보는 조감\鳥瞰\과, 밑에서 올려다보는 앙견\仰見\의 영역, 시야 바깥을 보는 영역, 완전히 고전적으로 크게 뜬 눈으로 뭔가에 시선을 집중하는 영역이 있다. 근접 촬영과 광각 촬영 사이에는 부드러운 미끄러짐이 아니라, 서로 분리된 영역들 중 한 영역에서 다른 영역으로 넘어가는 것만 있는 것으로 보인다. 이는 사진의 몸짓을 영화의 몸짓과 완전히 갈라놓는다. 스틸 카메라는 [영화 촬영 카메라와 달리] '이동하지' 않는 것이다. 사진의 몸짓을 이루는 것은 보이지 않는 장애물을 뛰어넘는 연속적인 점프, 결정들이다. 사진가의 탐색은 갑작스런 결정 과정의 연속이다. 사진가는, 다양한 바라봄의 영역과, 다양한 '세계관', 그리고 이 시각적인 영역들을 구분하는 장애물들로 이루어져 있는 이 시간-공간을 통과한다. 사진 촬영의 몸짓이 가진 양자\量子\적 성격[37](사진은 명석하고 판명한 지각\clara et distincta perceptio\이라는 사실)은 사진 촬영의 구조를 철학적인 몸짓으로 만든다. 반면에 영화 촬영의 몸짓은 이 구조를 해체한다. 이런 차이의 원인은 분명히 그 기술적인 특성이다: 사진가는—철학자들처럼—하나의 '단정적인\kategorial\'

장치를 통해서 보고, 세계를 뚜렷이 구별되는 이미지(정의할 수 있는 개념)들의 연속으로 이해하려는 목표를 추구한다. 영화감독은 '과정적인 \prozessual\' 장치를 통해서 보고, 세계를 구분할 수 없는 이미지들의 흐름(정의할 수 없는 개념들)으로 포착하려는 목표를 추구한다. 이들 장치의 이러한 '기술적' 차이는 두 몸짓의 구조화에 있어서의 차이에서 기인한다. 카메라가 인간의 눈의 확장이자 개선이라는 주장은 단순히 관용적인 표현일 뿐이다. 사진의 몸짓 속에서 사람의 몸은, 몸과 카메라 중 어느 하나에 특별한 기능을 배분하는 것이 거의 무의미할 정도로 장치와 융합된다. 이 도구를 인간의 몸에 종속되어 움직이는 하나의 몸이라고 규정한다면('인간/도구'의 관계 속에서 인간의 몸은 상수이고 도구는 변수라고 말한다면), 카메라를 사진가의 도구라고 규정하는 것은 거의 무의미하다. 촬영 위치를 탐색하는 사진가의 몸이 카메라의 도구라고 주장하더라도 마찬가지로 합당한 주장이 될 것이다. 사진 촬영의 몸짓을 관찰하면 특정한 준산업적인 \para-industriell\ 맥락 속에서 이 관계가 역전될 가능성을 구체적으로 볼 수 있다. 자동차 산업에서 노동자가 기계의 부속 기능이 되는 상황은, 실제로 자기 자신(자유로운 존재로서의 자신의 존엄)의 상실, 즉 자기소외를 내포하고 있다. 반대로 사진 촬영의 몸짓에서 사진가가 카메라에 적응하는 상황, 예를 들어 카메라의 '타이밍'의 눈금에 따라서 자기 위치를 정해야 하는 상황은 전혀 자기소외를 내포하지 않는다. 오히려 사진가는 자유롭다. 기계장치가 시간을 결정하는데도 불구하고 자유로운 것이 아니라, 바로 그 시간 결정 때문에 자유로운 것이다.

우리가 도구 전체를 '문화'라고 부르는 데 동의한다면, 공장 노동자의 몸짓은 사진가의 몸짓과는 다른 맥락에서 일어난다는 사실을 인정해야 한다. 사회주의 혁명이 목표로 추구해야 했던 것은, 우리의 문화적 환경에서 노동자 유형의 모든 몸짓을 제거하는 것이었을 터다. 이제까지 살펴본 사진의 몸짓의 측면, 즉 위치 탐색을 완전히 이해하려면 매우 철저한 관찰이 필요하리라는 것은 의심의 여지가 없다. 이 글의 목적을 위해서는, 그것이 상황 검토와 관련된 일련의 이론적 판단들이고, 따라서 사진의 몸짓은 체계적인 회의\懷疑\의 구체적 움직임이며, 관찰된 상황과 카메라와 사진가에 의해, 이들 중 어느 하나도 따로 떼어 고립시켜서는 안 되는 방식으로 이 몸짓의 구조가 결정된다고 말하는 것으로 충분하다. 그럼에도 불구하고 그것은 자유의 움직임이다. 왜냐하면 이 몸짓은 여기서 영향력을 행사하는, 결정권을 가진 힘들이 있는데도 불구하고 내려지는 결정이 아니라, 바로 이 힘들 때문에 내려지는 연속적인 결정이기 때문이다.

두 번째 측면인 조작을 관찰하려면 우리는 우리가 사진 촬영 행위에 관해서 갖고 있는 객관적인 지식을 모두 잊어야 한다. 이 지식에 따르면, 살롱에는 대상들이 있고, 그 대상들 중에는 의자에 앉아서 파이프 담배를 피우는 남자가 있다. 이 대상들은 그 위에 투사되는 빛을 반사하고, 실험에서 시각적으로 증명될 수 있다는 의미에서 '현상들'이다. 카메라를 든 남자가 하는 일은 이 빛을 포착해서 민감한 필름 소재에 특수한 화학적 변화를 일으키는 것이다. '과학적 관찰'이라고 부를 만한 이런 식의 객관적 서술은 사진 촬영의 몸짓을 실험실 작업으로 축소시킨다. 이런 서술을 잊어야 하는 이유는, 그것이 '틀려서'가 아니라, 이 몸짓에서 우리가 보는 것을 포착하지 못하기 때문이다.

카메라를 든 남자는 반사되는 빛을 추적하는 것이 아니라, 자신이 쓸 수 있는 변수들 중에서 특정한 빛을 선택한다. 또 그는 그 빛을 필터처럼 수동적으로 선택하는 것이 아니다(물론 카메라 필터가 수동적인지 여부조차 문제시할 수 있다). 그는 이 시각적인 과정에 능동적으로 개입한다. 예를 들어 그는 커튼을 약간 닫아서 특정한 빛들을 배제한다. 그는 자신의 대상을 빛을 향해 돌려놓음으로써 어떤 빛은 반사하고 어떤 빛은 반사하지 않게 한다(예를 들어 그는 “웃어요!”라고 말한다). 그는 자기 자신의 광원(예를 들어 플래시 조명)을 들여온다. 그는 자신이 고른 색상 속으로 이 상황을 몰아넣는다. 그는 자신의 카메라를 특수한 필터로 조작한다. 그는 특정한 광선은 포착하고 다른 광선은 차단하는 필름을 선택한다. 이런 작업 과정에서 만들어지는 이미지는, 사진가가 거기 없었을 때 대상이 반사했을 빛의 결과와는 다른 것이 된다. 그럼에도 그것은 대상에 의해 반사된 빛의 결과일 것이고, 그런 의미에서 객관적인 결과일 것이다. 우리는 이것이 ‘객관적’이라는 개념의 유일하게 진정한 의미가 아닌지 자문해볼 수 있다. 왜냐하면 전체적으로 볼 때 사진 촬영의 몸짓에서 일어나는 일은 실험실의 작업 과정 동안(과학적 관찰을 하는 동안) 일어나는 일과 별반 다르지 않기 때문이고, 이런 의미에서 우리는 사진의 객관성에 대해서 의심하지 않는다. 우리가 의심하는 것은 과학에서 객관성이라는 개념의 특정한 의미이다.

물론 사진에서의 문제는 과학(아마 인류학을 제외한)에서의 문제보다 복잡하다. 특히 인물을 촬영할 경우가 그렇다. 이 대상은 조작에 반응한다. 왜냐하면 그것은 진짜 대상이 아니라 사진가와 동일한 상황을 함께하고 있는 어떤 사람이기 때문이다. 사진가와 사진가의 소재 사이에는, 비록 사진가 쪽에 당연히 주도권이 있고, 사진 찍히는 사람은 참을성 있게(또는 성급하게) 기다리기는 하지만, 작용과 반작용으로(대화로) 이루어지는 복합적인 직조물이 만들어진다. 이 불확실한 대화는 사진 찍히는 사람 쪽에서는 당황스러움과 노출증이 뒤섞인 상태(대상화하는 시선의 초점이 되는 상황의 결과)로 이어지고, ‘가식적인 자세’[38]라는 결과를 가져온다(사진 찍히는 사람은 모티브를 속인다). 이것은 행동을 하는 사진가 쪽에서는, 증인이자 고발자이고 변호인이자 재판관이라는 이상한 감정을,

양심의 가책을 유발하고, 이 감정은 사진가의 몸짓에 반영된다. 그렇기 때문에 그는 의외의 순간에 기습을 시도함으로써 자신의 모티브(주제)를 대상으로 변화시키려 한다. 사진 촬영이 가상의 대화 \Scheindialog\라는 관점에서 사진가 역시 자신의 모티브를 속인다. 사진 촬영의 몸짓은 하나의 예술 형식이다.

그러나 사진가가 상황을 조작하고 모티브를 속인다는 사실이, 그가 객관적인 사진을 만들지 않는다는 의미는 아니다. 이것은 또한 사진가가 조작을 포기할 때 더 객관적인 사진을 얻게 된다거나, 사진가의 조작에 대한 '모티브'의 반응이 사진의 객관성에 어떤 영향을 준다는 의미도 아니다. 오히려 이것은, 어떤 상황을 관찰하는 것은 그 상황을 조작하는 것, 달리 말해서 관찰은 관찰되는 상황을 변화시킨다는 의미이다.

마찬가지로, 어떤 상황을 관찰하는 것은 바로 그럼으로써 변화함을 뜻한다. 관찰은 관찰자를 변화시킨다. 사진가의 몸짓을 관찰하는 사람이 하이젠베르크의 불확실성 이론이나 정신분석 이론들을 알 필요는 없다. 그는 몸짓을 구체적으로 보는 것이다. 사진가는 상황을 조작할 수밖에 없다. 그의 존재 자체가 하나의 조작이다. 또한 그는 그 상황에 의해서 조정되는 것을 피할 수 없다. 그 상황 속에 있다는 사실 자체가 이미 그를 변화시켰다. 어떤 이미지(어떤 개념)의 객관성은 어떤 상황의 조작(관찰)의 결과일 수밖에 없다. 모든 개념은 그 개념에 의해 파악된 것을 조작한다는 점에서 거짓이고, 그런 의미에서 그것은 '예술', 픽션이다. 그럼에도 다른 의미에서 진정한 개념들은 있다. 요컨대 개념이 그것에 의해 관찰되는 것을 정말로 파악할 경우에 그렇다. 예술은 진리보다 낫다고 주장했을 때 니체는 아마 이 말을 하려 했을 것이다.

사진가는 상황을 조작하지 않을 수 없다. 왜냐하면 그의 탐색이 이 조작과 긴밀히 연결되어 있기 때문이다. 탐색과 조작은 동일한 몸짓의 다른 측면이다. 그러나 사진가는 언제나 이 점을 곧바로 인정하지 않을 것이다. 그는 자신의 사진들 중 상당수는, 이를테면 풍경처럼, 조작되지도, 조작할 수도 없는 상황들을 재현한다고 말할 것이다. 사진가는, 인물 사진은 사진 찍히는 사람이 사진가의 존재를 감지하고 그것에 대해 반응하기(적어도 그 전까지 사진가의 존재를 몰랐기 때문에 깜짝 놀라는 것으로) 때문에, 인물 사진은 항상 조작의 결과임을 인정할 것이다. 하지만 풍경은 자신의 존재를 알지 못한다고 사진가는 주장할 것이다. 그러나 그는 틀렸다. 고고학 연구에서 사용되는 사진을 여기서 예로 들어볼 수 있다. 고고학적인 단층의 형태를 드러내기 위해 적외선을 사용할 경우, 이것이 명백한 조작임은 아주 분명하다. 그렇지만 해질녘 촬영된 사진에서 한낮의 햇빛 속에서는 인지되지 않는 형태들이 드러날 경우에는, 전혀 조작처럼 보이지 않는다. 한낮과 해질녘은 주어진 상황을 이루는 구성 요소인 것처럼 보인다. 그러나 한낮의 햇빛보다 석양을 선호하는 선택은 풍경이라는 실재에 대한 조작을 보여준다. 이 선택에 의해서 그 풍경이 어떤 의도에 종사하기 때문이다. 모든 사진은, 각각의 상황이 사진 찍힌다는 사실을 '알고 있음'을 보여준다는 의미에서 초상화다. 이런 관점에서도 사진 촬영은 철학하기와 비슷하다. 일부 철학자들은 인정하려 들지 않지만, 우리는 상황을 조작하지 않고서는 어떠한 위치도 선택할 수 없다.

이 몸짓의 세 번째 측면인 자기비판의 측면은 우리가 철학에서 '성찰\Reflektion\'이라고 부르는 것과 관련된다. 그것은 명백하게 시각적인 것에서 차용된, 또 그럼으로써 사진과 밀접하게 연관되는 개념이다. 카메라에는 거울이 있고, 사진가가 이 거울을 들여다볼 때 그는 그 사진이 어떻게 될지를 본다. 그는 가능한 이미지들을 보고, 이 미래학적인 바라봄을 통해서 사용 가능한 이미지들 중에서 자신의 이미지를 고른다. 그는 단 하나를 제외한 나머지 모든 가능한 이미지를 거부하고, 그 결과 그것 이외의 가능한 모든 이미지들을 버림받은 가상 세계의 영역으로 추방한다. 이렇게 사진 촬영의 몸짓은 우리에게, 이 선택이 어떻게 미래로의 투사\Projektion\로서 기능하는지 구체적으로 보여준다. 사진 촬영의 몸짓은 자유의 역동성을 보여주는 사례이다. 왜냐하면 그것은, 비판(가능성들에 대해 평가 기준을 사용하는 것)이 자유의 이러한 역동성을 구체화한다는 것을 보여주기 때문이다.

그러나 미래의 가능성들의 평가를 위한 거울이란 '성찰' 개념의 여러 의미들 중 하나일 뿐이다. 또 다른 의미에서 '성찰'은, 우리가 결정을 내릴 때 우리 자신을 돌아보기 위한 거울이다. 나는 이런 거울이 달린 카메라가 있는지는 모른다. 그러나 그런 카메라를 만들기는 쉬울 것이다. 왜냐하면 사진가의 어떤 움직임들은 사진가가 마치 이런 거울을 들여다보고 있는 듯한 인상을 주기 때문이다. 이 거울(물질적이든 비물질적이든)의 도움으로, 사진가는 사진을 찍으면서 자기 자신을 본다. 이렇게 해서 그는 자신을 상황 속으로 끌어들인다.

사진 촬영의 몸짓은 그것이 어떤 방식의 보기와 관련되어 있는지를 구체적으로 보여준다. 그것을 자동 셔터를 사용해서 얻어지는 조망과 혼동해서는 안 된다. 사진 촬영의 몸짓은 사진가를 (인류학 분야들이 하는 식으로) 수동적인 객체로 보여주지 않는다. 그것은 (일부 철학자들의 목표가 그렇듯이) 능동적인 주체를 반영한다. 이런 거울은—그것이 존재한다면—사진가뿐만 아니라, 사진을 찍는 몸짓 자체도 제어할 수 있어야 한다. 자기 절제는 또 다른 형태의 자유이다.

서양 전통에서, 특히 칸트 이후에 우리는 순수한 사변으로서의 성찰에 대해 (합당한 근거가 있는) 경고를 받고 있다. 왜냐하면 내가 말하고 있는 이 거울은, 무한히 연속되면서 서로를 비추고, 그럼으로써 헤아릴 수 없는 심연을 여는 또 다른 거울의 구축을 허용하기 때문이다. 이 심연은 자살적인 매력을 발산할 수 있다. 그러나 사진 촬영의 몸짓은 그것에 의해서 더욱 제어할 수 없게 될 것이다. 사진 촬영의 몸짓은 심연 속에서 스스로를 잃어버림으로써 그 의미를 잃는다. 다른 문화와 달리, 그리고 무엇보다도 우리가 거울을 세워놓는 방식과 관련되는 이유 때문에, 우리 서양인은 사진에 관심이 있다. 그러므로 우리의 문제는 계속되는 성찰이 아니라, 우리가 어느 지점에서 우리의 성찰을 멈추고 행동으로 넘어가야 할지를 판단하는 것이다. 우리는 이 심연('무\無\')을 알고 있지만, 우리는 그 심연을 그 자체로 관찰하려는 것이 아니라, 사진으로 더 잘 찍을 수 있기 위해서 관찰하려 한다. 우리에게 성찰은 하나의 전략이지, 자신을 포기하는 것이 아니다. 사진가가 카메라의 반사경(그것이 실제 거울이든, 가상의 거울이든)을 들여다보기를 멈추는 순간은 그의 사진이 특징지어지는 순간이다. 사진가가 반사경 들여다보기를 너무 일찍 멈추면, 사진은 피상적이 될 것이다. 그가 너무 늦게 멈추면, 사진은 혼란스럽고 재미없어질 것이다. 사진가가 자신에 대한 성찰을 멈추는 절호의 순간을 선택했을 경우에 그 사진은 신랄하고 진실을 드러낼 것이다. 성찰은 사진가의 탐색과 조작을 구성하는 하나의 요소이므로, 그것은 자신에 대한 탐색이자 조작이다. 실제로 위치 탐색은 자신에 대한 탐색에 속하고, 상황 조작은 자신에 대한 조작에 속한다. 거꾸로도 마찬가지다. 그러나 사진에 해당되는 것은 철학에도, 또 아주 간단히 삶에도 해당된다. 그렇지만 사진에서는 그것이 구체적으로 뚜렷이 나타난다. 즉 우리는 사진 촬영의 몸짓을 관찰함으로써 그것을 볼 수 있다.

이러한 고찰은 사진 촬영의 몸짓에 대한 완성된 현상학적 서술이 아니다. 그것은 단지 이런 식의 설명이 유용할 수 있겠다는 생각을 제안할 뿐이다. 그러나 적어도 특정한 맥락에서 특정한 질문을 제기하는 데는 충분하다. 예를 들면 이런 질문들이다. 사진 촬영과 회화의 존재론적, 인식론적 차이는 어디에 있는가? 사진의 발명은 회화에—만약 영향이 있었다면—어떤 영향을 주었는가? 그리고 그것은 눈앞의 미래에 어떤 영향을 줄 것인가? 사진의 발명이 철학에—만약 영향이 있었다면—어떤 영향을 주었는가? '하이퍼리얼리즘'이라고 불리는 동향은 미술의 동향인가, 아니면 철학의 동향인가? 우리는 실제로 사진 때문에(사진 때문만은 아니겠지만) 미술과 철학의 구분이 뒤죽박죽이 되었다고 말할 수 없는가? 사진의 발명은 과학의 사유(과학의 방법만이 아니라)에 어떤 영향을 주었는가? 새로운, 비슷한 종류의 보는 방법들(슬라이드 필름, 영화, 비디오테이프, 홀로그램 등)과 사진의 관계는 어떤 것인가? 요약하자면, 이 글에서 제시된 관찰들은 사진에 관한 문제의 핵심에 닿아 있는 질문들을 작성하기에 충분하다. 그 핵심은 보는 몸짓으로서 사진, 이론\theoria\의 몸짓으로서 사진이다.

10장

영화 촬영의 몸짓

사진 촬영의 몸짓에 이어 영화 촬영의 몸짓을 조사하려는 이 도전에는 방법론적인 문제가 있다. 나는 영화 촬영자보다 사진가를 볼 기회가 훨씬 더 많았고, 급할 때는 직접 사진을 찍을 수도 있지만, 영화 카메라를 손에 잡아본 적은 거의 없다. 다른 한편으로 나는 사진보다 영화를 훨씬 더 집중적으로 관찰했고, 몇몇 특정한 영화들을 지적으로 분석했고, 영화를 진정한 의미에서 동시대 미술 매체로 보아야 한다고 생각한다. 아마추어 사진가이자 영화의 비판적 수용자인 나의 상황은 다른 많은 사람에게도 해당되기 때문에, 나는 예외적으로 이 경우에는 몸짓을 분석하기 위해서 나 자신을 그 몸짓을 하는 사람의 입장으로 옮겨놓는 것을 포기한다. 반대로 나는 수용\受容\을 관찰함으로써 영화 촬영의 몸짓의 핵심을 드러내려 한다.

움직이는 그림자가 벽에 비치는 플라톤의 동굴과 영화의 분명한 유사성은 너무나 강하기 때문에 영화를 생각하지 않으면서 플라톤의 동굴 신화를 읽을 수는 없다. 그럼에도 영화관에서 전형적인 자궁을, 삶과 죽음을 동시에 의미하는, 창문 없는 동굴을 보는 것은 진부하다. 이 원형화[39]의 진부함에도 불구하고, 플라톤이 최초의 영화 평론가였다는 사실은 생각해볼 만한 일이다.

덜 진부하지만 마찬가지로 중요한 것은 슈퍼마켓과 영화관을 비교하는 것이다. 이들은 로마의 판테온과 같은 유형의 바실리카 회당들로서, 한편으로는 시장(슈퍼마켓)이고 다른 한편으로는 교회(영화관)인 바실리카의 이중적 기능에 그 기원이 있다. 시장은 넓고 열려 있는 입구와 좁고 복잡한 출구가 있는 일종의 덫인 반면에 영화관은 사람들이 그 앞에 줄을 서는 비좁은 입구가 있고, 출구는 정해진 시간마다 입구와 달리 최대한 넓게 열린다. 또 하나의 차이는 슈퍼마켓의 유사-광장적인 성격과 영화관의 유사-극장적인 성격이다. 슈퍼마켓은 시장이 아니다. 대화를 나눌 한가로움이 없기 때문이다. 영화관은 극장이 아니다. 그 무대가 2차원적이고 드라마와 관중 사이에 피드백이 없기 때문이다. 그럼에도 사람들이 영화를 바실리카에서 보여준다는 사실은 영화의 수용에서 매우 중요하다. 그것은 가짜 시장 옆에 있는, 교회 비슷한 가짜 극장이다. 사람들은 안으로 들어가려면 제물을 바쳐야 하지만, 일정한 시간마다 쫓겨난다.

사람들은 어두운 동굴 속에서 데카르트식의, 다시 말해서 기하학적으로 배열되고 산술적으로 번호가 매겨진 좌석에 앉아서, 빛을 발하는 동굴 벽면 위에서 큰 소리로 말하고 거들먹거리며 움직이는 거대한 그림자를 본다. 관객의 머리 위, 등 뒤에는 이들 그림자의 신\神\들을 빛나는 벽 위로 투사하는 기계가 있다. 우리는 이 마법환등기\laterna magica\에 대해 알고 있다. 왜냐하면 그것이 가끔 고장이 나서 작동하지 않기 때문이고, 또 우리가 그 축소판인 슬라이드 필름을 통해서 그것에 대해 알고 있기 때문이고, 당연히 우리가 영화 기술에 대해 배웠기 때문이다. 그럼에도 불구하고 우리는 플라톤의 우화에 나오는 묶여 있는 죄수들과 마찬가지로 진리를 향하기 위해 고개를 뒤쪽으로 돌리지 않는다. 우리는 영화 프로그램과 대중문화를 이루는 그 밖의 프로그램들에 의해서, 이 벽에 비쳐지는 허상 같은 신들을 있을 법한 것이라고 받아들이도록 프로그래밍되어 있다. 그러므로 영화가 이 시대의 예술 형식이라는 사실은 영화 자체로만 설명될 수 없다. 우리 문화 전체가 그것을 진실의 모습\Schein\이라고 인정하도록 우리를 프로그래밍하는 것이다.

말레이시아 그림자 연극에서처럼 스크린 위에서 장면들의 그림자를 볼 수 있다고 말하는 것으로는 충분하지 않다. 스피커들이 청각적 차원을 연출하는 동안, 4차원의 장면이 스크린 위에서 시각적으로 3개의 차원(스크린 평면의 2개 차원, 그리고 필름을 상영하는 세 번째 차원)으로 줄어든다는 것을 말해야 한다. 영화관에서 영상을 마주하고 앉아 있는 동안 우리가 소리 속에 잠겨 있다는 것은, '시청각적'이라는 상투적 표현에 의해 숨겨진 사실이다. 그러나 영화에서 결정적인 것, 극단적으로 새로운 것, 요컨대 '테크노-가상'은 이것이 아니라, 묘사되는 장면의 시간 차원이 필름 띠를 풀어내는 것에 의해서 표현된다는 사실이다. 이것이 비로소 영화의 몸짓에 있어서 본질을 추론하게 한다. 영화의 몸짓은 역사적인 시간을 표현하는 필름 띠를 만드는 몸짓이다. 그러므로 촬영 카메라를 움직이는 몸짓은, 준비를 하는 잠정적인 몸짓, 말하자면 영화 이전의 \vorfilmisch\ 몸짓일 뿐이다. 이 몸짓의 의도는 사진들과 소리의 흔적들로 긴 필름 띠를 채우는 것이다. 이 필름 띠는 본래의 영화적 몸짓인, 자르기와 붙이기(편집)라는 몸짓이 다루는 재료일 뿐이다. 이 몸짓은 이렇게 정의할 수 있다. 즉 그것은 장면들의 흔적인 필름 띠를 가위와 접착제로 가공해서, 동굴 모양의 바실리카 속에서 이야기를, 요컨대 역사적 시간을 표현하는 필름 띠를 만들어내는 것이다.

따라서 주목해야 할 것은 바로 이 몸짓이지 촬영 카메라의 조작이 아니다. 카메라의 조작이 중요하지 않아서가 아니다. 오히려 카메라 조작은 영화의 원재료를 제공하기 때문에 중요하다. 촬영 카메라의 조작에서, 방식은 다르지만 사진 촬영의 몸짓의 모든 문제들이 다시 나타난다. 촬영의 위치 문제, 장면의 조작 문제, 그리고 자기 성찰의 문제가 그것이다. 다만 촬영 카메라는 흔들려도 되기(카메라가 이동하기) 때문에, 위치 선택이 덜 불연속적 \quantisch\[40]이고, 덜 '분명하고 구별되는' 점이 다를 뿐이다. 장면의 조작은 더 복잡하고, 그런 까닭에 더 의식적이다. 다시 말해서 영화는 사진보다 더 기꺼이 스스로를 예술 형식으로 받아들인다. 또한 자기성찰은 (작업 과정의) 분업에 의해 더 대화적이고 집단적인 것이 된다. 그러나 일반적으로는, 이런 변경에도 불구하고 촬영 카메라의 조작은 사진 촬영의 몸짓이 영화의 몸짓에 사용된 것이고, 원래와 다른 일에 사용되는 만큼 몸짓이 변하는 것뿐이라고 할 수 있다.

이렇게 해서 각각의 음향 기록이 딸린 사진들의 긴 띠가 얻어진다. 그것은 영사기로 들어가서 사람의 눈을 속일 수 있고, 바로크적인 방식으로 스크린 위에 천국의 그림자를 마술처럼 생겨나게 할 수도 있다. 이것이 영화의 재료\Datum\이다. 영화의 몸짓이 이것으로부터 만들어내는 사실\Faktum\[41]은, '일화\逸話\'라는 의미에서가 아니라(물론 그럴 수도 있기는 하지만), '사건\Geschehen\'이라는 의미에서의 이야기\Geschichte\이다. 이 몸짓이 가위와 접착제로 만드는 필름 띠는, 그것을 전체로서 공시적으로 보면 하나의 사태\Sachverhalt\[42]이지만, 그것이 상영되는 통시적 관점에서 보면 하나의 과정이다. 영화감독은 이 필름 띠라는 재료를 마주보고 서 있다. 그는 이 초월적인 위치에서 영화관에서 과정으로 등장하게 될 사태를 구성한다. 영화감독에게는 시작과 끝이 신\神\에게서와 마찬가지로 동시에 일어난다. 그러나 그는 이 과정의 각각의 단계들을 신보다도 더 잘 바꿔놓을 수 있고, 과정의 전개를 늦추거나 가속화할 수 있고, 단계들과 과정 전체를 거꾸로 되돌릴 수 있고, 결국에는 이 과정 전체를 고리 모양으로 순환하는 영원 회귀의 띠로 짜 맞출 수 있다. 그러므로 그는 형식적 초월성(창조적인 구성)과 실존적 내재성(사건 과정의 체험)을 신처럼 판별할 뿐만 아니라, 과정의 진행 자체를 방사형의 선형성을 벗어난 시간의 방향으로 전환시키는, 신이 하지 못하는 일까지 할 수 있다.

역사\Geschichte\는 '사건\Geschehen\'과 '사건을 이야기하기\Geschehenes erzählen\[43]'라는 이중의 의미를 갖는다. 영화의 몸짓에는 아무것도 특별히 새로운 것이 없는 듯이 보인다. 그것은 사건에 대해 이야기한다. 언제나, 적어도 호머와 성경 이후에 이야기꾼은 지금도 모든 신문 편집자들이 하는 것처럼 가위와 풀을 가지고 사건의 띠를 구성해왔고, 영화의 몸짓은 이러한 이야기의 본질을 좀 더 분명히 보여줄 뿐이다. 그러나 이것은 착각이다. 영화감독은 이야기를 하는 것이 아니다. '이야기하다\erzählen\'라는 말(불어로 'raconter', 영어로 'to tell')이 이 점을 입증한다.[44] '이야기하기'는, 과거에 집계\集計\된 것을 다시 계산하는, 그러면서 아마도 당연히 다시 배열한다는 뜻이다. 영화감독도 물론 이 일을 하는데, 그렇다면 그의 몸짓은 사실 전혀 새로운 것이 아니고, 할리우드-키치이거나 주간 뉴스 같은 것이다. 그러나 그는 이제까지 없었던 현상들을 이제까지 없었던 방식으로 구성하여 진행되도록 할 수도 있다. 즉 유토피아나 공상과학으로서가 아닌, 현재의 사건으로서 미래를 선취하는 것이다. 그러므로 그는 역사를, 그 두 번째 의미(사건을 이야기하는 것)만이 아니라 첫 번째 의미(사건)에 따라 만들 수 있다. 사건(가능한 사건과 실천의 사건)을 이야기만 하는 것이 아니라, 사건이 (물론 동굴 벽 위에서의 눈속임으로서) 일어나게 만드는 것이다.

이것은 이제까지 없었던 몸짓이다. 역사적인 인간(유대인, 로마인, 그리스인, 한마디로 서구인)에게 역사는 오로지 내부로부터 그것에 대한 참여를 통해서만 변화시킬 수 있다. 그래서 로마인들은 역사를 '레스 게스타에\res gestae\', '행해진 일'이라고 불렀다. 역사를 이야기하는 것은 그 자체가 이러한 참여이고, 행해진 일이다. 그런데 영화의 몸짓 속에서 역사는 외부로부터, 위로부터 행해지며, 따라서 '행해진 일'이 아니라 '진행 중의 일\res gerentes\이다. 이렇게 만들어진 영화 자체가 다시 행해진 일로, 그러므로 역사에 대한 참여로 여겨질 수는 있지만, 그럼에도 영화가 만들어지는 이 몸짓은, 역사와의 관계에 있어서 형식적으로 초월적이고, '역사적 유물론'이나 니체가 말하는 '권력의지로서의 영원회귀' 또는 신\新\실증주의와 구조주의 역사 분석과 같은 유형의 메타-역사적인 몸짓이다. 다만 영화의 몸짓은 이런 역사 분석들에 비해 훨씬 구체적이다. 왜냐하면 그 몸짓의 도구가 개념이 아니라 필름 테이프이고, 그것의 일이 생각에 대한 담론이 아니라 스크린 위에 투사되는 그림자에 대한 담론이기 때문이다.

그러면 어째서 영화감독은 이런 일을 할 수 있는데, 서사 시인이나 역사 편찬자 또는 공상과학 소설가는 할 수 없느냐는 질문이 제기된다. 이것은 선형적 코드와 2차원 코드의 차이에 대한 질문이다. 선형적 코드는 읽히는 것이다. 말하자면 그 코드의 의미가 이해되는 것이다. 반면에 평면적(2차원) 코드는 상상에 의해서 해석된다. 사진을 포함하여 전통적인 평면은 고정되어 있고, '일화\逸話\ 형식'이고, 그런 의미에서 역사 이전적인\vorgeschichtlich\ 것이다. 선형적 코드는 알파벳이나 숫자 같은 점\點\ 형식의 요소로 이루어지고, 사건을 과정적으로 분석하고 '이야기한다'. 그러므로 역사적이다. 영화는 평면들이 움직이는 최초의 코드이고, 숫자의 담론이 아니라 사진의 담론이다. 영화는 그것이 '일어나기\geschehen\' 때문에 숫자처럼 역사적이면서, 평면들로 이루어지기 때문에 전통적인 평면들처럼 상상적이고 역사 이전적이다. 이를 통해서 하나의 새로운 암호 해독이 생겨난다. 영화의 이미지들은 전통적인 그림들처럼 어떤 장면의 현실을 의미하는 것이 아니라, 장면이 나타내는 개념을 의미한다. 영화에서는 전통적인 그림들에서처럼 어떤 현상들이 표현되는 것이 아니라, 현상들이 나타내는 이론, 이데올로기, 명제가 표현된다. 그러므로 영화는 사건을 이야기하는 것이 아니라, 사건을 소개하고, 그것을 상상할 수 있게 만든다. 영화는 역사를 만드는 것이다. 물론 그것은 구체적인 현상들에서 세 발짝 물러서 있다.

오늘날 두 가지 차원의 역사가 있다. 일상 삶의 4차원과 데카르트적 바실리카의 3차원이다. 복잡한 피드백이 이 두 차원을 연결하고 있지만, 추세는 우리가 부딪치고, 저항하는 4차원보다 눈속임\Trompe-l'oeil\인 3차원을 선호하는 쪽으로 가고 있다. 미래에는 실존적으로 중요한 역사가 시간-공간 속에서가 아니라 스크린과 텔레비전 모니터 위에서 펼쳐질 가능성을 배제할 수 없다. 그것은 진정한 탈역사일 것이다. 그렇기 때문에 영화는 우리 시대의 '예술'이고, 영화의 몸짓은 '새로운 인간'의 몸짓, 딱히 우리 마음에 들지는 않는 어떤 존재의 몸짓이다.

11장
가면 뒤집기의 몸짓

가면과 관련된 몸짓들은 아주 많다. 예를 들어 가면을 디자인하는 몸짓, 사용 가능한 가면들 중에서 선택을 하는 몸짓, 가면을 씌우는 몸짓, 가면을 쓰는 몸짓, 그리고 가면을 벗는 몸짓(자신의 가면을 벗는 몸짓뿐 아니라 남의 가면을 벗기는 몸짓 또한)이 있다. 이런 몸짓들은 모두 정확히 조사될 만한 가치가 있다. 가면은 우리가 다른 사람들 앞에 보여주는 역할이 물질화된 것이고, 동시에 (우리가 타인이라는 거울 속에서 우리 자신을 보기 때문에) 우리가 우리 자신에게 보여주는 역할이 물질화된 것이기 때문이다. 그러나 이 몸짓들은 모두 가면 뒤집기,[45] 즉 가면을 반대쪽에서 관찰하는 몸짓에 비하면, 아주 오래된 현상들이고 그런 점에서 이미 충분히 숙고되었던 현상들이다. 예를 들어 가면 디자인은 신화학자들에 의해, 가면의 선택은 교육학자들에 의해, 가면 씌우기는 심리학자들에 의해, 가면 쓰기는 사회학자들에 의해, 타인의 가면을 벗기는 것은 사회비평가들에 의해, 그리고 자기 가면을 벗는 것은 고해성사 신부들에 의해 반복적으로 연구되어 왔다. 이런 연구들은 신비적 요소를 제거하려는 시도로서 역사의 가면무도회를 동반하고, 그 연구 자체가 일종의 두 번째 층위의 가면무도를 보여준다. 그러나 가면 뒤집기의 몸짓은 과거에는 관찰된 적이 없었던 몸짓인 것 같다. 왜냐하면 그것에 대한 연구는 상대적으로 최근 자료에서 포괄적으로만 등장하기 때문이다. '잘못된' 쪽으로부터 가면에 접근하는 것은, 이전에 받아들여지지 않았던 시점에서 그 현상을 관찰하는 것이다.

우리는 가면 뒤집기가 이 시대의 특성을 보여주는 몸짓이라는 논지를 리우 카니발의 사례를 통해 설명해볼 수 있다. (여러 면에서 관찰해볼 만한) 이 사례에는 대략 세 가지 유형의 몸짓이 있다. 참가자의 몸짓, 비판적 관찰자의 몸짓, 그리고 가면을 뒤집는 사람의 몸짓이 그것이다. (물론 누구나 이 세 가지 유형의 몸짓을 모두 실행할 수 있다.) 참가자들은 가면을 쓰고 거리에서 춤을 추고, 도시를 하나의 거대한 가면으로 변모시킨다. 비판적 관찰자들은 관중석에 앉아서 최고의 가면들에 주어지는 상을 무용수들에게 나눠줄 것이다. 가면을 뒤집는 사람들은 이 기간 동안 휴가 중인데, 이 카니발을 계획하는 기획부, 홍보부, 관광부 같은 기관이 축제 동안 문을 닫기 때문이다. 그러므로 가면을 뒤집는 사람들은 카니발의 광란을 피하기 위해 리우 인근 산악 지역 테레조폴리스에 가 있거나, 아니면 미래에 더 중요해지겠지만, 자신들도 함께 춤을 좀 추기 위해서 가면 뒤집기의 휴가를 이용한다.

가면 쓴 사람들과 비평가들의 관계는 앞서 말했듯이 수천 년 전부터 연구되었다. 그것은 배우의 관객과의 관계이고, 실천이 이론에 대해 갖는 관계, 정치가 관조에 대해 갖는 관계, 한마디로 역사적인 관계이다. 당연하게도 카니발에서 가면을 쓴 사람은 객석에 앉은 사람들의 기능 속에서 춤을 춘다. 그는 상을 나눠주는 비평가들을 위한 왕자나 인디언 또는 화성인이지, 선사시대의 무용수들이 그랬던 것처럼 캥거루 그 자체가 아닌 것이다. 그럼에도 춤추는 사람의 우선적인 동기는 상을 받는 것이 아니고, 춤을 추는 동안에 그는 비평가를 잊는다. 그는 선사시대에 그랬던 것처럼 자신이 쓴 가면과 자기 자신을 동일시하지는 않는다. 그러나 가면과 자기 자신 사이의 비판적 거리가 자신이 추는 춤의 한 요소가 되는 경우에 한해서만 비평가의 역할 또한 받아들인다. 객석에 앉아 있는 비평가에 대해 말하자면, 그는 춤의 리듬에 마음을 빼앗겨서 거리로 내려가 비평가의 복장을 한 채로 카니발에 참가하려는 유혹을 이겨내야 한다. 무용수와 비평가의 이 복잡한 변증법적 관계는, 리우 카니발의 가면 쓰기가 말하자면 역사 이전과 역사(아프리카와 유럽, 종교적 축제와 연극)

사이의 경계에서 일어나기 때문에 특히 혼란스럽게 작용하지만, 근본적으로 그 관계는 예를 들어 역사적 유물론이 다루는 '역사적인' 관계를 유지한다.

이와는 달리 한편의 가면 뒤집는 사람들과 다른 한편의 무용수와 비평가들 사이의 관계는 이러한 역사적 범주들에서는 파악될 수 없다. 홍보부의 담당 관료는 카니발의 시간과 공간 속에 있지 않다. 예를 들면 그는 지금 이듬해 카니발을 기획하고 있고, 그러기 위해서 올해 카니발의 피드백을 기다리고 있다. 그에게 카니발은, 카니발이 시작되기 한참 전에 이미 지나가버린 것이다. 그가 여기서 무슨 일이 일어날지를 미리 알기 때문이 아니다. 당연하게도 그는 어떤 가면이 상을 받을지, 어떤 관객석이 무너질지 알지 못하지만, 그는 이런 데이터에는 전혀 관심이 없다. 가면을 뒤집는 사람은 미래학자가 아니다. 이 사람에게 카니발은 그것이 기획되자마자 곧바로 이미 지나가버린 것이다. 그것이 '지나가버린' 것은 '과거의'라는 역사적 의미에서가 아니라, '사용 가능하다\verfügbar\'는 의미에서이다. 그렇기 때문에 무용수에게나 비평가에게나 가면을 뒤집는 사람은 존재하지 않는다. 가면을 뒤집는 사람은 이들의 지평선 바깥에 있다. 무용수와 비평가는 자신들의 카니발이 기획되었다는 것, 카니발은 자발적으로 일어나지도, 어떤 순환의 리듬을 따르지도 않으며, 어떤 시스템에 의해 전용\轉用\되었다는 것, '생기가 불어넣어졌음'을 알고 있고, 이 프로그램이 계획대로 실행되지 않고, 이를테면 예산이 부족하거나 버스가 지원되지 않을 경우에는 불평을 한다. 그러나 그들이 불평하는 것은 다름이 아니라 이 프로그램이 눈에 보이기 때문이다. 프로그램은 보이지 않는 상태로 있어야 한다. 이와 달리, 가면을 뒤집는 사람에게 비평가와 무용수는 그곳에 대화 상대로서, '타자'로서 있는 것이 아니라, '카니발'이라는 이름의, 거꾸로 뒤집힌 가면무도회의 구성 요소로 존재한다. 가면을 뒤집는 사람은 자신의 몸짓으로 무용수에게 영향을 주지 않으며, 무용수에게 이른바 역사적인 자유를 허용한다. 왜냐하면 그는 가면 제작자가 아니기 때문이다. 또한 그는 자신의 평가로 비평가에게 영향을 주지 않으며, 비평가에게 이른바 양심의 자유를 허용한다. 왜냐하면 그는 가면을 벗기는 사람이 아니기 때문이다. 그는 가면 쓴 사람에게 역사적인 자유를, 이론가에게 양심의 자유를 허용한다. 왜냐하면 이들에게 무관심하기 때문이다. 이들은 '사용 가능하다'는 의미에서 '지나가버린' 것이다. 만약 어떤 카니발 프로그램이 무용수와 비평가의 자유를 제한한다면, 그것은 제거되어야 하는 프로그램 오류이다. 왜냐하면 자유의 억압은 논쟁을 불러올 것이고, 프로그램을 짜는 가면 뒤집는 사람에게 방해가 될 뿐이기 때문이다.

가면을 뒤집는 사람의 몸짓은 바깥으로부터 가면에 접근하지만, 장갑을 끼려고 손이 장갑에 접근하는 것과 다르고, 장인\匠人\의 손이 장갑의 가죽에 접근하는 것과도 다르다. 장갑을 뒤집는 것은, 접근할 수 없는 쪽에서 장갑을 관찰하려는 것이지, 그것을 장갑으로 사용하려는 의도가 아니다. 우리가 다루는 것이 장갑이 아닌 가면이라면, 가면을 사용하는 것을 가면 자체라고 여길 것이 아니라, 이를테면 어떤 시스템의 기능 속에서, 가면을 벗기는[46] 몸짓으로 간주해야 한다는 이의가 제기될 수 있다. 즉 가면을 사용함으로써 카니발의 신화성이 제거될 때 그것이 카니발이라는 것을 보여준다는 것이다. 더 나아가서, 이런 몸짓 속에 시스템이 가면을 쓰는 것은, 또 다른 몸짓 속에서 그 가면을 벗기기 위한 것이라는 이의를 제기할 수도 있다. 그러나 이런 식의 이의들은 이 몸짓을 이해하는 데 별 도움이 되지 않는다. 그것들은 이 몸짓을 요컨대 가면무도회를 행하는 사람의 관점이 아니라, 가면무도회의 관점에서 본다. 물론 가면무도회의 입장에서 보면, 가면 뒤집기는 연극적이고 아마 대단히 효과적인 몸짓일 것이다. 가면을 뒤집는 사람, 연극 배우가 무대 위에 있다고 가정한다면 말이다. 그러나 홍보부 담당 관료가 거기서 어떤 식으로든 역할을 한다는 사실, 이 가면무도회에서 뒤집힌 카니발이 뒤집힌 가면이 된다는 사실은, 그 관료가 카니발을 기획하는 몸짓과는 아무 관련이 없다. 요컨대 카니발이 기획될 때 취해지는 거리\Abstand\는, 정확히 홍보부가 기획될 때 취해지는 거리이고, 내각의 각부가 기획되는 프로그램이 기획될 때 취해지는 거리와 동일하다. 이것은 비판적인 거리가 아니고, 역사적인 사건으로부터의 벗어남\Heraustreten\이다. 그렇기 때문에 그는 자신을 극복하려고 한 걸음 뒤로 물러서지 않아도 된다. 일단 하나의 마스크를 뒤집고 나면, 마스크들 전부는 그 위계질서가 어떻든 간에, '더 이상 가면이 아닌 것\Nicht-mehr-Masken\'으로서 사용 가능하게 된다. 다시 말해서, 역사적 범주를 가진 가면 뒤집기의 몸짓을 무대 위에서의 행동으로 파악하려 하면(이를테면 그것을 정치, 경제적이거나 문화적인 동기들로 설명하려 하면), 이 몸짓의 본질, 요컨대 그 비\非\연극적 성격은 사라진다.

이 어려움을 다른 예를 들어 설명해보자. 나는 종이로 만든 가면을 쓰고 있다. 나는 가면에 뚫린 구멍으로 다른 사람들을 본다. 내가 가면을 벗어서 바깥쪽에서 그것을 보면, 나는 다른 사람들이 나를 어떻게 보았는지 알 수 있다. 이런 의미에서 가면을 벗는 것은 자신을 인식하는 것이다. 그런데 내가 가면을 벗고 그 가면을 안쪽에서 들여다볼 경우, 나는 여러 지점이 3차원으로 솟아오른 회색 표면을 보게 된다. 가면의 정치적, 문화적, 미적인 측면들은 모두 그 바깥쪽에, 지금은 보이지 않는 쪽에 있다. 이때 내가 보는 것은 말하자면 전도된\negativ\ 윤리적 측면에서의 가면이다. 가면은 이 측면에서 보여서는 안 되며, 바로 이러한 '금지'가 가면의 안쪽 면에서 보여진다. 이러한 광경은 나의 윤리적 범주들을 흔들리게 한다. 나는 가면의 '잘못된' 쪽, 허용되지 않는 쪽을 보고 있고, 이때 다른 쪽은, '진짜인' 쪽, 타인들이 그것에서 나를 알아볼 수 있다고 여기는 가짜의 얼굴이다. 이에 따라서 가면의 '잘못된' 쪽이 진짜가 되는데, 왜냐하면 그것이 속임수를 드러내기 때문이다. 그럼에도 가면의 이러한 변증법은 '부정의 변증법'이다. 왜냐하면 내가 바라보고 있는 가면의 회색 표면은 다름 아닌 가면의 전도된 쪽일 뿐이기 때문이다. 그러므로 내가 가면을 뒤집을 때 얻을 수 있는 인식은 윤리적이고 정치적인 성격의 것이지만, 그것은 윤리와 정치를 넘어서는 의미에서의 인식이다. 즉 나는 가면을 뒤집으면서 선과 악을 넘어서는 곳에 있는 것이다. 이 몸짓의 본질은 극장, 예컨대 무대, 연극의 막, 줄거리를 넘어선다. 그것은 비\非\연극적이고 비\非\역사적인 존재 형식이 나타나는 아주 드문 몸짓들 중 하나이다.

가면의 안쪽 면은 가면을 뒤집을 때 처음으로 보이는 것이 아니고, 가면 디자이너는 그 안쪽 면을 볼 뿐만 아니라 무엇보다 그것을 만들어낸다는 이의가 제기될 것이다. 또한 이런 가면 디자이너는 역사적 존재(예컨대 르네상스 시대의 광대 디자이너 또는 현대의 수퍼맨 디자이너)일 뿐 아니라 선사시대에 이미 있었던 존재(예컨대 아프리카 가면 조각가 또는 동양의 동화 구연자)인데, 그렇다면 어떻게 가면 뒤집기를 탈역사적인 몸짓이라고 볼 수 있는가? 그러나 이 반론은 근거가 부족하다. 가면 디자이너는, 그가 조각가든 극작가든 무대 장식가든 법을 제정하는 국회의원이든 간에 가면의 안쪽 면을 만들지만, 그는 이 일을 가면의 바깥쪽의 기능 속에서 하고, 그렇기 때문에 가면의 안쪽을 들여다보더라도 그것에 주의를 기울이지 않는다. 가면 뒤집기에 의해서 비로소 이런 것으로서의 가면 안쪽을 볼 수 있게 되는 것이다. 비록 가면 디자이너가 가면의 안쪽을 마무리하는 기술(그것은 예를 들어 셰익스피어에게서 거의 완성에 이른다)을 갖고 있고, 그래서 자신이 안쪽 면을 정확히 안다(그는 예를 들어 폴스타프47가 안쪽에서 보면 어떤 모습인지를 정확히 아는 것이다)고 생각할 수 있더라도, 그는 이 측면을 이런 것으로 전혀 인지하지 못한다. 그가 자신의 가면 디자인 기술을 살펴보려고 할 때 보는 것은, 만들어진 가면의 안쪽 면이 아니라, 가면 디자이너로서 자신이 하는 역할의 바깥쪽 면이다. 그는 폴스타프를 안쪽에서 보지 않고, 극작가 셰익스피어를 바깥쪽에서 본다. 그리고 우리가 폴스타프와 셰익스피어를 겹쳐진 가면으로서 동일 인물이라고 본다 하더라도 여기서 변하는 것은 없다.

가면을 뒤집을 때 비로소 극복될 수 있는, 가면에서 뒤로 물러서지 못하는 이 이상한 무능함은 또 하나의 사례로 설명될 수 있다. 만약 프랑스 제5공화국에서 어떤 사람이 대통령으로 선출되면, 그는 상대적으로 헐렁한 가면 속으로 미끄러져 들어간다. 왜냐하면 그 가면은 새것이고, 우리는 그것이 예를 들면 제4공화국이나 미국 대통령들의 가면처럼 오래된 가면들, 여러 가지 고전적 가면들의 찢어진 조각을 누덕누덕 기워 만들어진 것임을 기억할 수 있기 때문이다. 만든 사람이 누구인지도 모르게 된 오래된 가면들, 예를 들어 가장\家長\의 가면 같은 것은 훨씬 더 단단히 얼굴에 달라붙는다. 그렇기 때문에, 대통령은 자신의 가면에 대해서 이를테면 3인칭으로 말할("대통령은 ~을 결정했다") 수 있지만, 가장은 그럴 수 없다. 그러나 대통령의 가면이 새것이고, 또 그것이 아프리카 가면들처럼 하나의 콜라주이고, 그렇기 때문에 갈라진 틈새로 그 뒤에 들어 있는 다른 가면들을 볼 수 있다고 해도, 그 안쪽 면은 관객 대중이나 배우에게만이 아니라, 대중들 속에, 그리고 무대 위에 흩어져 있는 가면 디자이너들에게도 보이지 않는다. 왜냐하면 그들이 이 가면을 만들고 있는 동안 그들 자신은, 이를테면 국회의원의 가면을 쓰고 있었고, 그들에게는 자신들이 만들고 있던 것의 내부를 들여다보느라고 자신들의 소임을 망각하는 것이 허용되지 않았기 때문이다. 대통령 가면을 뒤집어야 비로소 가면의 회색 안쪽 면이, 그것도 그 가면이 무엇으로, 무엇을 위해 만들어졌는지보다는, 특히 그것이 어떤 프로그램에서 설계되었는지가 보인다. 가면을 뒤집을 때, 가시화되는 것은 드라마 속에서의 그 기능과 기원만이 아니라(이런 측면들은 가면 디자이너들도 자신들이 하는 일 덕분에 본다), 무엇보다도 사람들이 우아하게도 그것의 '구조'라고 부르는 것이다. 그러나 이 구조가 가시화되면 곧바로, 가면의 기능과 기원은 흥미롭지 않게 되고, '지나가버린다'. 왜냐하면 그때 사람들은 극장의 바깥, 역사의 바깥에 있게 되기 때문이다. 그것은 인형극의 꼭두각시 조종자와 같은 의미에서 '바깥'이 아니라(왜냐하면 그는 줄거리에 참가하기 때문에), 인형들을 어떤 다른 목적에 사용하려고(예를 들면 종이를 생산하려고) 재활용하려는 사람과 같은 의미에서의 바깥이다.

가면을 뒤집을 때 가면은 가면이기를 그만두고, 조작되는 대상이 된다. 물론 이 존재론적 변화는 가면의 의미론적 차원을 제거한 결과로 일어난 것이라고 주장할 수 있다. 그러나 이보다는 몸짓의 현상학을 계속하는 것이 더 쉽다. 가면 뒤집기는 가면이 있는 장소를 바꿔놓는다. 그것은 더 이상 얼굴 앞에 있지 않고, 손 안에 있다. 가면과 관련된 모든 전통적인 몸짓들에서 가면은 내 앞에, 그러므로 나와 타자 사이에 있거나, 그렇지 않으면 내 앞에 있거나 경우에 따라 없어야 하며, 이런 의미에서 이 몸짓들은 역사적이다. 즉, 그것들은 미래와 관련된다. 그런데 가면 뒤집기의 몸짓에서 나는 가면 위에 있다. 나는 그것을 넘어섰고, 그것은 지나갔다. 그리고 이것은 이 몸짓이 미래를 '선취한다'는 것, 미래를 과거를 향해 돌린다는 것을 의미한다.

그러므로 이 몸짓은 영화의 몸짓보다 더 극단적으로

탈역사적이다. 영화의 몸짓은 역사를 만들기 위해 역사를 자르고 붙인다. 가면 뒤집기의 몸짓은, 가면을 '잘못된' 쪽에서, 역사가 아무 의미도 없는 쪽에서 역사를 바라봄으로써 모든 역사를 선취한다. 그러나 그것은 모든 가면을 꿰뚫어보고 모든 역사의 '공허함'을 확신했던 솔로몬이나 디오게네스 또는 부처와는 다르다. 솔로몬과 디오게네스, 부처는 실망한 배우들과 연출자들일 뿐이다. 오히려 그것은 실현된 모든 역사와 아직 가능한 모든 역사를 계획할 수 있도록 허용하는 것이다. 가면 뒤집기의 몸짓은 역사와의 게임의 몸짓이고, 더 이상 역사 속에서의 역할극의 몸짓이 아니다.

이것은 물론 우리가 이 몸짓을 행하면서 가면 쓰기나 역할 놀이를 그만두었다는 의미가 아니다. 경제, 사회학, 정치의 모든 극\劇\적인 규칙들은 역사의 무대에서 계속 유효하다. 그러나 과거와 다르게, 더 이상 법으로서가 아니라 요컨대 게임의 규칙으로서 유효하다. 우리가 가면 위에, 그리고 가면 아래에 쓰고 있는 가면들은 과거와 다르게, 뒤집을 수 있는 가면으로 붙어 있다. 예를 들면 영혼과 신체, 관념과 물질에 대한 질문이 변한 것처럼 이른바 동일시의 질문도 변했다. '이 모든 가면들 밑에 있는 나는 무엇인가?'라는 질문, 소위 양파 껍질 질문은 더 이상 논의 대상이 아니다. 오히려 예전에 '나'라고 불렸던 것이 이제는 가면들이 그 안쪽 면들과 함께 걸려 있는 개념의 갈고리처럼 보이는데, 이는 가면이 '내'가 관찰되는 관념적인 바깥 면처럼 보이는 것과 똑같다. 가면의 안쪽 면과 바깥 면 사이의 부정의 변증법이 실질적인 동일시의 문제가 되는 것이다. 이것이 다시 의미하는 바는, 비록 우리가 계속해서 가면을 쓰고 역할 놀이를 할지라도, 그리고 역사와 역사들이 전진할지라도, 역사적인 세계-내-존재는 거의 끝나간다는 것이다. 우리는 계속해서 역사로 인해 고통 받고 역사 속에서 행동하지만, 더 이상 예전처럼 역사 앞에, 역사 속에 참여할 수 없다. 왜냐하면 우리는 역사 속에서 모든 역할들을 뒤집을 수 있고, 역사와 함께 놀 수 있기 때문이다.

가면 뒤집기의 몸짓과 함께 역사의 의미는 모두 사라진다. 그러나 삶의 의미가 반드시 사라지는 것은 아니다. 오히려 역사와 노는 것 자체가 의미 부여의 방법이 될 수 있다. 카니발이 계획되는 정부 부처들에서는 이런 의미 부여에 대해서 당장은 알아챌 수 있는 것이 별로 없다. 그러나 가면 뒤집기의 몸짓은, 정확히 관찰한다면, 그 뒤에 있는 의미 부여의 몸짓을 인식하게 해준다.

*12*장
식물 재배의 몸짓

겉으로 보이는 첫 인상과는 달리, 이것은 반자연적인 몸짓, 그러니까 극단적인 의미에서 '변태적인\pervers\' 몸짓이다. 현존재가 자신과 반대되는 것으로 변화하는 이 몸짓의 변태성, 그리고 소위 환경 운동이 이 변태성을 거꾸로 뒤집는 방식은, 이 몸짓을 곧바로 가면 뒤집기 몸짓의 결과로 받아들이지 않을 수 없게 한다. 내가 여기서 하려는 주장은, 생태론자들이 취하는 입장은 가면을 뒤집는 입장과 정확히 같다는 것이다. 그것은 역사를 넘어설 때 얻게 되는 입장이다.

우리가 매일 마주하는 대부분의 몸짓들이 그렇듯이, 재배의 몸짓을 기억해내는 것은 그것을 이해하는 데 적합한 전략이 아니다. 왜냐하면 이 몸짓은 습관으로 뒤덮여 있고(도시에 사는 우리가 직접 식물을 재배하는 경우가 드물다 하더라도), 이 습관은 기억이 재배의 몸짓의 본질을 꺼내도록 놔두지 않는다. 재배에서 또 한 가지 추가되는 것은, 그것이 다른 몸짓들과는 다르게, 신화와 알레고리, 은유를 담고 있는 몸짓이라는 것, 그래서 여기서는 습관이 '습관 이상의 것\Übergewöhnlich\'이 됨으로써 그 본질을 관념적으로 덮어 감추기 쉽다는 것이다. 그러므로 적합한 한 가지 전략은, 처음으로 이 몸짓을 하게 된 어떤 사람의 입장, 그러니까 신석기시대 재배자의 입장이 되어보는 것이다. 왜냐하면 이런 시도에서 이 몸짓의 본질적인 면이 신석기시대 당시의 그 새로움을 통해 드러날 수 있을 뿐 아니라, 새로운 몸짓은 새로운 존재 형식을 표현한다는 것이 이 연구의 명제이기도 하기 때문이다. 중석기시대 후기, 재배의 몸짓의 등장만큼 이 명제를 잘 뒷받침하는 결정적 순간은 역사상 아마 없을 것이다.

그러나 우리가 막대기로 땅에 구멍을 파고, 풀씨를 심고, 그 구멍을 다시 메꾼 다음 몇 달을 기다려서 거기서 무엇이

나오는지 알아보기로 결심하는 수렵 채취인의 상태가 되어보려 할 경우, 우리는 이 몸짓의 변태성을 거의 파악할 수 없다. 이런 경험을 하기 위해서는 이 변태적인 몸짓이 나중에 '정상적인 것으로 만들어놓은' 모든 것, 그러니까 역사 전체를 잊으려고 해야 한다. 현존재가 자신과 반대되는 것으로 전복되는 그 변태성은, 이 몸짓을 관찰하면서 근원적인 맥락에서 경제, 사회, 정치적인 모든 설명들을 배제할 때, 그러니까 신석기시대 재배의 몸짓을 20세기로부터가 아니라 구석기시대로부터 바라볼 때 비로소 경험될 수 있다. 우리가 이렇게 할 수 있는 것은 이제 접근할 수 있게 된 탈역사적 관점, 더 정확히 말하면 그 양상들 중 하나인 생태학적 관점 덕이다.

우리가 아마존 지역에서 아마도 타락한 형태로, 그리고 우리의 내면에서 아마도 우울한 형태로 관찰할 수 있는 모습의 수렵 채취자는, 덫을 만드는 사람, 포획자이다. 그는 조랑말이나 순록, 또는 원시시대의 짐승을 가둘 수 있는 구조물과, 열매나 뿌리, 알 따위가 담길 수 있는 바구니를 만든다. 이 기본적인 몸짓을 좀 더 정확히 들여다보면, 그것이 그물을 짜는 일이라는 것을 알 수 있는데, 덫과 바구니는 이 인간이 자신의 주위에 던지는 그물의 코라고 볼 수 있기 때문이다. 그 밖의 모든 노동의 몸짓들, 무기 제작과 부싯돌 연마, 그림 그리기와 매장\埋葬\ 등은, 그물 짜기의, 바로 사냥과 수집의 변형이라고 이해할 수 있다. 이 몸짓들에서 표현되는 현존재의 근본적인 기분\Grundstimmung\은 매복의 기분이다. 사냥꾼도 채집자도, 먹이에게 달려드는 자세로 뛰어오르는 것으로 살아간다. 남성과 여성의 근원적인 분업으로 여겨지는 사냥과 채집의 차이, 동물 포획과 식물 채집의 차이는, 이 매복 리듬의 차이로 나타난다. 여기서 중요하게 확인해야 할 것은, 인간의 매복은 맹수의 매복과 정확히 반대라는 점이다. 맹수는 자연 속에서, 자연으로서 매복한다. 맹수는 사냥감을 기습하기 위해 살금살금 다가간다. 인간은 덫을 놓고, 자신이 사냥감에 의해 기습을 당하게 한다. 맹수는 자연 속에 자연으로서 매복하고, 인간을 노리기도 한다. 왜냐하면 맹수에게는 인간이 다른 사냥감들과 다를 것이 전혀 없기 때문이다. 인간은 자신이 자연에 속해 있지 않기 때문에, 자연을 매복해서 기다리며, 자연의 밖으로부터 덫을 놓고 기다리면서 순록과 소를 구분하고, 열매와 알을 구분한다. 덫을 놓기 위해서, 즉 생존하기 위해서 인간은 분류해야 하고, '밖에-있어야'48 하는 것이다.

남성이 동물을 분류하면서 기다리는 것과, 여성이 식물을 분류하면서 기다리는 것은, 인간이 지구상에 존재한 거의 모든 기간 동안 지속되어온 특징이다. 구석기시대의 실존철학자는 아마도 현존재에 대해서 다음과 같은 분석을 제안할 것이다. 즉 인간은 자연의 다른 모든 것들과 달리, [자연의] 바깥에서 숨어서 기다리는 존재이며, 이를 위해 남성은 동물학, 여성은 식물학이라는 두 가지 방법을 사용한다. 그런데 이런 실존철학이 알지 못하는 것은, 이런 식의 인간 실존이란, 자연이 숨어서 기다려질 수 있을 경우에만, 자연이 툰드라(동토대)일 경우에만 가능하다는 것이다. 인간은 반자연적인 존재이고, 인간이 존재하는 것은 그가 툰드라 속에서 툰드라를 마주보고 있기 때문이다. '인간'의 존재\Vorhandensein, 순수한 객체로서의 존재\가 끝나갈 무렵, 그러니까 약 1만 년 전, 인간 주위로 나무가 많아지고 툰드라가 침엽수로 변하기 시작하자, 인간은 더 이상 '밖에 있을' 수도 없고 '밖에 있을' 필요도 없다. 인간이 더 이상 그럴 수 없는 것은, 숲속에서는 그물을 만드는 것이, 즉 분류하는 것이 어렵기 때문이다. 또한 더 이상 그럴 필요가 없는 것은, 숲속에서는 인간이 자연을 숨어서 기다리지 않고도 먹고살 수 있기 때문이다. 나무의 양면성은, 그것이 한편으로는 자연의 성 속으로 되돌아갈 수 있게 해주지만, 다른 한편으로 그것은 인간이 그 앞에서 인간으로 있는 그런 자연이 아니라는 것이다. 실존적으로 자연은 풀이고, 인간은 풀을 뜯어먹고 사는 존재이지만, 이 상황은 자연철학자, 실존주의자, 생태론자들에게서 충분히 인정되지 않는다.

그런데 중석기시대 철학자들은 이 상황을 정확히 인정한다. 나무가 세계에 출현하는 것은, 우리가 지금에 와서야 그 가치를 평가하기 시작한 세 가지 전략을 열어주었다. (그런데 기계가 세상에 출현한 것이 어떤 전략을 열어주는지 우리가 어떻게 벌써부터 알기를 기대할 수 있는가?) 첫 번째 전략은 나무와 함께, 나무 안에서, 나무에 의해서 살아가는 것, 그래서 실존 이전의 상황으로(낙원으로) 돌아가는 것이다. 두 번째 전략은 나무를 피해서 동물들을 따라 툰드라로 들어가서 계속 살아가는 것이다. 세 번째 전략은 나무에 대항해서 나무를 불태우거나 잘라내고 풀을 위한 빈터를 다시 만들어서 계속 살아가는 것이다. 이 전략들 중 어느 것도 성공에 이르지 못했지만, 그 실패는 세 개의 서로 다른 형태로 나타났다. 나무를 받아들이는 전략은 낙원으로 이어지지 않고, 이른바 '원시' 문화들을 가져왔다. 나무를 피하는 전략은 사냥의 계속으로 이어지지 않고, 유목인들에 의한 가축 사육을 가져왔다. 그리고 나무에 대한 대항은 마찬가지로 사냥의 계속으로 이어지지 않고, 농경문화를, 즉 우리 자신의 존재 형식을 가져왔다. 툰드라 사냥꾼들의 몸짓이 어떻게 아마존 강의 어부와, 침엽수림 지대 유목민의 몸짓으로 변형되었느냐는 것은 매력적인 질문이다. 그러나 이 글의 주제는 이 몸짓들이 뒤집혀서 어떻게 재배의 몸짓이 되었느냐는 것이다.

재배의 몸짓은, 고대인들은 알았지만 우리는 잊어버린, 기다림의 몸짓을 향하는 서곡이다. 씨앗들을 흙으로 덮고 나서 우리는 앉아서 기다린다. 라틴어 쿨투라\cultura\의 어원인 콜레레\colere\는 '수확하다'라는 뜻만이 아니라, '돌보다'라는 뜻, 다시 말해서 조심하면서 기다리는, 지키면서 기다린다는 뜻이기도 하다. 또한 아그리쿨투라\agricultura, 농경문화\는 재배하고 수확하는 것만이 아니라, 무엇보다도 질투심에 사로잡혀 탐욕스럽게 감시하는 것이기도 하다. 이것은 사냥과 채집에서와 같은 매복처럼 보이지만, 매복을 변태적으로 뒤집은 것이다. 왜냐하면 이것은 매복에서처럼 기습을 당하려고 그물을 짜고 덫을 놓는 것이 아니라, 반드시 의도된 결과를 가져오는 어떤 과정을 연출하는 것이기 때문이다. 좋은 사냥은 미리 예상할 수 없는 행운이고, 나쁜 사냥은 정상적인 것이다. 반면에 흉작은 미리 예상할 수 없는 불운이다. 매복을 기다림으로, 긴장을 느긋함으로, 죽음의 공포를 장래에 대한 준비로, 말하자면 예상할 수 없는 것을 필연적인 것으로 뒤집는 것은, 사냥과 채집을 재배로 뒤집는 것의 본질이다. 또한 주지하는 바와 같이, 재배는 소유와 전쟁의 기원이고, 내가 가진 것을 고수한다는 의미에서 기다림의 기원이다.

재배를 할 수 있으려면, 그 의미를 과소평가하는 설명들이 주장하는 것처럼 '우연히' 사냥터 주위에 흩뿌려진 풀씨들이 싹을 틔우기 시작하는 것을 보게 되었다는 것으로는 충분치 않다. 숲을 부정하고, 개간하기로 이미 결심했어야 한다. 땅을 파는 막대기와 쟁기만이 아니라 [숲을 태울] 불과 [벌목을 할] 도끼도 재배의 도구에 속하는 것이다. 열대지방(그리고 아마도 시베리아의 침엽수림)에서는 사람들이 이 사실을 알고 있지만, 숲이 더 이상 적이 아닌 지역에서는 이것을 위선적이게도 잊어버렸다. 재배를 한다는 것은 자연이 비자연적으로(문화적으로) 되도록 구멍을 파는 것이고, 이 구멍들은 그 전까지는 나무들이 서 있던 자리이다. 간단히 말해서 재배는 나무들을 뽑아내고 거기 생기는 틈새에서 풀을 자라게 하는 것이다. 근래에는 풀만 심지 않고 나무들도 심는다고 해서 달라지는 것은 아무것도 없다. 그것은 습관과 신비화에 의해 재배의 본질이 얼마만큼 은폐되어 있었는지를 보여줄 뿐이다. 로마인들은 농경이 무엇인지 알았다. 그것은 숲을 집(도무스 \domus\)으로 합병함으로써, 세상(오르비스 테라룸 \orbis terrarum\)을 확장함으로써 자연을 지배하는 것이다. 그러므로 로마인들에게 문화와 제국주의와 지배라는 말은 재배의 몸짓만이 아니라, 정돈(레지스라티오 \legislatio\[49])의 몸짓과도 동의어이다. 왜냐하면 재배되는 식물의 정돈된 줄은, 예측할 수 없었던 것을 필연적인 것으로, 매복을 기다림으로 변화시키기 때문이고, 진짜 재배자들은 로마 군단의 병사들이기 때문이다(이것은 19세기까지도 식민주의 권력들이 알고 있었던 것이다. 그들에게 식민 지배와 재배 \kultivierung\, 재배자와 병사는 동의어였다). 예상할 수 없는 것을 필연적인 것으로 만들기 위해서 요컨대 땅에 구멍을 파는, 재배의 몸짓의 이러한 근본적인 태도를 아는 것은, 이 몸짓의 성적 \性的\, 신화적, 경제적, 사회적, 정치적인 모든 의미들을 아는 것보다 더 중요하다.

그러므로 재배는 사냥과 채집의 전환일 뿐만 아니라, 이른바 자연법칙이 인간의 의도라는 방향으로 방향을 바꾸는, 자연의 전환이기도 하다. 이러한 전환이 이루어지는 것, 밀이 식물의 법칙에 따라 제과점을 위해 자라는 것, 비행기가 공기역학의 법칙에 따라 관광을 위해 비행하는 것은 중석기시대 이후 지속되는 기적이다. 당연하게도 지난 수백 년 동안 재배는 기술화되었는데, 그 이유는 재배에 대한 이론적인 거리가 계속 늘어났기 때문이다. 예를 들어 일본에서는 인공 조명을 받는 회전하는 상자를 식물 재배에 사용함으로써, 기계로 재배하고 화학비료를 주고 생명공학으로 식물을 변화시키고 곡물이 익는 리듬(기다림의 리듬)에 개입한다. 그러나 본질적인 면에서 이 모든 것들은 중석기시대 재배의 몸짓 속에, 요컨대 그 나름의 법칙성을 따르는 자연을 자연 자체에 상반되도록 방향을 바꾸기로 하고, 그럼으로써 사냥을 할 때보다 더 많이 자연에 맞서서 인간의 생존을 주장할 뿐만 아니라, 자연이 그 스스로 부정하도록 강요하는 결정 속에 들어 있었다. 재배의 몸짓은 강력하고 폭력적인 몸짓이다.

재배의 몸짓 덕분에 인간은 중석기시대 이래로 인공적인 세계, 다시 말해서 자체의 법칙에 따라 툰드라가 될 것을 강요받는 침엽수림 지대에서 살고 있다. 인간은 툰드라 안에, 툰드라에 맞서서 생존하고, 생존하기 위해서 침엽수림을 툰드라로 변화시킨다. '툰드라'와 '침엽수림'이라는 단어를 '자연'이나 '예술'이라는 단어로 대체하는 것이 더 간단한 일은 아니다. 왜냐하면 재배의 몸짓은 세계와 생존에 관하여 너무나 도착적이고, 인간과 세계를 너무나 뒤집어놓았고, 또 그로 인해서 주어진 것과 만들어진 것, 자연과 문화를 더 이상 구별할 수 없을 만큼 존재론적인 개념들이 너무나 혼란스러워졌기 때문이다.

이런 맥락에서 환경 운동은, 지금 정치를 바깥으로부터 파고들어서 교란하고, 머지않은 미래에 폭파하려는 경향으로 볼 수 있다. 외관상으로 이 탈역사적인 운동은 기술에 의한 오염으로부터(다시 말해서 역사로부터) 자연을 구하고, 그럼으로써 인류 자신의 배설물에 의해 인류가 질식하는 것을 피하려는 시도이다. 역사를 반대 방향으로 전환하는 것이다. 그러나 '자연'의 개념이 더 이상 파악될 수 없기에, 예를 들어 돌을 시멘트보다 더 자연스럽다거나 생수가 코카콜라보다 더 자연스럽다고 여기는 것이 무의미하기에, 이 운동은 스스로를 '자연으로의 복귀'라는 낭만적인 이름이 아니라, '관계의 과학'(오이코스\oikos\50)이라는 구조적인 이름으로 부른다. 그러나 이 운동이 실제로 무엇인지는, '우리 숲을 위한 자비', '바다를 구합시다' 같은 슬로건에서 알 수 있다. 환경 운동은 나무 심기를 옹호하고(식목의 날), 적조 현상 퇴치를 지지한다. 그러므로 이 운동의 급진적인 이해를 위해서는 생물학 이론도,

경제학 이론도 충분하지 않고, 오히려 그 실존적 입장을 파악하려 해야 한다.

그것은 침엽수림이 툰드라로 변하는 것을 반대하는 운동, 신석기시대 이후 행해진, 나무를 벌목하고 불태우려는 시도에 반대하는 운동이다. 습관과 신비화에 의해서 식물 재배의 몸짓의 본질이 잊혔기 때문에, 환경 운동은 식물 재배의 몸짓의 뒤집기라는 사실을 인식하기가 어렵다. 식물을 재배하는 사람이 나무 대신 풀을 원하는 것은, 자연 대신에 문화를 원해서가 아니라, 구석기시대에 자신이 맞서서 생존했던 그 자연을 다시 복원하려 하기 때문이다. 이와 달리 생태론자가 풀(또는 다른 기술적인 생산물) 대신 나무를 원하는 것은, 그가 자연 대신 문화를 원해서가 아니라, 신석기시대가 그 덕분에 자연에 맞서 싸웠던 그 자연을 복원하려 하기 때문이다. 식물을 재배하는 사람이 나무를 자르는 것은 풀을 재배하기 위해서, 풀을 뽑아서 수확할 수 있기 위해서이다. 그는 풀을 마주보면서 생존하고, 생존하기 위해서 풀을 필요로 한다. 생태론자는 나무를 심기 위해 풀을 뜯어내고, '나무-풀-나무-풀'의 순환을, 더 이상 풀을 마주보며 생존하는 것이 아니라, 풀을 먹는 자신을 바라보며 생존하는 존재의 입장에서 거리를 두고 바라본다.

그것은 각각의 몸짓들 속에서 표현되는 초월을 엿볼 수 있게 해준다. 사냥과 채집은 인간이 속한 삶 세계를 초월하는 몸짓들이다. 그것은 세계를 포획하기 위해 세계를 그물 속에서 분류하는 몸짓들이다. 식물 재배는 세계를 채집될 수 있도록 조작함으로써 사냥과 채집을 초월하는 몸짓이다. 생태학은 재배를 바깥으로부터 관찰해서 그것에 어떤 '전략'을 덧씌움으로써, 재배를 초월하는 몸짓이다. 식물을 재배하는 사람은 뒤집힌 채집자이고, 생태론자는 뒤집힌 재배자이다. 농부는 뒤집힌 유목민이고, 생태론자는 뒤집힌 농부이다. 사냥꾼은 역사 이전시대에 있고, 농부는 역사의 설립자이자 운반자이고, 생태론자는 역사 이후에 있다. 사냥꾼은 예상할 수 없는 세계의 목록(그물)을 만든다. 농부는 세계를 하나의 질서(일궈진 밭) 속에 억지로 밀어 넣는다. 생태론자는 세계를 관계(즉 오이코스)로 본다. 사냥꾼의 초월은 내용적이고, 농부의 초월은 형식적이고, 생태론자의 초월은 인공지능적이다.

재배의 몸짓은 역사적인 몸짓이다. 그것은 극적이고, 하나의 행위이며, 행동이다. 그래서 로마인들은 밭을 아제르\ager\라고 부르고, 재배하는 활동을 아그리쿨투라(잘 손질된 행동)라고 불렀다. 이 몸짓은 역사 속에서 계속 변화해왔고, 이 변화는 더 이상 그 원래 형태가 무엇이었는지를 알 수 없을 만큼 엄청난 것이다. 그런데 지금 이 몸짓은 그 자체의 역\逆\으로, 즉 나무를 심는 것으로, 생태학으로 변화하기 시작하고 있다. 오이코스는 아제르의 역이다. 그것은 요컨대 행동하는 것\agieren\이 아니라 관계하는\Sich-Verhalten\ 밭이다. 역으로 뒤집힌 이 몸짓에서 인간이라는 존재는 어떤 대상을 마주하고 있는 주체(행위자)가 아니라, 관계의 맥락을 만드는 프로그래머이다. 숲을 혐오하는 것이 아니라 숲에 대한 동정을 요구하는 이 몸짓은 역사를 넘어서는 몸짓이다. 따라서 그것은 실존의 위기를 추론하게 하는 몸짓이다. 생태론자는 재배자와 다른 방식으로 존재한다. 한마디로, 생태론자는 더 이상 정치적으로 존재하지 않고, 생태적으로 존재한다.

*13*장
면도의 몸짓

이발사의 도구는 정원사의 도구의 축소판이고, 따라서 그의 몸짓은 정원사의 몸짓과 비교할 수 있다. 이렇게 할 경우 몇 가지 질문이 생긴다. 이 질문들은 자세히 살펴보면 현재의 실존적인 문제로 깊숙이 들어갈 수 있는 질문들이다. 예를 들면, 정원 손질은 일종의 화장, 인간의 확장된 피부에 대한 일종의 미용술인가? 또는 거꾸로, 화장이 일종의 정원 손질, 인간의 자연적 환경에 대한 일종의 예술적 조작인가? 달리 말해서, 잔디는 수염의 일종인가, 아니면 수염이 잔디의 일종인가?(물론 양쪽 가능성에 대해 똑같이 긍정적인 답을 할 수 있다.) 다른 예를 들어보자. 정원사의 잔디에 대한 몸짓은 자연을 변경하는 몸짓인가(다시 말해서 정원사에게 잔디는 이발사에게 손님과 같은 것인가)? 또는 반대로 수염에 대한 이발사의 몸짓은 잘못된 것을 바로잡는 몸짓인가(다시 말해서 이발사에게 손님은 정원사에게 풀과 같은 것인가)? 마지막 예를 들어보자. 이 두 가지 몸짓은 유행이라는 극히 문제적인 현상에 종속되어 있으므로, 미용의 유행(예를 들어 머리 길이와 수염 길이의 유행)으로부터 도시의 경향(예를 들어, 교외화라든가 별장 \résidence secondaire\의 경향)을 추론할 수 있는가, 또는 거꾸로, 도시적인 것으로부터 미용의 유행을 추론할 수 있는가? 아니면 우리는 '시대정신'이나 '유물론적 변증법'과 같은 제3의 유사점[51]을 찾아야 하는가? 전기면도기와 잔디 깎는 기계의 유사점 또는 수염을 짧게 깎는 몸짓과 관목 덤불을 짧게 자르는 몸짓의 유사점에 의해 제기되는 이런 유형의 (수없이 만들 수 있는) 질문은, 근본적으로 피부 개념의 불확실함, 인간과 세계의 중간 영역을 정하는 데 사용되는 모호한 무인 지대의 불확실함을 겨냥한다. 면도와 정원 손질이 피부 의학적 몸짓이라고 이해될 수 있다는 사실은, 피부가 안과 밖 양쪽에서 얼마나 삼투\滲透\적인지, 그리고 그 삼투성에도 불구하고 그것이 어떻게 인간과 세계 사이의 울타리가 되는지를 보여준다.

면도를 한 뒤 면도기에 남아 있는 수염을 들여다볼 때 우리는 존재론적 성찰을 피하기 어렵다. 수염은 면도의 몸짓에 의해 그 존재론적인 장소를 바꿨다. 이전에 그것은 내 몸의 일부분이었는데, 지금은 내 면도기의 일부분이다. 존재론적인 장소의 변경은 일의 몸짓의 특징이다. '일을 한다'는 것은 어떤 것으로 다른 어떤 것을 만드는 것, 예를 들어 자연적인 무엇으로 인공적인 무엇을 만드는 것이다. 그러므로 면도의 몸짓은 일의 몸짓이다. 그러나 면도의 몸짓에서는 장소 변경과 관련되는 것이 사물이 아니라, 몸짓을 하는 사람 자신이다. 따라서 우리는 그것을 자기 자신에 대한 일이라고 불러야 한다. 그런데 이렇게 하면 곧바로 우리는 이 몸짓에서 본질적인 것을 지나쳐버림을 알게 된다. 한편으로, 일의 몸짓은 어떤 것이든 그 몸짓을 하는 사람을 변화시킨다고 주장할 수 있다. 예를 들어 구두를 만드는 몸짓은 그 몸짓을 행하는 사람을 제화공으로 만든다. 그런데 면도의 몸짓은 이런 유형의 자기 변화가 아니다. 다른 한편으로, 이를테면 독서나 여행의 몸짓과 같이 자기 자신을 변화시키는 것이 목표인 몸짓들이 있다. 그러나 면도는 세계 속에 있는 어떤 사물의 변화도 아니고 면도하는 사람 자신의 변화도 아닌, 면도하는 사람과 그 사람의 세계 사이에 있는 피부의 변화이다. 그것은 좁은 의미에서의 일의 몸짓도 아니고 제의적인 몸짓도 아닌, 일과 제의의 중간에 있는 몸짓이다. 그것은 피부 의학의\dermatologisch\ 몸짓이라고 할 수 있다. 또는 우리가 미용\Kosmetik\이라는 단어 속에 그 어원인 '우주\Kosmos\'가 들어 있음을 인식한다면, 그것은 미용의 몸짓이라고 할 수도 있다.

면도에 의해서 전에는 내 몸의 일부였던 수염들이 내 면도기의 일부가 되었다. 그러나 면도는 피부 의학의 몸짓이기에,

다시 말해서 인간과 세계 사이에 끼어 있는 미지의 중간 지대에서 일어나는 몸짓이기에, 면도에 의한 수염의 존재론적인 변화는 문제적이다. 한편으로는 이 수염이 실제로 내 몸의 일부였는지, 아니면 내 몸에서 떨어지지 않은 채로 배출된 것인지, 그리고 면도는 바로 이러한 배출을 실행하려는 의도가 아닌지 의심스럽다. 다른 한편으로는 (우리가 '도구'를 인공적인 신체 기관이라고 정의한다면) 면도기는 신체의 연장이라고 할 수 있고, 이런 관점에서 보면 면도에 의해서 수염들은 자신의 존재론적인 위치를 바꾼 것이 아니다. 수염들은 몸의 한 지점에서 다른 지점으로 옮겨갔을 뿐이고, 이때 몸 전체는 어떤 식으로든 면도하는 사람에 의해 조작되는 장치로 보인다. 결국 면도에 의한 수염의 변화는 그것이 유기체의 세계(몸)로부터 기계의 세계(면도기)로 옮겨졌다는 점이라고 주장할 수 있는데, 그럴 경우에는 수염의 기관학\Organologie\을 수염의 구조와 기능, 존재론적 위치로부터 규정해야 하는, 해결할 수 없는 문제가 발생한다. 이 모든 난제들이 보여주는 것은, 면도는 정의할 수 없는 중간 지대에서의 몸짓이라는 사실이다.

이런 어려움에서 벗어나고 싶다면 우리는 몸짓 자체가 말을 하도록 해야 한다. 그래야만 '나는 몸을 갖고 있다'거나 '나는 몸이다'라는 식의 관념적 선입견이 사라진다. 이 몸짓은 면도하는 사람 자신을 향하고, 여기서 그 사람은, 행위자인 동시에 환자이므로, 면도를 실행하는 동시에 면도를 당하는, 그야말로 변증법적이지 않은 이상한 경험을 하게 된다. 우리는, 이 두 가지 경험이 주체와 객체의 관계에서처럼 서로 상반되지 않으면서, 손이 피부 위에서 면도기를 어떻게 움직이는지, 면도기에 의해 피부가 어떻게 깎이는지를 경험한다. 이것이 바로 '경계의 경험\Grenzerfahrung\'이다(신비주의자들은 이에 관해 전혀 다른 맥락에서 이야기하려 한다). 이 이중적 경험을 생리학적으로(예를 들면 신경학적으로) 규명하기는 쉽겠지만 생산적이지는 않을 것이다. 왜냐하면 이 몸짓에서 본질적인 것은, 생물학적으로 설명할 수 있는 움직임이 아니라, 행동하는 동시에 행동을 당하는 존재의 양면성이기 때문이다. 이런 측면을 진지하게 받아들일 경우, 우리는 고통이라는 현상과 마주치게 된다.

우리는 단순화해서 이렇게 말하고 싶은 유혹에 빠진다. 즉, 아프다는 것을 느끼면 곧바로 면도를 중단한다는 것, 다시 말해서 행동하는 것과 당하는 것은 평형을 유지할 수밖에 없고, 그것이 '피부'라고 불리는 중간 영역의 경험이라는 것이다. 그러나 우리는 이런 주장이 틀렸음을 안다. 첫째, 면도는 피부 속으로 깊이 파고 들어가는 것이 아니기 때문에, 원칙적으로는 아프지 않다는 점에서 문신이나 피부 성형수술과는 다르다. 면도는 피부 의학적인, 피부의 표면에서 이루어지는 몸짓이고, 고통은 면도에서 관할하는 범위가 아닌, 일종의 사고\事故\이다. 둘째, 어쨌든 우리는 문신을 하거나 성형수술을 할 때처럼 고통을 감수하는 어떤 동기에서 면도를 한다. 우리는 고통을 겪을 위험에 처하더라도 면도를 하지만, 보통은 이 고통을 피해간다. 그러므로 고통이라는 현상은 면도의 몸짓에 있어서 경계를 정하는 역할을 할 수 없다. 그럼에도 분명한 것은 면도와 고통이 어떤 식으로든 연관되어 있다는 사실이다.

이 연관성을 밝히기 위해서, 고통의 강도를 들면서, 통증이 강할수록 세계로부터 그 행위를 당해야 하는 사람의 내면으로 면도의 몸짓이 그만큼 깊이 파고든다는 식으로 말할 수는 없다. 달리 말해서, 면도는 표피적인 자기분석이고, 우리가 그렇다는 것을 아는 것은 면도가 원칙적으로는 아픈 것이 아니기 때문이다. 이런 식의 주장을 할 수 없는 여러 가지 이유가 있지만, 그중에서도 가장 재미없는 것은 신경학적인 이유들이다. 그보다 훨씬 더 재미있는 것은, 면도가 (면도할 때 들여다보는 거울에도 불구하고)

자기분석의 역\逆\이라는 것, 우리가 면도를 하는 것은 자신을 알기 위해서가 아니라 자신을 변화시키기(지금의 자신과는 다른 사람이 되기) 위해서라는 것, 그리고 면도가 아플 수 있는 것은, 잘못해서 살갗을 파고들 수 있기 때문이 아니라, 살갗을 파고들지 않더라도 그것이 본질적으로 덮어서 감추기 때문이라는 것이다.

피에 대해서 생각하면 면도에서 고통이라는 현상에 가까이 다가갈 수 있다. 면도를 하다가 피가 나면, 우리는 그것이 단순히 피부 자극의 형태일지라도, 면도의 목표와 반대되는 결과를 얻었다는 느낌을 받는다. 면도할 때의 고통은 다른 때의 고통과는 다르다. 보통 우리는 고통을 피하려 한다. 왜냐하면 고통은 모든 몸짓의 의도(요컨대 우리가 '행운'이라고 부르는 것)와 상반되기 때문이다. 면도를 하면서 우리가 피하려는 것은 고통이 아니라(우리는 고통을 각오한다), 피가 나는 것이다. 실제로 면도의 모든 기술적 발전은 고통이 아니라 출혈의 회피를 지향하고 있다. 고통은 면도에서 출혈의 징후, 면도를 잘못했다는 신호이다. 고통은 이 몸짓의 의도와 상반되는 것이 아니라, 이 의도와 상반되는 것을 알려주는 징후일 뿐이다. 면도를 하다가 아프면 면도를 중단하는데, 그것은 우리가 고통을 두려워하는 것이 아니라, 피를 두려워하기 때문이고, 이런 의미에서 고통은 면도를 제어한다.

이로써 면도의 몸짓에서 본질적인 것이 드러난다. 그것은 물론 얼굴에서 수염을 제거하는 몸짓이지만, 수염 뒤에 있는 얼굴을 드러내기 위한 것은 아니다. 그것은 세계 앞에 얼굴을 공개하는 것을 의미하지 않는다. 마찬가지로 그것은, 이를테면 바람을 더 잘 느끼기 위해서, 얼굴이 세계에 더 접근하기 쉽게 만들려는 것도 아니다. 왜냐하면 만약 이 몸짓의 의도가 그런 것이라면, 자극을 받은 얼굴 피부, 내적인 것을 세계 쪽에 가깝게 밀어내는 것이 면도의 목표일 것이기 때문이다. 면도는 오히려 인간과 세계 사이의 경계를 그만큼 더 강조하기 위해서 수염을 제거하는 것이다. 면도가 드러내는 것은 얼굴이 아니라 피부이다. 다시 말해서 그것은 인간과 세계 사이의 경계를 드러낸다. 수염이 제거되는 것은, 그것이 얼굴을 가려서 인간과 세계 사이의 소통을 어렵게 하기 때문이 아니라, 그것이 인간과 세계 사이의 차이를 지우기 때문이다. 면도를 하는 것은 세계와의 관계 속으로 들어서기 위해서가 아니라, 세계로부터 거리를 두고 세계에 맞서서 자신을 주장하기 위해서이다. 이것은 인간과 세계를 분리하는 피부를 드러냄으로써 달성된다. 젊은이가 수염을 기른다면, 그것은 자신을 숨기기 위해서가 아니라, 오히려 자신과 세계의 차이를 의심스런 상태로 내버려두기 위해서이다. 수염은 거부된 신원 확인의 시도이다.

방금 말한 것은, 가면이 아니라 가면에 뚫린 구멍이라고 보아야 하는 다양한 형태의 수염에 대한 광범위한 연구의 장을 열어준다. 이 영역은 역사철학과 패션 철학으로의 특이한 접근로를 열어주고(면도를 한 시저 황제와 수염을 기른 예수), 수염과 가슴(즉 여성 해방)을 연구할 수 있게 해주기에 매력적이다. 유감스럽게도 이 영역은 여기서 다루기에는 범위가 너무 넓다. 그러나 확인할 수 있는 것은 경계를 강조하는 모든 몸짓들에서 나타나는 양면성이고, 면도에서 이 양면성이 특히 뚜렷이 드러난다는 것이다.

내가 피부를, 그러니까 나와 세계의 차이를 강조할 때, 나는 세계와 나를 정의한다. 다시 말해서 나는 나와 세계 위에 있고, 나와 세계에 거리를 두고 마주 서 있다. 왜냐하면 '정의한다'는 것은 다름 아닌 부정하는 것, 뭔가가 아니라고 말하는 것[52]이기 때문이다. 면도를 할 때 나는 '자아\自我\'를 향해서 나아가고, 그 '자아'를 더 작게 만드는데, 그것은 내가 수염을 잘라내기 때문이 아니라, 세계에 대한 나의 차이를 강조하기 때문이다. 면도기는 자아를 축소시키고 정의하기 위한 도구이다. 이것이 피부가 면도를 당하는 동안 느끼는 것이다. 그런데 면도를 할 때 나는 또한 세계에 대항하고, 내가 수염을 세계 속으로 옮겨놓음에도 불구하고 세계를 더 작게 만든다. 내가 세계를 축소시키는 것은, 내가 수염을 제외한 나 자신을 세계로부터 끄집어내기 때문이다. 면도기는 세계를 축소시키고 정의하기 위한 도구이다. 이것이 면도하는 손이 세계를 규정하기 위해 세계로부터 자아를 잘라낼 때 느끼는 것이다. 면도를 하면서 나는 매일 아침, 밤마다 수염의 형태로 나와 세계 사이의 차이를 없애려는 '탯줄'을 자른다.

면도의 양면성은, 분명하게 하고 구별하는(인간과 세계에 대한 명석하고 판명한 인식을 추구하는) 몸짓이지만, 바로 그렇기 때문에 인간과 세계를 축소시키는 몸짓이라는 것이다. 뒤집어서 말하면, 면도의 양면성은 피부, 즉 무인 지대에 관여된다. 이 관여가 가능한 것은, 피부가 삼투적이기 때문이다. 다시 말해서 피부가 안쪽과 바깥쪽으로부터, 행위자이자 환자로서 경험될 수 있기 때문이다. 그러나 피부의 이 삼투성은 변증법적이지 않다(면도할 때 손의 경험과 피부의 경험은 전혀 차이가 없다). 이 때문에 피부에 대한 관여는 분리하는 구조를 정적\靜的\으로, 그리고 그런 의미에서 반동\反動\적으로 고수\固守\하는 것이다. 면도의 몸짓은 형식적 합리주의의 몸짓, 고전적이고 반낭만주의적이고 반혁명적인 몸짓이다. 물론 면도를 한 사람을 파시스트라고 주장할 수는 없어도, 수염을 덥수룩하게 기른 사람이 파시스트일 리는 없다고 주장할 수는 있다.

여기서부터 이발사와 정원사, 미용사와 도시계획가, 그리고 사회 엔지니어(안 될 이유가 무엇인가?)와 환경론자의 비교를 시작할 수 있게 된다. 이들은 자연을 인간화하거나(문화를 창조하고), 인간을 자연화하려는(인간을 위해 자연을 보호하는) 것이 아니라, 인간과 세계 사이의 경계 영역, '피부'를 강조하고 그것을 확장하려는 의도가 있는 몸짓들이다. 이들은 피부 의학적인 몸짓들이다. 정원사와 도시계획가와 환경론자는 피부에 대해, 피부 속에서, 피부를 위해 일한다. 왜냐하면 정원과 교외, 그리고 '보존되는' 숲은 인간과 자연 사이에서 계속 조밀하게 성장하고 증식하는 피부이기 때문이다. 정원사와 도시계획가와 환경론자는 미용사들이다. 그들은 인간의 세계-내-존재를 원하는 것이 아니라, '미용적인' 현존재, 말하자면 나쁜 의미의 미학적 존재를 원한다. 그들은 인간과 세계의 차이를 넓히기 위해 잡초와 오염 물질과 콘크리트 건물들을 밀어 없애는 이발사들이다.

우리는 이제 막 우주적인\kosmisch\ 시대, 요컨대 미용의\kosmetisch\ 시대로 들어서고 있다. 이 시대는 인간과 세계가 점점 더 작아지고, 인간과 세계 사이의 피부, 이른바 환경은 점점 더 우주적인 비중을 차지하게 되는 시대이다. 그러나 우리는 또한, 수염과 그 등가물들과 같은 인간과 세계 사이의 모든 연결을 이렇게 (면도하듯이) 밀어버리는 것에 저항하는 경향들이 이미 있다고 주장할 수도 있다. 미용의 세계는 유행\Mode\의 세계, 말하자면 모더니티\Moderne\의 세계이다. 그러므로 생태론이나 환경, 삶의 질보다 더, 한마디로 면도보다 더 모던한 것은 없다. 그러나 아마도 바로 이 근대성, 즉 근대와 면도의 몸짓은 위기에 다가가고 있을 터이다. 이 글은 이에 대한 주장이 아닌, 제안이다.

14장
음악을 듣는 몸짓

보는 사람의 몸짓은 신화와 전통에 의해 철저히 양식화되어 있어서, 어떻게 그 몸짓이 포즈가 되어 있는지(예를 들어 하늘의 별을 향해 단호하게 시선을 고정한 정치가의 포즈)를 텔레비전과 광고에서 매일 어디서나 볼 수 있을 정도이다. 생각하는 사람의 몸짓은 로댕에 의해서 하나의 상투형이 되었다. 반면에 듣는 사람의 몸짓은, 얼핏 생각하기에는 보는 사람이나 생각하는 사람의 몸짓과 비슷하지만, 그것이 신체의 움직임이 아니라 자세라는 점에서 그만큼 정형화되지는 않은 것으로 보인다. 그러나 중세의 도상학을 몸짓의 관점에서 살펴보면, 우리는 그 중심적 주제들 중 하나로서 듣기의 몸짓을 만나게 된다. 그것은 수태고지에서 마리아의 몸짓, 말(로고스\logos\)에 의한 수태의 몸짓이다. 마리아는 '수태한다', 다시 말해서 어떤 목소리를 듣는다. 르네상스의 시작과 함께 이 몸짓이 어떻게 변하는지 살펴보는 것은 유익한 일이다. 그것은 고딕 양식에서는 부름을 받은 사람의 깜짝 놀란 몸짓이고, 르네상스에서는 결연하고 순종적인 마리아의 몸짓이다. 음악을 듣는 것에 관한 한 르네상스의 몸짓은 우리에게 의미가 있고, 그렇다면 우리는 지오토가 아니라 기를란다요[53]를 관찰해야 한다.

그러나 곧바로 의문점들이 떠오른다. 음악은 말을 하는 목소리(로고이\logoi\[54])와는 다르게 들린다. 말하는 목소리의 경우에 우리는 암호를 풀면서 듣고, '읽는다'. 또 그렇기 때문에 청각장애인들은 입술을 읽을 수 있다. 그들은 음악의 경우에는 그렇게 하지 못한다. 마리아는 읽으면서 듣고, 이는 바로 '수태하는 것'[55]을 의미한다. 음악을 들을 때도 물론 암호 해독이 있다. 음악은 코드화된 소리이기 때문이고, 그렇기에 음악의 메시지는 "로고이"의 메시지와 마찬가지로 논리적\logisch\이다. 그러나 그것은 '의미론적인 읽기'가 아니고, 암호화된 의미를 해독하는 것이 아니다. 음악을 들을 때 해독되는 것이 무엇인지에 관한 수백 년에 걸친 논쟁에도 불구하고 사람들은 일치된 결론을 얻지 못했다. 그러나 원래 우리는 이것을 음악을 듣는 몸짓 자체에서 인식할 수 있었어야 했을 것이다. 르네상스 시대에 그림으로 표현된 마리아의 수태의 몸짓은 이를 위한 출발점이 될 수 있다. 음악을 '듣는 것'은 '귀 기울여 듣는 것'[56]이기 때문이다. 그러나 수태고지에서 그 소식을 바이올린을 연주하는 하늘의 천사들이 가져오기는 했어도, 마리아는 음악을 듣는 것이 아니라는 사실을 염두에 둬야 한다. 기껏해야 우리는 마리아가 음악적으로 모호한 경계에 놓인 경우를 보여준다고, 말하자면 마리아가 어떤 '노래'를 듣는다고 말할 수 있을 것이다.

우리가 이를 인정할 경우 혼란이 시작된다. 마리아가 수태고지에서 어떤 노래를 들었다고 가정해보자. 그러면 노래를 듣는 몸짓은 그 노래가 무엇인지에 좌우될 것이다. '라 마르세예즈'나 롤링스톤스의 노래를 듣는 몸짓은 마리아의 몸짓과 다르다. 만약 우리가 라 마르세예즈를 마리아가 하는 식으로 듣는다면, 또는 마리아가 수태고지에서 (라 마르세예즈처럼) 행진을 한다면, 그 음악적 메시지는 어떤 식으로든 잘못 받아들여질 것이다. 그러나 노래를 들을 때 해당되는 것은 일반적으로 음악을 들을 때도 해당되어야 마땅하다. 그러나 듣기의 몸짓은 실내악에서와 영화 음악에서가 각각 다르고, 전자음악에서와 하모니카 연주에서가 각각 다르다. 그러나 우리가 이 몸짓이, 이를테면 던져진 어떤 물건을 받는 몸짓처럼 우리가 받아들이는 메시지에 좌우된다는 것을 인정할 경우, 일반적인 음악을 듣는 몸짓에 대해 말하는 것이 대체 무슨 의미가 있느냐는 의문이 생긴다.

그러나 몇 가지 고려 끝에 이 혼선은 수습된다. 왜냐하면 음악을 듣는 몸짓은 수령되는 메시지에(메시지 내용뿐만 아니라, 우리가 메시지의 '채널'이라고 부르는 것에도 마찬가지로) 강하게 좌우된다는 바로 이 사실이, 이런 형태의 모든 몸짓들이 공통적으로 갖고 있는 핵심을 찾을 수 있게 허용하고 또 동시에 요구하기 때문이다. 우리가 오페라를 들을 때 인도 전통음악 라가를 들을 때와는 다르게 듣고, 또 오페라를 텔레비전으로 들을 때 음반으로 들을 때와는 다르게 듣기 때문에, 우리는 이 특별한 듣기의 형식들을 일반적인 음악 감상과 동일한 것으로 분류하는 것이 대체 어디서 그 정당성을 얻는지 물을 수밖에 없다. 그 몸짓들이 음악 감상에 가까워 보일지라도, 텔레비전으로 오페라를 듣는 것과 레코드판으로 라가를 듣는 몸짓을 다른 종류의 듣기의 몸짓들로부터 근본적으로 구별하는 뭔가가 있는 것 같기 때문이다. 텔레비전으로 오페라를 듣는 것은, 텔레비전으로 운동 경기를 시청하거나 녹음테이프로 정치 토론을 듣는 것보다는 레코드판으로 라가를 듣는 것에 더 가깝다. 우리가 주목해야 할 것은 모든 음악 감상에 공통된 핵심이지, 음악을 듣는 개별적인 형식들 사이에서 나타나는 차이가 아니다.

음악을 듣는 몸짓이 다른 어떤 수용의 몸짓들보다도 더, 받아들여지는 메시지에 포괄적으로 좌우된다는 점(텔레비전에서 오페라를 듣는 것과 정치 행사에서 라 마르세예즈를 듣는 것의 차이는, 소설을 읽는 것과 정치적 유인물을 읽는 것의 차이보다도 훨씬 더 크다)을 염두에 둔다면, 다음과 같은 가설을 세울 수 있다. 음악을 듣는 것은 수령된 메시지에 적응하는 몸짓이다. 그리고 이 몸짓이 각각의 메시지에 따라 형식을 바꾼다는 사실은 본질적이고 이 모든 형식들에 공통되는 것으로서, 그것이 이 몸짓을 음악을 듣는 몸짓으로 만든다. 수태고지를 듣고 있는 마리아의 르네상스식 몸짓은 이 명제를 확인한다. 마리아는 경청하고 \horcht\, 말하자면 복종하며 \gehorcht\, 받아들여야 할 메시지에 적응한다.

그러나 이 명제는 적어도 두 가지 반론을 불러일으킨다. 첫째, 음악을 듣는 몸짓은 앞서 말한 것처럼 신체의 움직임이 아니고, 부동자세는 아니더라도 신체의 자세이다. 그러니까 그것은 어떤 대상을 잡을 때처럼 받아들이는 과정에 적극적으로 개입하려는 시도가 아니다. 물론 우리는 음악을 들으면서 발로 박자를 맞추거나 입술로 휘파람을 부는 경우를 때때로 볼 수 있다. 그러나 이런 경우는 혼잣말을 하면서 글을 읽을 때처럼 본질적으로 내면의 긴장을 있는 그대로 배출하는 것이다. 그러므로 어떤 대상을 잡을 때나 춤을 출 때와 같은 통상적인 의미에서 메시지에 적응하는 것이라고 할 수 없다. 둘째로, 그러나 청각적 메시지의 특징은 원래 받아들여지는 것이 아니라 전달되는 것이다. 인간의 신체는 음파가 뚫고 들어갈 수 있고, 이 파장은 신체를 진동하게 하고 사로잡는다. 물론 신체에는 이 음향의 진동을 다른 종류의 진동, 이를테면 전자기적인 진동으로 바꾸는 특수한 청각기관이 있다. 그러나 음악은 청각 신경만이 아니라 몸 전체를 진동시킨다. 따라서 메시지 자체가 청취자에게 자신의 형태를 부과하는 상황에서 그것을 메시지에 대한 적응이라고 할 수는 없다.

이러한 반론들에도 불구하고, 듣기의 몸짓이 근본적으로 청각적 메시지에 대한 신체의 적응이고, 그런 점에서 다른 몸짓들과 다르다는 가설은 유지될 수 있다. 이는 단지 그 몸짓이 이 반론들에 의해서 반박되지 않기 때문만이 아니라, 이상하게도 이 반론들이 비로소 음파에 대한 적응으로서의 듣기가 무엇인지를 보여주기 때문이기도 하다. 그러므로 이제 이 반론들은 각각 더 면밀히 조사될 필요가 있다.

음악을 듣는 것은 신체의 자세, 다시 말해서 일종의 내적 긴장으로서, 이 긴장은 움직임으로 표출될 때는 이완되는, 그러니까 스스로를 부정하는 긴장이다. 이 점에 있어서 음악을 듣는 몸짓은 군인의 차렷 자세나 권투 선수의 방어 자세에 견줄 수 있다. 경비병이 바른 자세를 흩뜨리지 않고서는 재채기를 할 수 없듯이, 음악을 듣는 사람은 '집중'해야만, 다시 말해서 자신의 근육과 신경을 어떤 식으로든 정지시켜야만 제대로 들을 수 있다. 경비병과 권투선수가 음악 감상자와 다른 점은, 그들이 목표로 하는 것이 받아들임이 아니라 행동이라는 데 있다. 다시 말해서 그들은 내부로부터 외부를 향해 집중한다. 반대로 음악 감상자는 원래 자기 자신에게 집중하는 것이 아니라, 자신의 몸속으로 들어오는 소리의 파장에 집중한다. 이것은 음악 감상에서 신체가 음악이 되고, 음악이 신체가 됨을 의미한다.

따라서 음악을 듣는 몸짓은, 음악이 구체화되는 \verkörpert\ 신체의 자세 \Körperstellung\이다(특징적으로 이때 행동과 격정, 행위와 열정, 즉 음악과 신체는 더 이상 구분되지 않는다). 듣는 사람이 수동적인 자세를 취하고 있기 때문에 메시지에 적응할 수 없다는 반론은 이것으로 반박된다. 음악을 들을 때 듣는 사람 스스로가 바로 그 음악이기 때문에, 그 '자신'이 음악이기 때문에, 음악에 적응함은 바로 스스로 음악이 되는 것이다. 두 번째 반론에 대한 고찰은, 이것이 무엇인지를(그리고 여기서 결코 낭만주의에 빠져서는 안 된다는 것을) 보여준다.

음파는 사람의 몸을 투과할 수 있지만 그 방식은 뢴트겐 광선과는 다르다. 물리적인 세부사항을 따질 필요도 없이, 음파가 배를 통과할 때 뢴트겐과는 다른 효과들을 가져온다는 것은 분명하다. 우리는 그 효과들을 느끼고, 우리가 그것을 겪고 있음을 안다. 이처럼 알면서 겪는 것을 그리스어로 파테인 \pathein\이라고 한다. 음악을 뱃속에(그리고 가슴에, 성기에, 머리에, 한마디로 진동할 준비가 된 모든 신체 부위에) 받아들이는 것이 파토스 \Pathos\이고, 그 결과는 메시지에 대한 감정이입이다. 이러한 파토스적 성격은 말 그대로 청각적인 메시지에만 해당되며, 여타의 모든 메시지들에서는 은유적으로만 인정될 뿐이다. 음악을 들을 때 인간은 완전히 육체적인 의미(비유적 의미가 아니라)에서 메시지에 '사로잡히고', 그 파토스에 공감한다(우리는 여기서 당연히 판과 오르페우스를, 그리고 또한 유체역학을 생각할 수 있다).

그러나 이 문제가 그렇게 간단하기만 한 것은 아니다. 첫째, 간\肝\은 비강\鼻腔\과는 아마도 다르게 진동할 것이고, 둘째, 간은 비강과는 다른 방식으로 신경계와 연결되어 있으며, 셋째, 음파 수신을 전문으로 하는 청각 신경이 있다. 따라서 메시지에 대한 공감은 복잡한 과정이다. 이 과정이 복잡한 것은, 무엇보다도 개별적인 신체의 진동들 사이에서 인공두뇌적인 피드백이 생겨나기 때문만이 아니라, 특히 이 복잡한 감정적 경험이 통상적인 언어 사용에서 '느끼다', '바라다', '꿈꾸다', '생각하다'와 같은 동사들과, '행운', '사랑', '그리움', '아름다움', '질서'와 같은 명사들로 지칭되기 때문이기도 하다. 요약하면, 음파가 사람의 몸을 투과하는 것과 관련된 문제는 그렇게 간단하지 않으며, 그 이유는 그것이 행복, 수학적 질서, 그리고 아름다움으로 경험되기 때문이다.

어떤 경험도, '정신'이나 '영혼' 또는 '지성'이 신체적 과정을 지칭하는 단어들이라는 사실을 음악 감상만큼 효과적으로 보여주지는 못한다. 그렇지만 음악을 듣는 것은 이른바 '특수한 경우'는 아니다. 우리는 음악 듣기를 정신이 자극을 받는 마사지의 일종(이를테면 고주파 투열 요법)이라고 말할 수 없다. 오히려, 음악 감상에서, 이 청각적 마사지에서 정신, 영혼, 지성의, 최고의 형식들 중 한 형식이 받아들여지고, 그럼으로써 감상자의 정신과 메시지 발신자의 정신이 일치되는 것이다. 그러므로 음악 감상에 대한 생리학적이고 신경학적 관점에서의 연구는 아마도 '논리적 사고'나 '창의적 상상' 또는 '직관적 이해'와 같은 유형의 과정들을 그 신체적인 측면으로부터 파악하는 좋은 방법일 것이다.

음악을 듣는 것은 본질적으로 신체가 메시지에 적응하는 몸짓이라는 주장에 대한 앞의 두 가지 반론을 개괄하면, 이렇게 말할 수 있다. 즉, 이 반론들은 이 문장 속에서 '신체'와 '적응하는'이라는 단어가 무엇을 의미하는지를 보여준다는 것이다. 음악을 감상할 때 신체는 음악이 되고, 내적 긴장 상태에 있는 신체의 그때그때의 자세는 그 신체가 이제 막 들으려는 음악에 상응한다. 또한 신체가 이런 자세를 취할 수 있는 것은 그것이 아주 복잡한 방식으로 음악의 파토스 속에서 함께 진동하도록 설정되어 있기 때문이다. 신체가 함께 진동하는 이 복잡한 방식을 우리는 다른 맥락에서는 '느끼기', '생각하기', '소망하기'라고 한다. 다른 말로, 더 극단적으로 말하자면, 음악을 듣는 것은 음향의 마사지에 의해 신체가 정신이 되는 몸짓이다.

음향에 의한 신체의 이 같은 정신화(이것은 다른 어떤 신체적 사건과도 비교될 수 없는 과정이다)는 그 세부 사항에 있어서는 완전히 불투명하다. 인공지능 식으로 말하자면 이른바 '블랙박스'이다. 그렇기 때문에 작곡가가 예를 들어, 청중의 타액선을 진동시킴으로써 청중이 이 푸가의 기하학적인 구조, 그리고 세계 자체의 논리적인 모습을 생각하고 느끼면서 이해하도록 하겠다든가, 또는 청중의 구강을 진동시켜서 청중이 가장 인간적이고 보편적인 사랑을 생각하면서 경험하도록 의도하기란 불가능하다. 바흐도 베토벤도 이렇게 작곡할 수는 없었지만, 그럼에도 그들의 의도는 청중에게서 바로 이런 효과를 불러일으키는 것이었다. 그들은 인공지능처럼 행동했다. 그들은 '신체'라는 블랙박스에 대한 입력과 출력을 처리했던 것이다. 그들은 신체 내부에서 일어나는 일들에 신경 쓰지 않고 이 블랙박스 속에 논리와 사랑을 출력으로 내놓는 진동을 입력했다. 그러므로 음악 감상이 청각적 마사지라고 설명하는 것은 정신에 대한 모독이 아니다. 오히려 그것은 우리에게 정신적인 것의 보편적인 비밀과 음악의 특수한 비밀을, 블랙박스 내부에 든 비밀로 가득한 어둠을 비로소 제대로 보여준다. 음악을 음향으로 되돌리고, 정신을 신경과 근육으로 되돌릴 때 비로소 우리는 파토스의 비밀, 매혹적인 신비, 피타고라스의 '정리\定理\'를 보게 된다. 그것은 페리-파테인\peri-pathein\[57]과 엠-파테인\em-pathein\[58]으로서의 음악과 수학이 아름다움과 선함의 지혜, 칼로카가티아\kalokagathia\[59]의 지혜로 인도하는 예술(테크네)이 되는 조화이다.

음악을 듣는 것은 신체가 보편수학[60]이 되려는 몸짓이다. 신체가 이럴 수 있는 것은, 음향의 진동이 피부를 투과만 하는 것이 아니라 함께 진동하게 만들기 때문이다. 피부, 인간과 세계 사이의 이 무인 지대는 이로써 경계선에서 연결로 바뀐다. 음악 감상을 할 때 인간과 세계의 분리는 무너지고, 인간은 자신의 피부를 극복한다. 또는 거꾸로 피부가 자신의 인간을 극복한다. 음악을 들을 때 내장으로, '내부'로 전달되는 피부의 수학적 진동은 '엑스터시'이고 '신비로운 경험'이다. 이것은 헤겔 변증법의 극복이다. 음악을 들을 때 인간은 자신이 세계이고, 세계가 자신임을 깨달음으로써, 세계를 잃어버리지 않은 채로 자신을 발견하고, 자기 자신을 잃어버리지 않은 채로 세계를 발견한다. 왜냐하면 그는 자신과 세계를 주체와 객체의 모순으로서가 아니라, '순수한 관계'로, 요컨대 음향의 진동으로 발견하기 때문이다. 음악 감상에서 비로소 우리는 과학이 '영역'과 '상대성'을 이야기할 때 의도하는 것을 몸으로, 구체적으로, 신경으로, 말 그대로 경험한다. 우리는 음향의 장(이것은 중력장의 특수한 경우이다)에서 인간과 세계가 순수한 관계 속에서, 그러니까 서로 상대적으로 하나가 되는 것을, 후설의 용어로는 "순수한 의도성\pure Intentionalität\"을 경험한다. 그러므로 음악을 듣는 것은

'절대적 경험', 말하자면 보편적 수학의 장에서 주체와 객체의 상대성의 경험이다.

음악을 듣는 것은, 피부를 경계에서 연결로 변화시킴으로써 피부를 극복하는 몸짓이다. 그것은 황홀의 몸짓이다. 아마 또 다른 황홀의 몸짓들이 있을 것이다. 예를 들어 우리는 마약에 의해 화학적으로, 또는 요가 수련에 의해 기계적으로, 신체가 스스로를 극복하는 몸짓을 취하도록 강요할 수 있다. 또 자기암시를 통해서 황홀을 가져오는 신체적 반응을 유발하는 기술들도 분명히 있다. 성녀 테레사는 아마도 그 한 예일 것이다. 그러나 음악을 듣는 것은 다른 종류에 속한다. 내가 '프랑스 뮈지크'를 들으려고 라디오 프랑스[61]를 켤 때, 나는 완전히 세속적이고, 완전히 기술적이고, 완전히 공개적인(숨김없는) 몸짓을 수행하는 것이다. 그리고 제대로 집중하면 나는 황홀을 경험할 수 있다. 이 몸짓이 그처럼 세속적이고 기술적이고 공개적이기 때문에, 음악학교들과 음악적 애니메이션과 해프닝들이 있기 때문에, 바로 그렇기 때문에 음악은 가장 위대하고 가장 신성한 비밀이다. 음악은 스스로 감출 필요가 없다. 그것은 그 자체의 탁월한, 극도로 복합적인 단순함 속에서, 수학적인 간결함 속에서 모호하기 때문이다. 죽음과 삶이 이와 같다. 음악은 죽음 속에 있는 삶이고, 삶 속에 있는 죽음이기 때문이다. 이를 알기 위해서 쇼펜하우어를 읽어야 할 필요는 없다. 음악을 정말로 들으려고 해보기만 하면 되는 것이다.

15장

파이프 담배를 피우는 몸짓

파이프 담배를 피우는 사람들이 파이프를 쓰지 않는 일반 흡연자들과 가장 근본적으로 다른 점은 주머니에 대한 그들의 각별한 의존성이다. 적어도 담배쌈지, 파이프 주머니, 라이터 주머니, 파이프 대통 청소 도구 주머니, 물부리 청소에 쓰는 철사를 담는 주머니가 필요하고, 그밖에도 이를테면 예비용 파이프, 성냥갑, 제각각의 경도와 굴곡을 지닌 철사들을 넣을 예비 주머니들이 필요하다. 이 주머니들은 어떤 모양이든 상관없는 것이 아니고 옷의 아무 데나 넣고 다닐 수도 없다. 예를 들어 담배쌈지는 온기를 필요로 하기 때문에 바지 주머니 깊숙이 들어 있어야 하고, 파이프는 대통이 아래를 향하고 물부리는 바깥으로 나와 있어야 하기 때문에 윗옷 바깥쪽 윗주머니에 꽂혀 있어야 하고, 라이터는 왼손이 편하게 닿을 수 있도록(오른손은 파이프를 들기 때문에) 윗옷 오른쪽 안주머니에서 언제든 손에 쥘 수 있어야 한다. 그러니까 파이프 흡연자를 비\非\파이프 흡연자와 가장 근본적으로 갈라놓는 것은, 그들의 특별한 옷에 대한 각별한 의존성이다. 그렇더라도 작업복을 이야기하면서 그 사람이 입은 옷을 보고 파이프 흡연자를 알아볼 수 있을 거라고 생각하는 것은 잘못된 생각이다. 왜냐하면 파이프 담배를 피우는 몸짓은, 앞으로 살펴보겠지만, 노동이 아니라 그 반대인 여가이기 때문이다. 또 파이프 흡연자의 옷을 보고 그것이 파이프 흡연자의 옷이라는 것을 알아볼 수는 없다. 왜냐하면 주머니의 본질은 숨겨지는 것이고 또 숨기는 것이기 때문이다. 따라서 다음과 같은 질문이 생긴다. 만약 파이프 담배를 피우는 것이 (1) 번거로운 일들에 대한 파이프 흡연자의 종속성을 높이고, 이런 의미에서 그의 자유를 저하시킨다면, (2) 노동처럼 뭔가를 '성취해내는' 것이 없는 복잡한 몸짓이라면, 그리고 (3) (입에 물고 있는 파이프를 통한 흡연의 순간 자체를 빼고는) 흡연자를 '돋보이게 해주지' 않는다면, 어째서 사람들은 파이프 담배를 피우는가? 이 질문은 모든 유형의 질문들의 본보기가 되는 형태를 갖고 있다. 우리는 이 질문에서 '파이프 흡연'을 예를 들어 '그림 그리기'나 '바이올린 연주'로 대체할 수 있다. 파이프 흡연이 몸짓들 중의 한 유형이고, 그것도 대단히 불확실한 유형에 속함을 보여주는 이 질문의 이러한 '유형적 성격'은 또한, 어째서 이 연구 주제로 파이프 담배를 피우는 몸짓이 선택되었는지를 말해준다.

우리는 다양한 입장에서 이 질문에 접근할 수 있다. 예를 들어 역사적으로 접근해서, 이를테면 그것을 아메리카 대륙의 발견과 함께 시작된 것으로 규명하려 시도해볼 수 있다. 또는 사회학적으로 접근해서, 이를테면 '사회계층'과 '문화적 위기' 같은 개념들을 가지고 다룰 수 있다. 또는 '알칼로이드의 신경계통에 대한 작용'과 같은 신경생리학의 개념들을 끌어들일 수 있고, 마찬가지로 '남근과 여성 성기의 상징'과 같은 심리학 개념들을 끌어들일 수도 있다. 이러한 설명의 시도들(그 수는 다양한 자연과학과 인문과학의 숫자만큼 많다)은 모두 파이프 흡연의 원인을 찾으려는 공통점이 있다. 그러나 인과관계 설명으로는 이 몸짓의 본질에 도달할 수 없다. 내가 왜 파이프 담배를 피우는지를 물을 때, 내가 생각하는 것은 파이프 담배를 피우도록 나를 제약하는 원인이 아니다. 이때 내가 생각하는 것은 내 흡연의 동기이다. 요컨대 나는 내가 마찬가지로 파이프 담배를 피우지 않을 수도 있을 것이라고 확신하며, 내가 왜 파이프 담배를 피우는지를 스스로 묻게 만드는 것은 이 확신이다. 원인과 동기의 차이, 조건화된 동작과 몸짓의 이러한 차이는, 인과관계 설명들이 아무리 옳더라도 이 질문에서 의도된 것을 비껴가게 만든다. 이 질문에 답해야 하는 관점은—그것이 질문의 의도를 제대로 맞추려면—[파이프 담배를 피우려는] 선택이 이루어지고 결정이 내려지는 바로 그 관점이어야 한다. 왜냐하면 이 질문의 의도는, 어째서 나는 껌을 씹을 수도 있었을 텐데 그러지 않고 하필이면 파이프 담배를 피우기로 했느냐이기 때문이다. 이 질문에 답하려면 과학적 조사가 아니라 이 몸짓의 '본질'에 대한 감정이입이 필요하다.

이런 입장을 취하면 가장 먼저, 파이프 흡연을 '합리적으로 설명'하려는 모든 시도는 이 몸짓에 대한 전적인 오해의 결과임이 분명해진다. 물론 구멍이 막히지 않는 파이프라든가, 여러 기능을 하나로 통합한 간편한 파이프 청소 도구, 또는 파이프와 담배와 청소 도구를 공간을 절약하면서 담을 수 있는 주머니가 만들어질 수 있다. 그리고 이런 기구들은 모두 가게에서 구입할 수 있다. 그러나 그것들은 파이프 흡연의 몸짓을 말 그대로 파괴할 것이다. 이는 파이프 흡연의 동기가 일반 담배를 피울 때와 같은 실용적인 흡연, 즉 담배 연기를 들이마시는 것만이 아닐 수 있고, 니코틴에 대한 관계에 있어서 파이프 흡연자는 일반 흡연자와 다르다는 것을 입증한다. 담배 연기를 실제로 들이마시는 것은 어느 정도 그 흡입 전후에 이루어지는 복잡한 몸짓을 위한 핑계에 불과하고, 이 복잡한 몸짓에서 적어도 실제 흡연에서와 마찬가지로 파이프 흡연의 동기를 찾아낼 수 있다고 추정할 수도 있다.
여기서 떠오르는 비교가 하나 있다. 파이프 담배를 피우는 것과 보통 담배를 피우는 것의 차이를, 아침을 먹으면서 차를 마시는 것과 일본식 다도\茶道\에서 차를 마시는 것의 차이와 비교할 수 있을까? 이 비교가 합당하다면, 파이프 흡연은 포괄적으로 의식\儀式\의 몸짓과 관련된다고 추정할 수 있다. 물론 파이프 흡연은 (가톨릭교회 미사나 기우제에서 제의의 몸짓은 말할 것도 없고) 다도에서와 같은 '신성한' 차원에 있지 않다. 그럼에도, 우리가 그것을 파괴하지 않고서는 '합리적으로 설명'할 수 없다는 사실은, 그것이 일종의 의식의 몸짓임을 시사한다.

두 번째로, 이제 파이프 흡연의 의식(그러니까 그것이 하나의 몸짓이기 때문에 인과관계 설명으로는 그 동기를 제대로 찾을 수 없고, 그것이 하나의 의식이기 때문에 합리적인 설명을 하려는 모든 시도는 그것을 무효화한다는 것을 이제 우리가 알게 된 그 몸짓)을 이러한 감정이입의 입장에서 설명하려 하면, 우리는 뜻밖에도 파이프 흡연자의 행동을 통제하는 보편적 규범이 전혀 없다는 사실을 확인하게 된다. 다시 말해서 모든 파이프 흡연자는 자신의 파이프를 다루는 자신만의 특징적인 방법을 만들어낼 뿐 아니라, 다른 파이프 흡연자들과 논쟁에서 이러한 자기 스타일을 정당화하고 변호할 태세가 되어 있다. 이 관찰 결과가 놀라운 것은 그것이 첫눈에 보기에 첫 번째 관찰과 모순되기 때문이다. 제의적인 몸짓들의 특징은, 판에 박혀 있다는(말하자면 규정되어 있고 경직되어 있다는) 것, 그래서 그 몸짓을 하려면 누구나 언제 어디서나 똑같은 행동을 해야 한다는 것이 아닌가? 그리고 자신의 스타일에 대해 토론하고 변호할 태세라는 것은, 모든 파이프 흡연자들이 자신의 몸짓을 '합리화했다고'(첫 번째 관찰대로라면 이런 합리화는 파이프 흡연을 무효화하지 않고서는 불가능한 것이다) 믿는다는 뜻이 아닌가? 그렇다면 첫 번째 관찰이 잘못되었고, 파이프 흡연은 제의적인 행동이 아닌 것인가?

그러나 여기서 나타난 모순을 깊이 생각해보면, 그것이 파이프 흡연(그리고 이 의식 자체)을 이해하기 위한 통로를 가로막지 않을 뿐 아니라, 오히려 열어준다는 느낌을 받게 된다. 왜냐하면 우리가 이 모순 속에서 만나는 것은, 다른 어떤 행동에서도 아닌, 오로지 의식\儀式\에서만 일어나는, 이론과 실천의 분할할 수 없는 결합이기 때문이다. 요컨대 파이프 흡연 같은 몸짓들의 특징은, 한편으로 그것들이 아무런 성과를 도모하지 않는다는 의미에서 완벽하게 비실천적이고, 다른 한편으로 그것들이 아무런 이론적 토대를 갖고 있지 않다는 의미에서 완벽하게 실천적이라는 점이다. 그래서 이런 종류의 몸짓들에는 노동의 몸짓들을 분석할 때 나타나는 것과 같은 이론과 실천의 변증법이 없고, 오히려 우리가 마주치는 모순이 보여주는 것과 같은 분할할 수 없는 결합이 있다. 파이프 흡연이 완전히 비실천적이라는 것은, 이 모순 속에서 파이프 담배를 피우는 가장 좋은 방법에 관한 의견\doxai\ 다툼으로 나타난다. 이때 이 논쟁의 모든 참가자들에게 이것들이 주관적 의견들임은 자명하다. 왜냐하면 아무런 성과를 도모하지 않으면서 객관적으로 가장 좋은 흡연 방법이란 있을 수 없기 때문이다. 또한 파이프 흡연이 완전히 실천적이라는 사실은, 다양한 흡연 스타일들이 등장하는 것, 즉 이론적으로 파악할 수는 없어도 정형화된 동일한 행동이, 인식론적인 차이가 아닌 미적인 차이들이 등장하는 이 모순에서 드러난다. 달리 말해서 이런 논쟁은 완전히 이론적인 논쟁이고, 이론의 구속을 받지 않는 흡연의 몸짓에 아무 영향을 주지 않으며, 또 이상하게도 영향을 주려고 하지도 않는다는 것이다. 그럼에도 불구하고 논쟁은 파이프 흡연자들이 모이는 곳에서는 언제 어디서나 일어난다. 왜냐하면 요컨대 흡연에 대한 이론의 자유[62]는, 파이프 흡연의 완전한 비실천적 성격을 고려할 때 흡연자들 스스로에게 일종의 스캔들이기 때문이다.

앞서 말했듯이 파이프 흡연은 세속적 몸짓이다. 흡연의 여러 스타일을 둘러싼 파이프 흡연자들 사이의 효과 없는 이론적 논쟁은 그래서 미소를 띤 서로에 대한 관용의 분위기를 유지한다. 흡연은 세속적이기 때문에, 그러니까 현존재의 근본적인 문제를 건드리지 않기 때문에 흡연자들은 누구나 서로를 인정하고, 그럼으로써 자신의 흡연 방식이 구원받게 한다. 그러면서도 그는 물론, 그것이 바로 자신을 행복하게 만드는 방법이라고 하는, 여기서 신뢰할 수 있는 유일한 이유로, 자기 방법이 옳다는 확신을 지킨다. 그러나 우리의 시선을, 이론화할 수 없는 이 몸짓에 대한 효과 없는 이론적 논쟁으로부터, 실존적으로 근본적인 것, 요컨대 종교와 관련된 다른 제의들(예를 들어 유대인들의 카슈루트의 제의[63])로 옮겨보면 분위기가 달라진다. 그러면 우리는 이를테면 수많은 탈무드 해설서들이 제의를 설명할 때와 같은 격렬하고 완고한 의견 대립을 보게 된다. 그러므로 파이프 흡연은 바로 그 세속성과 무해함으로 인해, 어떤 신앙에서 제의에 관한 논쟁들을 중재하는 모델이 될 수 있다. 대통에 담배를 담을 때 처음에 단단히 누르고 나중에 느슨하게 눌러야 하느냐는 문제는, 토요일에 닭이 낳은 달걀을 먹어야 하느냐 아니냐와 같은 유형의 문제처럼 보인다. 이들은 뭔가를 얻으려는 의도로부터 완전히 벗어나 있다는 점에서 전적으로 이론적인 질문인 동시에, 완전하게 실천을 향한 질문이라는 점에서 전적으로 비\非\이론적인 질문이다. 이것이 보여주는 것은, 이런 논쟁들은 (파이프 담배를 피우는) 의식\儀式\을 '합리적으로 설명'할 수도 없고 그러기를 원하지도 않는다는 것, 오히려 그것들은 어원상의 의미에서 '미적인' 질문, 요컨대 경험과 관련되는 질문이라는 것이다. 또한 이것은 이런 식의 논쟁에 개입되는 이성은 이론적인 것도, 실천적인 것도 아닌, 제의에 대한 논쟁에만 해당되는 완전히 특수한 이성이라는 것을 보여준다. 유대어로는 이것을 필풀\pilpul\[64]이라고 부른다. 노동에서처럼 이론이 실천적으로 되고 실천이 이론적으로 되는 것이 아니라, 이론이 비이론적으로 되고 실천이 비실천적으로 되는, 제의에 있어서의 이론과 실천의 이런 식의 분할할 수 없는 결합은, 파이프 흡연의 몸짓을 둘러싼 첫 번째와 두 번째 관찰 사이의 모순에서 이미 나타난 바 있다.

파이프 흡연은 '합리적으로 설명할 수' 없고, 아무런 성과를 추구하지 않기 때문에, 판에 박힌 행동이기는 하지만, 파이프 흡연자들은 누구나 자기 나름의 특징적인 방식으로 파이프 담배를 피운다. 여기서 생겨나는 질문은 당연히 '판에 박힌\stereotyp\'이라는 개념이 무엇을 뜻하느냐는 것이다. 만약 '판에 박힌 행동'이라는 말을, 각각의 단계들이 어느 정도 '미리 정해진' 몸짓이라고 받아들인다면, 파이프 흡연은 분명 판에 박힌 행동 양식일 수 없다. 하지만 이런 의미로는 어떤 몸짓도 판에 박힌 것이 될 수 없다. 왜냐하면 몸짓을 하는 것\Gestikulieren\의 개념에는 이미 자유의지로 행동한다는, 인간의 전형적인 확신이 내포되어 있고, 이 확신은 몸짓의 구조 내에 가소성\可塑性\65을 요구하기 때문이다. 이러한 좁은 의미에서의 판에 박힌 행동은 사람보다 동물에서 더 잘 관찰되고(예를 들어 벌들의 춤, 암컷 물고기에 대한 수컷의 구애, 또는 새들의 집짓기), 사람에게서 이런 행동 양식이 나타날 때는 종종 병리적이고 강박적인 성격을 띠곤 한다. 파이프 흡연은 이런 것과는 다르고, 만약 벌들의 춤 또는 베개를 강박적으로 다루는 행동을 제의라고 한다면, 존재론적 오류를 범하는 것이다. 좁은 의미에서 판에 박힌 행동들은 자연과학이 다룰 수 있는 존재적 차원에서의 현상이고, 제의는 자연과학의 관할 범위를 넘어서는 다른 존재적 차원에서의 현상이다.

그러나 우리가 '판에 박힌 행동'을, 그 일반적 구조가 정해져 있고, 그 구조를 넘어서 있는 어떤 목표를 추구하는 것이 아니라 그 구조를 실현하기 위해서 행하는 몸짓이라고 이해한다면, 파이프 담배를 피우는 것은 물론 판에 박힌 행동이다. 요컨대 '스테레오타입'이란 말이 지금 의미하는 것은, 주로 자기 목적적이고, 우리가 그 모델들을 갖고 있는 몸짓들이 존재한다는 사실이다. 만약 우리가 이런 의미에서 판에 박힌 몸짓을 한다면, 우리는 노동에서처럼 세계를 변화시키거나, 의사소통에서처럼 타인에게 메시지를 전달하기 위해서가 아니라, 어떤 본보기로부터 우리에게 주어진 변수들 내에서 움직임을 행하기 위해서 그렇게 한다. 그리고 바로 이것이 파이프 담배를 피울 때 우리가 하는 것이다. 이때 우리가 세계를 변화시키고(예를 들어 담배를 태우고), 타인에게 뭔가를(예를 들어 담배 냄새를) 전달한다는 사실을 배제하는 것은 아니다. 그러나 어떤 몸짓에나 들어 있는 양상인 세계의 변화와 의사소통이, 파이프 흡연과 같이 판에 박힌 몸짓을 '설명한다'고 생각하는 것은 오류일 테고, 이는 이런 몸짓들을 이해하는 통로를 가로막을 것이다. 비를 부르는 주술은, 우리가 그것을 비를 만들어내는 방법이라고 여기거나, 어떤 공동체의 의사소통 방법이라고 주장할 경우에는 '설명되지' 않는다. 오히려 그것이 사용 가능한 어떤 모델을 실현시키는 행동임을 인식할 경우에만 우리는 그것에 더 다가갈 수 있다. 비를 부르는 주술에 있어서 근본적인 것은, 비를 만드는 다른 방법들이나 다른 의사소통 방법들과 비교할 때가 아니라, 파이프 흡연처럼 판에 박힌 다른 몸짓들을 이 비교에 끌어들임으로써만 말해진다. 그렇게 되면, 이것이 근본적으로 스타일에 대한 질문, 미적인 질문임이 분명해진다. 이 제의가 미적인 현상임이 분명해지는 것이다.

방금 말한 것은 모험적인 주장이다. 제의에 관한 전문적 문헌들에서 이야기되는 거의 모든 것에 이의를 제기하기 때문이다. 그럼에도 이 주장을 할 수밖에 없는 것은 파이프 흡연의 관찰이 직접적으로 그것을 요구하기 때문이다. 이를테면 파이프 흡연의 '윤리적인' 측면(그러니까 담배 연기를 흡입하는 측면)에서 이 몸짓의 입장이 되어보려고 시도할 경우, 이 몸짓 특유의 요소를 놓치게 되는데, 이 특유의 요소가 바로 제의적인 것이다. 그러므로 제의의 결정적 측면은 그 윤리적 측면(예를 들어 비를 내리게 하거나 성찬식의 빵을 그리스도의 몸으로 변화시키는 것)일 수 없다. 제의가 행해질 때 추구된다고 주장되는 목적(예를 들어 사냥의 성공이나 정화)은 오히려 제의의 본질을 은폐하는 측면으로, 대부분의 제의에 내재되어 있는 합리화 구실이라고 보아야 한다. 어떤 사람이 자신은 담배 연기를 들이마시려고 파이프 담배를 피운다고 말할 때, 그는 자신이 하는 말을 (사실이라고) '믿는다'. 이것은 어떤 사람이 영성체를 모시기 위해 교회 성찬식에 참여한다거나, 손을 깨끗이 유지하기 위해 제의적으로 손을 씻는다고 주장할 경우에도 마찬가지로 해당된다. 그러나 이런 주장들의 그럴듯함에도 불구하고, 그들은 잘못 생각하고 있다. 사람들이 파이프 담배를 피우고, 교회 성찬식에 참여하고, 제의적으로 손을 씻는 것은, 사실은 이용 가능한 하나의 행동 모델 속에서 어떤 몸짓을 실행하기 위해서이다. 우리는 이것을 다른 정형화된 몸짓들에서보다 파이프 흡연에서 더 잘 볼 수 있다. 왜냐하면 파이프 흡연은 세속적인, 그러니까 상대적으로 이데올로기로부터 자유로운 제의이기 때문이다.

이는 다음과 같은 숙고로 이어진다. 어떤 몸짓이 의도로부터 자유로울수록, 즉 몸짓 자체의 외부에 있는 어떤 의도를 덜 따를수록, 그 몸짓은 제의로서 그만큼 더 '순수하다'. 제의의 몸짓을 넘어서는 이 의도를 우리는 몸짓의 '주술적\magisch\' 측면이라고 부를 수 있다. 비를 부르는 제의에서 주술적 측면은 비를 만들려는 의도이고, 성찬식 제의에서 주술적인 측면은 빵을 그리스도의 몸으로 변화시키려는 의도이다. 우리가 이 문제를 이런 식으로 바라보면, 주술은 제의에 내재하는 양상이 아니고, 오히려 '순수한' 제의를 왜곡하는 것으로 보인다. 그러면 우리는 유대교 예언자들이 왜 그처럼 격렬하게 모든 주술에 반대했는지 이해할 수 있다. 그들은 '순수한', 목적이 없는 제의, 비실용적인 실천을 원했던 것이다. 그렇다면 유대교는 '순수한' 제의 몸짓의 모델을, 그러니까 비실용적인 실천의 삶을 만들려 했던, 부분적으로는 실패한 시도로 보인다.

그러나 이것으로는 여전히 파이프 흡연과 제의적인 삶 전반의 본질에 이르지 못한다. 그 본질은, 우리가 그것이 근본적으로 미적인 현상이라는 점을 고려할 때 비로소 시야에 들어온다. 파이프 흡연과 제의의 몸짓이 일반적으로 미적인 현상이라는 것은 모험적인 주장이다. 무엇보다도 그것이 예술의 문제를 생소한 조명 속으로 옮겨놓기 때문이다. 이는 우리가 이른바 예술 창작에서 제의적 측면을 강조하는 데 익숙하지 않아서 그런 것은 아니다. 낭만주의 예술관과 모든 유형의 '예술을 위한 예술'은 어떤 의미에서 예술 행위를 일종의 제의로 받아들이는 것이다. 이 주장에서 생소한 점은, 예술은 제의의 일종이라고 주장하는 점이 아니라, 거꾸로 제의가 예술의 일종이라는 것을 암시하는 점이다. 이 주장은, 낭만주의나 '예술을 위한 예술'의 경우처럼, 특수한 몸짓들 속에서, 특히 예술적으로 활동하는 삶 속에서 제의적인 존재 양식이라는 것이 나타난다는 의미가 아니다. 그것은 오히려, 미적인 존재 양식, 즉 예술적인 삶이라는 것이 있다는 것, 그리고 이런 삶이 제의의 몸짓을 포함하는 다양한 몸짓들 속에서 나타난다는 의미이다. 예술이 제의의 일종인 것이 아니라, 제의가 예술 형식의 일종인 것이다. 예를 들면 문학이나 음악, 또는 제의 속에서 나타나는 유대 예술이 있고, 또 그밖에도 유대 철학과 유대 윤리학이 있는 것이 아니다. 오히려 거꾸로, 제의적인 현존재라고 이해되는 유대교 전체가, 다른 제의적인 삶의 형식들 사이에 있는 하나의 예술 형식이다. 유대 철학과 유대 윤리학은 이 예술 형식의 한 측면인데, 이것들은 유대교의 본질적 차원, 요컨대 미적인 차원을 모호하게 만들 위험이 있다. 이런 주장은 일반적이지 않고 모험적이다. 왜냐하면 예술은 보통 현존재의 범주\Daseinskategorie\라고 이해되고, 그 범주 안에서 제의, 음악, 회화, 시와 같은 현상들이 일어나는 것으로 이해되기 때문이다. 그러므로 이것은 흔히 주장되는 것처럼 예술적인 삶은 정치적인 삶, 학문적인 삶 또는 종교적인 삶과 같은 삶의 여러 형식들 중 하나라거나, 심지어 예술적인 삶은 여하튼 종교적인 삶에 종속된다(키에르케고르)는 주장이 아니다. 오히려,

우리가 종교적인 삶을 제의적인 삶이라고 이해한다면, 종교적인 삶은 일종의 예술적인 삶의 형식이라는 주장이다. 이 일반적이지 않은 주장이 의미하는 바는 예술적인 삶을 신성화\神聖化\하는 것이 아니라, 반대로 제의를 세속화하는 것이다. 왜냐하면 이 주장이 세속적인 파이프 흡연을 관찰함으로써 얻어진 것이기 때문이다.

물론 방금 말한 것은, 우리가 '예술'과 '종교' 같은 단어의 의미를 스스로 묻는다는 것을 전제로 한다. 왜냐하면 (제의적인 삶으로서) 종교는 일종의 예술이라는 방금 감행된 주장과, 예술과 종교에 관한 익히 알려져 있는 다른 주장들의 차이는 바로 이 두 개념을 어떻게 정의하느냐에 달려 있을 것이기 때문이다. 이것이 단순히 말의 차이인지 아니면 의미의 차이인지는, 이 모험적 주장의 출발점이 되었던 파이프 흡연의 몸짓이 관찰에 의해서 밝혀졌을 때 비로소 판단될 수 있다. 왜냐하면 이러한 관찰로부터 여기서의 '예술'과 '종교'의 의미가 명백해져야 하기 때문이다.

그러면 우리의 원래 질문으로 돌아가보자. 어째서 사람들은 파이프 흡연이 (노동처럼) 뭔가를 '성취'하는 것도 아니고, (커뮤니케이션처럼) 어떤 식으로든 '두드러지게 하는\auszeichnen\' 것도 아닌 몸짓인데도 파이프 담배를 피우는가? 이에 대한 답에 다가가기 위해서, 우리는 이 질문이 암묵적으로 세 종류의 몸짓, 요컨대 노동의 몸짓, 소통의 몸짓, 그리고 '제의적인 몸짓'으로 규정되었던 '파이프 흡연' 같은 유형의 몸짓을 서로 구분하고 있다는 점에 주목해야 한다. 세계 내에서 현존재는 몸짓을 함으로써 자신을 드러낸다는 것을 받아들이면, 이 질문은 우리가 몸짓에서 세 가지 삶의 형식을 구분할 수 있음을 시사한다. 노동하는 존재, 소통하는 존재, 제의적인 존재가 그것이다. 이런 식의 분류는 앞서 말한 키에르케고르의 분류(미적, 윤리적, 종교적인 삶)에도, 한나 아렌트에 의해 완성된 플라톤의 분류(경제적, 정치적, 이론적인 삶)에도 들어맞지 않는다. 그러나 이 차이를 너무 진지하게 받아들일 필요는 없다. 왜냐하면 이것은 단지 현상적인 분류일 뿐이고, 실제로 우리 모두는 각자 이 세 가지 유형의 몸짓들을 지속적으로 하고 있으며, 각각의 유형은 다른 두 유형의 측면들을 갖고 있기 때문이다. 달리 말해서 우리는 언제나, 세계에 대해서(노동), 타인들에 대해서(소통), 그리고 우리 자신에 대해서(제의) 우리 스스로 동시에 양식화하면서 여기에 있다. 그러므로 이 질문에 들어 있는 분류는 방어해야 할 명제가 아니라, 작업을 위한 가설\假說\이다.

왜 사람들은 파이프 담배를 피우느냐는 질문은, 왜 제의적인 몸짓들이 행해지느냐는 질문의 특수한 경우이다. 그것은 또한 왜 다른 제의적인 몸짓들이 아니라 특별히 이 몸짓이 행해지느냐는 질문을 포함하고 있다. 이 질문의 이러한 두 측면에 대한 답은 분명해 보인다. '순전한 즐거움' 때문이다. 사람들이 파이프 담배를 피우는 것은 그들이 이 몸짓에서 즐거움을 얻기 때문이다. 그들을 즐겁게 하는 것은, 예를 들어 논문을 쓰거나 친구와 담소를 나누는 것과 같은 다른 몸짓들을 중단하고서, 자신의 파이프를 꺼내 낡은 손톱 가위로 파이프 대통을 청소하고 머리핀으로 파이프 자루를 후벼 파고, 호주머니에서 담배쌈지를 꺼내 손가락으로 담배를 부수어 조심스럽게 대통에 채워 넣고, 이빨로 파이프를 물고, 파이프 담배를 위해 특별하게 제작된 라이터로 천천히 담배를 돌려가며 불을 붙인 다음, 연기를 입안으로 빨아들이고, 그런 다음에 멈췄던 글쓰기나 담소의 몸짓으로 되돌아가는 것이다. 그들을 즐겁게 하는 것은, 자신들의 주의를 이제 다시 시작된 몸짓과 파이프 흡연의 몸짓 사이로 분산시키는 것이고, 이러한 주의 분산에 의해서 글쓰기나 담소의 몸짓이 파이프 흡연의 특별한 분위기에 젖어드는 것이다. 그들을 즐겁게 하는 것은, 다른 몸짓에 어쨌든 종속되어 있는 몸짓인 파이프 흡연이 자신들에게 글쓰기와 담소를 언제든지 다시 멈추라고 요구하는 것이다. 그들을 즐겁게 하는 것은, 흡연을 마친 뒤에 파이프를 털어내고 파이프 자루를 불어내야 하고, 윗옷 주머니 속에 집어넣을 수 있도록 파이프를 두 손바닥 사이에 놓고 흔들어 열기를 식혀야 하는 것이다. 그들을 즐겁게 하는 것은, 자신들이 파이프 담배 전문 상점에서 모종의 설렘을 느끼며 다양한 모양의 파이프와 다양한 품질의 담배들 중에서 선택을 할 수 있다는 것이고, 자신들이 특별한 모양의 파이프(예를 들면 짧고 구부러진 파이프)와 특별한 품질의 담배(예를 들면 담뱃잎을 짧게 자른, 쓴맛이 나는 담배)를 선호할 수 있다는 것이다. 그들을 즐겁게 하는 것은, 자신들이 파이프 컬렉션을 만들 수 있다는 것, 그리고 이 소장품들 중에서 평소에 쓸 수 있는 파이프와 격식을 차릴 때 어울리는 파이프를 구분할 수 있다는 것이다. 모두 다 '소소한', 이 즐거운 일들의 목록은 길게 이어질 수 있고, 그 길이는 이 즐거움의 '소소함'에도 불구하고 파이프 흡연이 어째서 사람들이 쉽게 포기하지 않을 삶의 즐거움의 하나인지를 말해준다.

질문에 대한 조금 장황한 이 대답(그것이 장황해진 이유는 나 자신의 파이프 흡연 스타일을 설명하려 했기 때문이다)은 그러나 불충분한 대답이다. 왜냐하면 그것이 사실은 질문에 답을 하는 것이 아니라, 한 무더기의 새로운 질문을 던지기 때문이다. 간단히 예를 들면, 실제로는 아주 따분한 과정인 파이프 대통 청소가 어째서 즐거움인가? 또는 글쓰기나 담화를 계속하는 것이 오히려 더 흥미로울 때, 그 일과 소통을 중단하는 것이 어째서 즐거움인가? 그리고 근본적으로, 분명히 성가신 몸짓이고, 일종의 악덕인데도 우리가 이 경우에 '즐거움'이란 말로 지칭하는 것은 무엇인가? 그렇다면 악덕의 본질은 열정이 아니라 괴로움인가? 그리고 이를테면 파이프가 막혔거나 담배가 떨어졌을 때 우리는 괴로워하지 않는가? 파이프 담배를 피우는 것이 건강을 해친다는 것은 말할 것도 없지 않은가? 이를테면 실용적인 윤리 기준(하지만 이 윤리 기준은 늘 그렇듯 공식적인 기준이다)에 따라 인간은 각각의 악덕 때문에 얼마나 고통을 당하는가? 파이프 흡연을 이해할 능력이 없다는 이유로 이 논의에서 배제된 인과론적 설명에 빠지지 않는 채로 여기서 떠오르는 한 무더기의 질문에 대한 답을 찾으려는 것은 완전히 가망 없는 일이다. 그러므로 여기 내놓았던 완전히 불충분한 대답이 좀 더 만족스런 결과가 되어야 한다면, 우리는 이 문제를 완전히 다른 식으로 다뤄야 한다.

파이프 흡연이 즐거움을 주는 것은, 이런 저런 특정한 이유 때문이거나 이런 저런 특정한 반대 이유들에도 불구하고 그런 것이 아니라, 그것이 우리가 '삶을 누리는\sich ausleben\'66 몸짓이기 때문이다. 흔히 쓰이지만 이해하기는 어려운 이 말은 파이프 흡연의 본질을 정확히 표현한다. '삶을 누리는' 것은 남아도는 삶의 에너지를 쓸데없이 날려 보내는 것을 의미하기도 하지만 오직 그것만 뜻하지는 않는다. 그것 '또한' 파이프 흡연에서 관찰될 수 있다. 그러나 삶을 누리는 것은 그 밖에도 자기 자신의 아주 특별한, 그 누구와도 비교할 수 없는 삶을 밖으로 투사함을 의미한다. '삶을 누리다'라는 말의 이런 의미 또한 파이프 흡연에서 관찰될 수 있다. 여기서 '삶을 누리다'라는 동사와 '제멋대로 하다\sich gehen lassen\'라는 동사가 동의어가 아니라 반의어임을 아는 것이 중요하다. 제멋대로 할 때 우리는 코드화되지 않은 행동 속에서 자기 자신을 잃어버린다. 이 행동은 더 이상 몸짓이 아니다. 왜냐하면 우리가 그 행동을 '자발적으로' 행하는 것이 아니기 때문이다. 그러나 삶을 누릴 때 우리는 자기 자신을 외부로부터도 인식하고, 또 그럼으로써 자기 자신을 얻게 된다. 왜냐하면 이때 우리는 우리 자신을 위해 특별한 몸짓을 행하기 때문이다. '삶을 누리기'와 '제멋대로 하기'의 이러한 대립은 파이프 흡연에서 가시화되는데, 파이프 담배를 피울 때, 우리는

'자유롭게 선택된' 특정한 대상물의 기능 속에서, 즉 한정된 변수 내에서, 자신의 실존을 입증하는 방식으로 행동하기 때문이다. 바로 이것이 즐거움을 만든다. 그것을 위해 선택된 하나의 변수 안에서 자유롭고 목적 없는 상태로 자기 자신을 입증하는 것, 자신의 스타일에서 자기 자신을 인식하는 것, 그런 다음에 다른 몸짓들 전부(예를 들어 글을 쓰는 몸짓, 친구와의 환담 같은)를 이 스타일에 젖어들게 하는 것이다. 우리는 여기서 "스타일은 바로 그 사람"이라는 유명한 말을 이해할 수 있다. 달리 말해서 파이프 흡연은 삶을 누릴 수 있게 하는 몸짓, 자신의 스타일로 세계 속의 자신을 찾도록 해주는 몸짓이다. 그리고 이것이, 파이프 흡연은 즐거움을 준다는 대답이 의미하는 바다.

이런 종류의 즐거움은 '미적인 것'이라고 정의될 수밖에 없고, 그러므로 우리는 이제 우리가 앞에서 제의의 몸짓은 예술적인 삶의 한 현상이라고 했을 때 그 '예술'이라는 말이 무엇을 뜻하는 것이었는지 말할 수 있다. '예술'이라는 말이 의미하는 바는, 현존재가 자유롭게, 의도 없이 선택한 하나의 변수 안에서 자신을 입증함으로써, '삶을 누리는' 각각의 몸짓이다. 그러므로 '예술적인 삶'이란, 몸짓들이 행해지는 스타일이 중요한 삶의 형식이다. '예술적인 삶'은 세계를 변화시키거나, 타인들과 함께 세계 속에 있기 위해서가 아니라, 세계 속에서 자기 자신을 발견하기 위해서 사는 삶이다. 파이프 흡연의 몸짓이 이런 종류의 삶을 보여주는 좋은 예인 것은, 파이프 흡연에서는 대부분의 다른 '예술적인 삶'의 몸짓들(예를 들어 춤을 추거나 기도를 하는 몸짓)과는 달리, 세계를 변화시키거나 타인을 발견하는 것이 중요하지 않고, 오히려 그런 것들이 아무 역할도 하지 않기 때문이다. 파이프 흡연이 이러한 미적 순수성을 갖게 되는 것은, 좀 더 설명하겠지만, 그것이 세속적이라는 사실 덕분이다.

예술적인 삶을 이야기할 때 우리는 보통 파이프 흡연 같은 몸짓이 아니라, 류트를 연주하거나, 사진을 찍거나, 시를 쓰는 것을 연상한다. 왜 그럴까? 만약 예술적인 삶이 우리가 삶을 누리는 삶의 형식이라고 한다면, 그런 삶을 이야기할 때 파이프 흡연 같은 몸짓을 생각하는 것이 마땅하지 않은가? 예술적인 삶의 본질에 대한 이러한 오해의 원인은 서구 역사 속에서 '예술'의 개념이 거쳐온 발전 과정에서 찾을 수 있다. 서구에서 '예술'은 다른 모든 일들처럼 어떤 작품을 목표로 하는 일종의 일이 되었다. 심지어 그것은 가장 고급한 종류의 일이 되었는데, 거기서 기대되는 바가 '창조적인' 것, 다시 말해서 '새로운' 작품을 만들어내는 것이기 때문이다. 그러나 동시에 서구에서 '예술'은 다른 모든 의사소통 수단들처럼 타인들에게 뭔가를 전달하는 일종의 의사소통 수단이 되었다. 심지어 그것은 가장 고급한 종류의 의사소통 수단이 되었는데, 거기서 기대되는 바가 '독창적인' 것, 다시 말해서 새로운 정보를 전달하는 것이기 때문이다. 이런 발전 과정 때문에 예술에 있어서 본질적인 것, 요컨대 '미적인' 자기실현은 뒤로 밀려났고, 그래서 우리는 예술을 이야기할 때 통상 파이프 흡연 같은 몸짓들을 생각하지 않는다. 달리 말해서, 서구의 역사적 전개 과정은 예술적인 삶의 본질을 잊게 만들었다. 그러나 예를 들어 흑인 예술을 관찰함으로써 이러한 본질을 기억 속으로 다시 불러올 수 있다.

요컨대, 아프리카와 북미 대륙에서 예술적 삶의 표현이라고 여겨지는 몸짓들, 그러니까 드럼 연주와 춤, 가면 조각 같은 것들은 우리의 회화보다는 우리의 파이프 흡연을 훨씬 더 쉽게 연상하게 한다고 주장할 수 있다. 예를 들어 가면이 만들어질 때 일어나는 일은 다음과 같이 설명될 수 있다. 가면을 조각하는 사람은 가면을 만드는 자신의 몸짓을 위해서 특정한 재료와 특정한 도구, 그리고 특정한 모델을 사용할 수 있다. 그런 의미에서 그의 몸짓은 '판에 박힌 것'이다. 그는 예컨대 서구의 조각가처럼 새로운 재료나 도구를 실험하거나 또는 자신이 모델로 삼는 것을 '넘어서려' 하지 않으며, 주어진 재료와 주어진 도구와 주어진 모델의 틀 안에서 자신의 특별한 개성을 표현하려 한다. 그러므로 흑인 예술은 우리가 흔히 생각하듯이 고정되고 경직된 형식의 반복이 아니며, 거기서는 개인적 스타일을 표현하는 것이 서양 예술에서보다도 더 중요하다. 그리고 그 이유는 아마도 그 몸짓의 모델들이 한계를 규정하는 변수로 받아들여지기 때문일 것이다. 정확히 흑인 예술은 우리가 말하는 의미에서 '역사적'이지 않기 때문에, 세계의 변화나 의사소통이 아니라 개인적인 스타일이 실현되는 것을 허용한다. 이러한 본질적인 의미에서 그것은 서양 예술보다 '더 순수한' 예술이다.

그러나 흔히 흑인 예술은 종교적인 삶의 한 측면이라고 주장된다. 드럼을 치는 것은 신들을 움직이고, 인간의 몸속으로 뚫고 들어가기 위해서이고, 춤을 추는 것은 귀신들을 몸 바깥으로 몰아내기 위해서이고, 가면을 조각하는 것은 이 춤들을 더 효과적으로 꾸미기 위해서이다. 이것은 오해다. 물론 드럼을 치는 것과 춤추는 것과 가면을 조각하는 것이 주술에, 즉 '종교적인' 목적에 사용될 수 있는 것은 사실이다. 그러나 이 몸짓들이 오로지 이런 목적에만 쓰인다는 것은 사실이 아니다. 흑인 예술이 주술에 종사한다는 것은 사실이 아니고, 오히려 그 반대가 사실이다. 즉, 주술은 흑인 예술이 열어주는 가능성들 중의 하나라는 것이다. 주술이 흑인 예술의 '설명'이 아니라, 오히려 흑인 예술이 주술의 설명이다. 흑인 예술은 그 자체가 목적이다. 우리가 드럼을 치는 것은 드럼을 치는 것이 즐거움을 주기 때문이고, 이 몸짓 속에서 우리 자신을 발견하기 때문이다. 이러한 드럼 연주가 어떤 신을 한 사람의 몸속으로 들어가도록 부추기는 것은 이 드럼 연주의 결과이고, 이 연주 없이는 불가능한 일이다. 그러나 만약 오직 이 결과만을 위해 연주했다면 그것은 '순수하게' 드럼을 연주한 것이 아니다. 흑인 예술은 주술에게 자신의 공간을 열어주지만, 주술은 예술적인 삶의 결과이지 원인이 아니다. 이것은 여기서 '종교'라는 단어가 의미하는 것에 다가갈 수 있게 해준다.

신을 부르기 위해 드럼을 연주하는 사람은 예술적인 삶의 몸짓을 수행한다. 그는 드럼과 드럼 채와 리듬에 의해 미리 주어진 한계 안에서 자기 자신의 스타일을 표현하기 때문이다. 리우데자네이루에서 밤중에 한쪽 언덕에서 건너편 언덕을 향해 드럼을 연주하는 사람들은 드럼 치는 방식으로 서로를 정확히 식별한다고 한다. 말하자면 그들은 자신의 드럼 연주가 자신에게서 세계 속으로 흘러나가는 것과 마찬가지로, 그 연주 속에서 자신을 발견한다. 그런데 바로 이러한 세계 속의 자기-인식 \Sich-selbst-Erkennen\이 신에게 밖으로 내려올 것을 요구한다. 정확히 들여다보면, 신은 드럼의 리듬 속에서 나타나는 것이 아니고, 이 미적인 몸짓 덕분에 얻어진 자아 인식 속에서 나타난다. 신은 하나의 '미적인' 현상이고, 다시 말해서 우리가 '삶을 누릴' 때 하게 되는 여러 경험들 중 하나이다. 드럼을 칠 때 사람은 '황홀경' 속에서 (밖으로부터) 자기 자신을 리듬으로, 소리로, 신경의 진동으로, 질서를 부여하는 존재로, 주위 환경을 지배하는 원칙으로, 그리고 하나의 신으로 경험한다. 이것들은 다양한 종류의 예술적인 삶의 경험들이다. 물론 우리는 이 여러 종류의 경험들 중 하나에, 리듬에, 소리에, 신에 집중할 수 있다. 이러한 집중의 각 형식은 드럼을 치는 몸짓의 변형을 가져온다. 내가 리듬에 관심이 있다면, 내가 신에 관심이 있는 경우와는 다른 식으로 드럼을 치게 될 것이다. 그러나 이 변형들은 서로 맞물린다. 왜냐하면 신은 리듬의 한 측면이고, 리듬은 신의 한 측면이기 때문이다. 그런데 만약 신에 대한 관심을 '종교적인' 관심이라고 규정한다면, 우리는 종교적인 삶을 예술적인 삶의 변형으로 볼 수밖에 없다. 종교란 예술이라고 주장되었을 때 '종교'라는 말이 의미했던 것이 이것이다. 그것은, 예술적인 삶이 처음으로 종교적 경험을 위한 공간을 열어준다는 의미였다. 일의 몸짓에서 나는 종교적 경험을 할 수 없다. 왜냐하면 그것에서 나는 세계를, 다시 말해서 '지식'을 경험하기 때문이다. 또한 소통의 몸짓에서 나는 종교적 경험을 할 수 없다. 왜냐하면 그것에서 나는 사회를, 다시 말해서 '가치'를 경험하기 때문이다. 나는 오로지 미적인 몸짓에서만 종교적 경험을 할 수 있다. 왜냐하면 나는 이 몸짓에서 나 자신을 경험하고, 다시 말해서 '인식'을 얻기 때문이다. 과학은 일의 가능한 결과이고, 윤리와 정치는 소통의 가능한 결과이며, 종교는 예술의 가능한 결과이다. 이러한 주장은 이론적으로 뒷받침될 수 있고, 수많은 전기\傳記\에서 찾아볼 수 있고, 역사와 역사 이전의 자료로 입증될 수 있다. 그러나 결정적인 것은, 몸짓의 관찰에서 이것이 분명해진다는 사실이다. 파이프 담배를 피우는 몸짓에 대한 관찰은, 예술적인 삶 안에서 종교적 경험을 위한 공간이 열림을 보여준다. 그리고 파이프 흡연을 통해 우리가 이를 볼 수 있는 까닭은, 바로 파이프 흡연이 세속적인 몸짓이기 때문이다.

파이프 흡연, 가면 조각, 드럼 연주는 판에 박혀 있고, 그래서 스타일이 중요하다는 공통점이 있다. 그것들은 '미적인' 몸짓들이다. 가면을 조각하는 몸짓은 그것이 뭔가를, 요컨대 가면을 성취한다는 점에서 다른 두 가지 몸짓들과 구별된다. 가면 만드는 몸짓의 이러한 일의 영역으로의 확장은 이 몸짓을 '공예'라는 유형의 미적인 몸짓으로 만든다. 드럼을 치는 몸짓은 그것이 타인들에게 뭔가를 전달한다는 것, 어떤 정보를 두드러지게 한다는 점에서 다른 두 가지 몸짓들과 구별된다. 드럼을 치는 몸짓의 이러한 소통의 영역으로의 확장은 이 몸짓을 '메시지'라는 유형의 미적인 몸짓으로 만든다. 파이프 담배를 피우는 몸짓은 그것이 파이프 흡연 자체 이외의 어떤 의도도 추구하지 않는다는 점에서 다른 두 가지 몸짓들과 구별된다. 파이프 담배를 피우는 몸짓의 이러한 순수함은 이 몸짓을 '제의'라는 유형의 미적인 몸짓으로 만든다. 가면 조각은 어떤 재료를 겨냥하고, 드럼 연주는 타인을 향하고, 파이프 흡연은 아무것도 향하지 않는다는 사실이, 이 세 가지 몸짓이 미적인 몸짓이라는 것을 가려서는 안 된다. 왜냐하면 이 세 몸짓에서 모두 스타일이, 즉 '삶을 누리는 것'이 중요하기 때문이다. 그러나 가면 조각과 드럼 연주가 세계와 사회를 변화시키는 비\非\미적인 영역으로 확장되는 것, 이 몸짓들이 이런 식으로 스스로를 초월하는 것은, 순수한 예술적인 삶에 대한 일종의 왜곡, 즉 '주술화하는\magisierend\' 왜곡이다. 가면 조각과 드럼 연주는 주술적이고 미적인 몸짓으로서, 말하자면 이들은 부분적으로 세계의 변화와 메시지의 전달을 향한다. 그러므로 우리는 '주술'을, 예술적인 몸짓의 비예술적인 몸짓으로의 확장이라고 정의할 수 있다. 진정한 일은 주술적이지 않다. 일에서는 주술에서처럼 미적인 요인이 결정적이지 않기 때문이다. 진정한 소통은 주술적이지 않다. 소통에서는 주술에서처럼 무엇보다 중요한 것이 스타일 문제가 아니기 때문이다. 순수한 제의는 주술적이지 않다. 제의의 몸짓은 예술적인 삶의 영역을 침범하지 않기 때문이다. 그러므로 예술적인 삶 속에는 비주술적인 몸짓, 즉 순수한 제의의 몸짓이 있다. 흑인들의 삶 속에는 수많은 주술적인 몸짓이 있는데, 그 이유는 그들이 광범위하게 예술적인 삶을 살기 때문이다. 우리 서구인의 삶에는 주술적인 몸짓이 상대적으로 적은데, 그 이유는 우리가 일과 소통의 삶을 위해 예술적인 삶을 억압하기 때문이다. 우리는 예술적인 삶을 일과 소통의 삶에 종속시키고, 그로 인해 예술의 개념을 베일 뒤로 숨김으로써 주술을 '추월'했다. 그러나 우리는 또한 다른 방식으로, 요컨대 순수한 제의적인 삶, 즉 자기를 초월하지 않는 예술적인 삶에 의해서 주술을 '추월'할 수도 있다.

특히 파이프 담배를 피우는 몸짓은 이것이 가능함을 입증한다.

파이프 담배를 피우는 몸짓은 주술적이지 않다. 그러나 주술적이지 않다는 것이 그것이 세속적인 이유는 아니다. 그것이 세속적인 이유는, 그것이 비록 미적인 몸짓이기는 하지만 종교적인 삶을 위한 공간을 열어주지는 않기 때문이다. 그것은 순수한 제의이긴 하지만 그 몸짓 속에서 '신'을 경험하게 하는 제의는 아니다. 드럼을 치는 주술적인 몸짓은 그렇게 하는 것을 허용한다. 그러므로 사람들은 몸짓의 주술적인 요소가 종교적인 공간을 열어준다고 생각할 수 있을 것이다. 그러나 신이 드럼 연주 속에서 나타나는 것은, 드럼 연주가 신을 불러내기(주술적이기) 때문이 아니라, 그것이 연주자가 그 연주 속에서 하나의 신으로서 자기 자신을 발견하는 몸짓이기 때문이다. 드럼 연주의 주술적인 성격이 종교적 공간을 여는 것이 아니라, 순수한 제의가 종교적 공간을 여는 것이다. 그렇다면 어째서 이 공간이 파이프 흡연이라는 순수한 제의로는 열리지 않는가? 그 답은 이렇다. 파이프 흡연은, 파이프 담배를 피우는 사람이 비록 '삶을 누리기'는 하지만, 드럼 연주자처럼 자신을 완전히 그것에 바치지는 않는 제의이기 때문이다. 그래서 파이프 흡연자는 자신의 몸짓 속에서 자기 자신을 인식하지만, 그것은 그 몸짓에서 자신을 표현하는 범위 내에서만 그렇다. 이것은 종교적 경험을 하기에는 충분치 않다. 종교적인 것은, 제의적인 몸짓이 파이프 흡연에서처럼 존재의 한 측면만을 동원하는 것이 아니라 존재 전체를 총동원할 때만 경험될 수 있을 만큼 깊숙이 들어 있다. 드럼 연주가 신성한 것은 그것이 주술적이어서가 아니라 그 몸짓에서 하나의 존재가 완전히 표현되기 때문이다. 그리고 파이프 흡연이 세속적인 것은 그것이 주술적이지 않아서가 아니라, 존재 전체를 표현하기에는 너무 피상적이기 때문이다.

파이프 흡연자는 파이프 담배를 피울 때 미적\美的\으로

산다. 그러나 그의 흡연은 일과 소통의(글을 쓰고 담소를 나누는) 비\非\미적인 삶 속에서 일어난다. 파이프 흡연을 세속적으로 만드는 것은, 그것이 '의미심장한' 삶 속에서 일어나는 순수한 제의라는 것이다. 비록 파이프 흡연은 그 자체로서 무의미하고, 합리화할 수 있는 것이 아니고, 합리화하려는 모든 시도에 의해서 파괴되기도 하지만, 파이프 흡연의 이러한 부조리함이 파이프 흡연자의 삶의 토대를 이루지는 않는다. 그렇기 때문에 파이프 흡연은 세속적인 몸짓이다. 드럼 연주가 신성한 것은 그것이 '의미심장해서', 요컨대 신을 불러내는 의미를 갖고 있어서가 아니다. 드럼 연주가 신성한 까닭은, 그것이 근본적으로 부조리하고, 드럼 연주자가 근본적으로 부조리하게 거기 있기 때문이다. 주술은 말하자면 겉으로 보기에만 일이고 소통일 뿐이다. 근본적으로 주술은 일을 하고 소통하기 위한 부조리한 방법이다. 드럼 연주의 부조리함은 그 주술적인 겉모습에 감춰지지만, 드럼 연주를 신성하게 하는 것은 그 부조리함이다. 반대로 파이프 흡연은 부조리하면서도 신성하지 않다. 왜냐하면 파이프 흡연의 부조리함은 흡연자 전체로서의 존재가 아니라, 그 존재의 오직 한 측면만을 표현하기 때문이다.

파이프 흡연자의 입장이 되어보려고 충분히 노력해볼 경우 그 몸짓에서 우리가 알 수 있는 것은, 이 제의의 부조리함이 종교적인 경험에 대해 우리 자신을 열 것을 거의 요구하다시피 한다는 것이다. 우리가 이를 관찰할 수 있는 이유는 바로 파이프 흡연에서는 이런 열림이 이루어지지 않기 때문이다. 요컨대 파이프, 담배, 흡연 도구들이 어떻게 다뤄지는지, 얼마나 경건하게 하나하나의 동작들이 행해지는지, 그리고 이때 흡연자가 이러한 행동들의 부조리함을 얼마나 자명하게 알고 있는지를 보면, 우리는 종교적 경험이란 말이 의미하는 것의 바깥쪽 테두리를 맴돌고 있다는 느낌을 받게 된다. 차를 마시는 다도 의식에서,

또는 움반다 의식에서 파이프 담배를 피울 때처럼 작은 한 발짝을 밖으로 내딛는 것만으로도 충분히 이 테두리를 넘어 심연 속으로 뛰어들 수 있다. 다도 의식의 몸짓 구조는 거의 파이프 흡연의 몸짓 구조와 같고, 글을 쓰면서 파이프 담배를 피우는 몸짓은 움반다 의식에서 파이프 담배를 피우는 몸짓과 전혀 차이가 없다. 달리 말하면, 파이프 담배를 피울 때 우리는 아주 작은 자극만으로도 그것을 세속적인 몸짓에서 신성한 몸짓으로 변화시키기에 충분할 것이라고 느낀다는 것이다. 따라서 이 몸짓이 바로 세속적이기 때문에, 우리는 모든 제의적 몸짓들이 어떻게 종교적 경험에 공간을 열어주는지를 알 수 있다. 담뱃잎을 대통에 채워 넣고 파이프를 청소하고 불을 붙이는 것이 종교적 제의와는 전혀 관계가 없기 때문에, 우리는 이 몸짓에서 제의의 신성함을 인식할 수 있다. 기도하면서 양손을 모으거나, 성호를 긋거나, 메카를 향하는 것과 같은 신성한 제의들에서는, 합리화하는 이데올로기가 신성함을 위한 시선을 베일로 덮어씌우기 때문에, 신성함을 이와 같은 방식으로 인식할 수 없다. 여러 종교적 이데올로기들은 자신들의 종교 의식을 이상화하고, 그 제의들이 부조리하다는 것을 인정하지 않으며, 그 때문에 자신들의 본질을 감춘다. 파이프 흡연은 그것이 아직도 세속적이기 때문에 스스로 부조리함을 공공연히 드러내고, 그럼으로써 부조리가 신성함의 본질임을 깨닫게 해준다. 파이프 흡연을 통해서 우리는 제의적인 삶에서 본질적인 것을 깨닫는다. 그것은 순수하게 미적인, 부조리한 몸짓에 의해서 종교적 경험에 자신을 여는 것이다.

미적인 몸짓 속에서, 오직 그 몸짓 속에서만 자기 자신을 인식하게 된다는 것은 이런 몸짓을 해본 사람이라면 누구나 기억할 수 있는 일이다. 연주자, 화가, 무용수는 오직 피아노 연주나 회화나 춤에서만 자신이 누구이고, 자신이 거기 어떻게 있는지를 인식한다. '전체 속에 있는' 자기 자신을 인식할 때, 이러한 자기

인식이 종교적 경험일 수 있다는 것은 선불교의 근본 원리이다. 그러므로 선불교에서 순수한 미적인 몸짓(차를 마시는 것, 꽃꽂이, 바둑)은 신성한 제의이다. 종교적 경험이 부조리한 것의 경험, 깊이를 알 수 없는 심연의 경험이라는 것, '신'은 설명할 수 없고 합리화할 수 없으며 '오로지 선\善\만을 위해' 있다는 것은, 분명 유대교 예언의 위대한 발견이다. 유대교에서 주술에 대한 투쟁, 그리고 부조리함과 완전히 비이성적인 것을 지향하는 제의에 대한 집착은 여기에서 기인한다. 그러나 예술가들과 선승\禪僧\들과 예언자들의 이 모든 고귀한 통찰은, 파이프 흡연과 같은 일상의 몸짓을 충분한 인내심을 갖고 관찰하기만 해도 아주 소박하게 일상적으로 얻어질 수 있다. 그러면 우리는 요컨대 우리 각자가 가상의 예술가이고, 가상의 선승이고, 가상의 예언자임을 알 수 있다. 왜냐하면 우리 모두는 파이프 흡연이라는 유형의, 순수하게 미적이고 부조리한 몸짓들을 하고 있기 때문이다. 그러나 우리는 또한 우리 대다수가 진정한 예술가와 선승과 예언자와 무엇이 다른지를 알 수 있다. 그것은 (설명 가능함과 합목적성이라는 의미에서) 이성에 대한 완전한 포기, 그리고 몸짓으로의, 몸짓에 대한 망설임 없는 헌신이다. 그것이 진정한 예술가, 진정한 선승, 진정한 예언자의 본질이다.

이 글의 서두에서 던진 질문은, '그것이 그들의 자유를 제한하고, 아무것도 성취하지 않고, 아무것도 전달하지 않는데도, 왜 사람들은 파이프 담배를 피우는가?'였다. 이 질문에 대한 첫 번째 대답은 이 몸짓이 주는 순수한 즐거움이었다. 이제 이 대답을 좀 더 정교하게 할 수 있다. 사람들은 예술가들과, 선승들, 예언자들과 똑같은 이유에서, 요컨대 그 속에서 삶을 누리고 자신을 발견하기 위해서 파이프 담배를 피운다. 다만 파이프 담배를 피우는 것은 예술의 몸짓보다 훨씬 덜 까다롭고, 선승들과 정통 유대교인들의 예술적인 몸짓보다 덜 까다롭고, 그렇기 때문에 또한 훨씬 덜 '개방적'이다. 이렇게 사람들은 제의적인 삶의 일종의 대체물, 희화\戱畵\로서, 말하자면 세속화로서 파이프 담배를 피우는 것이다.

16장

전화 통화의 몸짓

전화기의 외관은 그 역사 속에서 자주 변해왔고, 디자인의 변천 과정을 보여주는 사례가 될 수 있다. 그러나 붙박이로 벽에 붙은 철제 손잡이가 달린 전화기와, 경영자의 책상 위에 일렬로 늘어선 알록달록한 플라스틱 전화기들('빨간 전화기'[67]는 말할 것도 없고)의 차이에도 불구하고, 그 긴 역사 속에서 기능이 수정된 적은 단 한 번뿐인데 그것은 자동화이다. 전화가 담론적인 매스미디어와의 관계에 있어서 고대의 원시적 기술의 성격을 유지해왔다는 사실은, 우리의 의사소통 상황을 이해하는 데 중요하다. 자유에 대한 가능한(반드시 최악의 정의라고는 할 수 없는) 정의들 중 하나는, 자유는 대화를 위해 열린 변수와 같다는 것이다. 그러므로 우리는 특정한 국가에서의 자유를 그 나라의 전화 연결망과 그 효율성을 근거로 측정할 수 있고, 모든 나라들에서 전화가 상대적으로 원시적 기술의 성격을 갖고 있다는 사실은, 어떤 나라도 시민들의 자유에 대해 큰 관심을 갖지 않는다는 결론을 내릴 수 있게 한다.

전화의 기능을 설명하려면 두 가지 완전히 다른 관점에서 전화에 접근할 필요가 있다. 전화를 거는 사람의 관점과 전화를 받는 사람의 관점이다. 전화는 어느 쪽 관점에서 보느냐에 따라서 전혀 다른 대상으로 보이는데, 이는 모든 대상은 어떤 의도와의 관계 속에서만 존재한다는 현상학의 명제를 잘 보여주는 사례이다. 왜냐하면 전화를 거는 사람의 관점에서 전화는, 말 없는 수동적인 도구로서 참을성 있게 사용되기를 기다리는 반면에, 전화를 받는 사람의 관점에서는 신경질적으로 울어대는 어린아이로서, 이 아이를 조용하게 하려면 당장 원하는 대로 해주는 수밖에 없기 때문이다. 그래서 사람들은 가장 은밀한 환상 속에서, 다른 사람이 걸어올 수는 없고 자신이 걸 수만 있는 전화를 갖기를 꿈꾼다. 이런 식의 꿈은 전능함(신성한 것이든 성적인 것이든)에서 중요한 것이 무엇인지를 보여준다. 그런데 어느 사회에서나(독재국가들에서만 그런 것이 아니라) 아주 강력한 사람들은 실제로 이런 전화기를 갖고 있다. 이것은 전능한 인간들의 사회를 추구하는 모든 유토피아들의 어리석음을 보여주는 예이다. 전화를 걸 수만 있고 받지는 않는 장치로만 이루어진 전화 네트워크는 작동할 수 없다. 또는, 책임[68] 없이는 자유도 없다.

전화를 거는 사람의 관점에서 전화기는, 여러 가닥의 전선들이 전화기에서 밖으로 뻗어나가고, 그 전선들 끝에서는 수많은 사람들이 전화가 오기를 기다리고 있는 도구이다. 이 도구는 이 모든 사람들에게 차례차례 전화를 할 수 있어도, 두 사람에게 동시에 전화를 걸게 해주지는 않는다.

이런 구조는, 전화를 거는 사람이 자신이 건 전화에 대해서 그것이 명령이든 절망적인 외침이든 또는 어떤 질문이든 간에, 개별적인 응답을 요구할 수 있게 만든다. 따라서 전화를 거는 사람의 관점에서 이 도구의 목적은, 자신이 불러일으킨 대화적인 의사소통을 성사시키는 데 있다.

전화기 뒤에 있는 물질적이거나 비물질적인 전선들은 선택의 변수를 열어준다. 자신이 전화를 걸 수 있는 사람들 중에서 어떤 사람을 선택할 수 있으려면, 전화 거는 사람은 이 사람들이 일련번호로 기록된 목록을 갖고 있어야 한다. 이 목록은 그 사람의 뇌와 전화번호부라는 두 개의 저장 장치에 보관된다. 이는 전화가 얼마나 원시적인지를 입증한다. 이보다는 근래에 '미니텔'에서 시도되는 것처럼 이 번호들을 전화기 자체에 보관하는 것이 훨씬 더 효과적일 것이다. 번호\Numerierung\는 중복\Redundanz\[69]이 없는 코드이다. 말하자면 전화번호를 이루는 숫자 하나하나와 그 순서가 중요하고, 숫자 하나만 잘못 선택해도 다른 번호로 연결된다. 전화번호 코드는 우리가 사용할 수 있는 비중복적인 선형\線形\ 코드 중 하나이다. 은행 수표의 코드가 이런 유형의 코드이다. 계산의 코드는 이 유형에 속하지 않는데, 그 위계질서가 그것을 중복적으로 만들기 때문이다. 예를 들어 프랑화\貨\를 계산할 때, 오른쪽 숫자 열에 있는 상팀70은 소홀히 다룰 수 있는 반면 왼쪽 열에 있는 천 프랑 단위에서는 주의를 기울여야 한다. 정보통신 혁명의 경향들 중 하나는 모든 중복성을 제거하는 것, 즉 총체적인 정보화를 지향하는 것이다. 또 하나의 경향은 그와 반대되는 방향을 지향한다. 전자의 경향이 우위를 차지할 경우, 즉 미래사회가 동등한 가치를 갖는 상호 호환이 불가능한 숫자들로 조직될 경우(그것은 인공지능을 위한 박애와 평등의 요구이다), 전화 코드는 그 온갖 오류와 실망스러움에도 불구하고, 흔히 언급되는 감옥과 병영보다 더 의미심장한, 미래 사회의 전조이다. 인공지능 사회는 감옥이 아니라 전화처럼 번호를 붙이지만, 그렇다고 그것이 반드시 위로가 되는 것은 아니다. 과거에 대도시들에서는 전화번호에 알파벳 문자가 들어 있었는데, 알파벳이 계산의 과정과 호환될 수 없는 것으로서 이 코드에서 제거되었기 때문에 지금은 일부 전화기들만이 우울한 증인으로서 그랬던 것을 알려주고 있다. 이것은 문학뿐 아니라 대수와 기호논리학 또한, 한마디로 모든 알파벳식의 표기법들이 우리가 필요로 하는 정보를 중개할 수 없기 때문에 계산의 코드에 자리를 내줄 수밖에 없음을 보여준다.

전화번호를 누르기 전에 우리는 전화기의 한 부분을 들어서 귀에 가져다 대야 한다. 그러면 보통 번호를 누를 수 있음을 알려주는 코드화된 신호음을 듣게 되는데, 이 신호음은 일반적으로 합의된 것이 없고 지역마다 다르다. 또 의미를 알 수 없는 신호음들을 듣게 되는 경우도 흔하다. 이럴 때는 처음부터 다시 시작하는 것이 현명하다. 여기서 생겨나는 실망은, 실망스런 전능함에 대한 실망일 뿐 아니라, 수수께끼 앞에서 답을 모르는 것에 대한 실망이기도 하다. 우리는 전화 속에서 무슨 일이 일어나는지 모르고, 그래서 그것은 온갖 흑마술을 담고 있는 블랙박스가 된다. 그런데 이 상황에는 이보다 더 불길한 또 하나의 차원이 있다. 음향 신호가 종종 시각적 신호보다도 더 강하게 인간적인 성격을 띠곤 하는 것이다. 즉 그 음향 신호가 '사람의 목소리'일 경우가 그렇다. 우리가 전화의 음향 장치에서 듣는 소리는 냉소적인데, 가장 심각한 것은 이것이 존재론적 착각이 아니라는 점이다. 왜냐하면 사실 이 냉소는 바로 타인이 구체화된 것\Verdinglichung\이고, 전화의 잡음은 실제로 이 실망스러운 전능의 존재를 조악하게 설치된 전화 연결망의 한 부분으로 바꿔놓기 때문이다.

제대로 된 신호음이 들리면, 전화기의 자동화 수준에 의해 정해진 방식에 따라서, 이제 가능해진 전화번호 선택이 이루어진다. 완전 자동화된 전화의 경우, 선택된 번호는 하나의 선을 이루는 숫자들로 조합되고, 숫자들이 만드는 이 선의 길이는 전화 거는 사람과 받는 사람 사이의 거리를 반영한다(이것은 전화의 방식처럼 선형적으로 코딩되고 계산으로 만들어지는 지도를 그릴 수 있는 가능성을 암시한다). 전화번호를 선택하는 동안 연속되는 숫자들은 전화 거는 사람의 귀 주위를 맴도는 윙윙거리는 잡음과 속삭임과 말 더듬는 소리로 방해를 받는다. 이것은 전화번호 선택의 리듬을 조절하는 음향 코드인데, 아주 이상한 것은 우리가 그 코드를 이해해야만 그 지시를 따를 수 있는 것이 아니라는 점이다. 여기서 미래의 인공지능 사회에서 코드의 기능에 대한 광범위한 연구 영역이 열린다. 모든 것이 잘 되었을 경우(선택한 전화번호가 길수록 잘될 가능성이 줄어드는 만약의 경우), 우리는 드디어 기계적으로 반복되는 연속음을, 맥박처럼 고동치는 소리를 듣게 될 것이다. 우리는 그것을 전화선 반대편에 있는 수화기에서 나는 소리라고 이해한다.

자동화의 정도가 낮을수록, 전화번호를 선택하는 과정에 사람의(대개 여성의) 목소리가 딱딱거리는 잡음의 코드 속으로 더 자주 끼어든다. 여기서 이 목소리와 전화 거는 사람 사이의 대화가 이루어지는데, 이것은 인류 역사상 다른 매체들에서는 유례가 없는 일이다. 전화 거는 사람은 번호를 불러주고, 요청을 하고, 화가 나고, 저자세를 취하고, 거짓말을 하는 반면, 전화 속의 목소리는 기계적이고 끈기 있게 번호—종종 잘못된 번호—를 되풀이하고, 예고도 없이 먹통이 된다. 이 기계적인 목소리는 그러니까 신호음보다도 훨씬 더 비인간적이다. 이 목소리의 기계적인 정중함은 오히려 더 조롱조이기 때문이다. 이런 대화를 전화가 아닌 곳에서 찾아볼 수 있는 유일한 예는 카프카에서의 인간과 신의 대화인데, 그래도 이 절실한 간청의 끝에, 모든 것이 잘 될 경우에는 그나마 전화선의 다른 쪽 끝에서 나는 소리를 들을 수 있다. 이것은 전화 연결망이 카프카의 신보다는 더 잘 작동한다는 증거이다.

여기서 우리는 관점을 바꿔서 전화를 받는 사람의 입장이 되어보아야 한다. 왜냐하면 이 순간에 기계적으로 되풀이되고, 바보처럼 끈질긴 벨소리가 전화 받는 사람의 삶의 세계로 뚫고 들어오기 시작하기 때문이다. 그것이 보통 전화벨처럼 날카로운 금속성의 소리가 아니라 부드러운 선율일지라도 전화 받는 사람은 그 소리를 피할 수 없다. 물론 이런 침입의 결과는 이렇게 구멍이 뚫리는 생활 세계의 구조에 좌우된다. 이 구조는 그것이 은행이냐 병원 입원실이냐에 따라 다르다. 그러나 이 바보 같은 부름의 명령은 언제나 무조건적이고, 그러므로 다시 한번 카프카에서의 신의 부름과 비교할 수 있다. 전화의 효과를 이해하기 위해, 전화벨 소리에 의해 이렇게 구멍이 뚫리는 상황들을, 기다림과 희망의, 한마디로 믿음의 네 가지 유형으로 구분해볼 수 없을까?

첫 번째 상황에서는 어떤 사람이 초조하게, 두려워하거나 기대하면서 특별한 전화가 오기를 기다리고, 침묵하는 전화기가 그 생활 세계의 중심을 이룬다. 전화벨 소리는 긴장을 불러일으키고, 이 긴장은 그 전화가 기다렸던 전화가 아니거나 잘못 걸려온 전화일 경우, 극단적으로는 진짜 실존적인 위기를 가져올 수 있다. 두 번째 상황에서는 전화벨 소리가 어떤 사물이나 인물에 대한 집중을 중단시킨다. 이것은 공적 요소가 사적 영역 속으로 밀고 들어가는(요컨대 침입하는) 상황이다. 세 번째 상황에서 전화벨 소리는 잠을 자거나 음악을 듣고 있는, 긴장을 풀고 있는 사람을 마치 가슴이나 배를 칼로 찌르는 것처럼 맞힌다. 그러니까 그것은 공격이다. 네 번째 상황에서(예를 들어 사무실이나 기차역에서) 전화벨 소리는 그 소리가 침투하는 생활 세계의 유기적인 일부분이고, 이것은 전화 통화를 위해 유일하게 열려 있는 상황이다. 확실히 이 네 가지 상황은 신학적 범주들에 상응한다. 여기서 놀라울 일은 아무것도 없다. 전화 걸기 자체 역시 이런 하나의 범주인 것이다.

그러므로 벨 소리에 이어지는 전화 통화는 다양한 편차가 있는, 전화를 건 사람의 실망과 전화를 받는 사람의 놀라움의 정도에 따라 달라지는 실존적 분위기 속에 놓인다. 그러나 이 대화의 긴장감에 대한 상호 간의 인정은 항상 지속된다. 예를 들면 전화를 거는 사람은 행동하는 사람이고, 받는 사람은 그 행동을 당하는 사람이지만, 이러한 '공격하는 자-공격받는 자'의 관계는 두 파트너의 상호 인정으로 상쇄된다. 다시 말해서 공격자는 공격 시간(예를 들면 특히 지리적으로 시차가 있을 경우에 전화를 거는 시간)을 공격받는 자에 따라서 고른다. 그는 전화를 받는 사람의 입장에서 생각한다. 실제로 이러한 상호 인정은 원래의 의미에서의 대화에 선행하는 것이다. 상호 인정은 전화 통화의 구조에 의해 당연한 권리로 요구되고, 그것 없이는 대화가 불가능하다.

대화는 '여보세요', '누구십니까?'와 같은 유형의

의례적인 말, 그러니까 전화 특유의 용어들로 시작되지만, 그것은 신속하게 전화 외적인 언어로 옮겨간다. 여기서 이른바 '언어적 차원'의 문제만이 아니라, 말하기의 기계화라는 새로운 문제도 나타난다. 이 단어들을 발음하는 목소리는 인간의 목소리일 뿐만 아니라, 듣는 사람이 그것이 누구 목소리인지 식별할 수도 있는 목소리이다. 그래서 그는 대답을 하면서 '너'라고 말할 수 있지만, 그럼에도 불구하고 여기에는 상대방에 의해서가 아니라 전화 자체로부터 생겨나는 특수한 전화만의 특성이 있다. 우리는 전화 통화가 상호주관적인 관계가 될 수 있도록, 이 매개체를 상대방과 동일시하려고(사람들이 자신의 흉곽을 자기 자신과 동일시하는 것처럼) 노력해야 한다. 그러나 이 모든 노력들에도 불구하고 통화는 실제로는 잠정적으로 만족스럽지 않은 상태에 머문다. 커뮤니케이션 이론의 분석들은, 그 이유가 선형적 음향 코드로 제한되는 전화의 한계 때문이라는 인상을 준다. 그러니까 전화 통신망을 2차원의 시각적 코드처럼 더 풍부한 코드—예를 들면 대화형 *TV*('멀리 보다'라는 개념이 암시하고 있듯이 이것은 *TV*의 원래 목적이다)나, 비디오 영상을 대화 형식으로 사용하는 경우처럼—로 개방하는 것이 이러한 실제적 만족감의 결핍을 해결해줄 것이라고 생각할 수 있다. 그러나 어림없는 생각이다. 물론 전화 코드의 빈약함은 이 매체의 한계에 그 나름의 역할을 하지만, 그것의 만족감의 결핍에는 이보다 더 깊은 이유들이 있다.

모든 매체에는 의사소통의 측면에서 고유의 변증법이 있다. 즉 매체는 그 매체를 통해서 소통하는 것들을 연결하고 분리한다. 덧붙여 말하자면 바로 이 변증법이 '매체\Medium\'라는 개념의 정확한 의미이다. 그러나 정보 전달의 과정에서 그것의 존재가 망각되는 매체들(이른바 면대면 매체)이 있다. 예를 들어 원형 탁자에서 대화를 할 때, 이 탁자의 존재는 잊히고, 나아가서 우리가 그것을 통해서 말을 하고 있는 공기의 존재도 잊힌다. 그러니까 우리는 몸이 서로 닿지 않는데도 직접적 의사소통을 하고 있다는—언제나 잘못된—인상을 받는 것이다. 이런 인상이 잘못인 이유는, (모든 분석을 회피하는 신비적 합일의 경우를 제외하고는) 직접적 소통이란 존재하지 않기 때문이다. 그러나 이런 인상은 비록 잘못된 것일지라도, 그 의사소통을 만족스러운 것으로 만든다. 전화는 지금으로서는 그것이 존재한다는 사실이 결코 잊히지 않는 매체이다. 이것은 전화의 기술적 성격 때문이 아니다. *TV*는 전화보다 훨씬 더 기술적인데, 그럼에도 우리는 그것의 존재를 잊는다. 불행하게도 이 점이 *TV*의 담론을 만족스럽게 만든다. 전화 연결망에서의 대화는, 그 대화가 대화를 중개하는 매체를 실질적으로 안 보이게 하는 데 성공할 경우에만 비로소 만족스러운 것이 될 수 있을 것이다. 이것은 기술적인 도전일 뿐만 아니라, 진정한 의미에서 정치적인 도전이기도 하다.

그러나 전화 코드의 빈약함은 그럼에도 본질적인 요소이다. 그것은 선형적인 코드로 한정되어 있기 때문만이 아니라, 언어 기호들에 그 의미의 대부분을 부여하는 음색\音色\이 부족하기 때문이기도 하다. 의미론적인 분석은, 전화라는 매체가 경험의 전달에 맞춰서 만들어졌다는 것을 보여줄 수 있다. 전화는 예를 들어 우리가 '예술'이라고 부르는 것에는 전혀 적합하지 않은 매체이다. 그럼에도, 사용가능한 대화-매체의 선택 폭이 적다는 점을 고려할 때, 전화에 부적합한 메시지 전달이 강요되는 경우가 자주 있다. 이런 잘못된 판단은 물론 혼자 시간을 보내는 사람들(예를 들어 청소년이나 여성)이 하는데, 이것은 전화 연결망에 과부하가 걸리는 원인들 중 (아마도 가장 슬픈) 하나이다.

전화 네트워크의 기술적인 구조는 어떤 다른 대화적인 매체도 제공하지 않는 하나의 몸짓을 할 수 있게 한다. 즉, 수화기를 내려놓음으로써 다른 사람의 말을 끊을 수 있는 것이다. 이 몸짓의 잔인함은, 그것이 새로운 것이고, 그래서 아직 완전히 활용된 것이 아니기 때문에 그만큼 더 효과적이다. 또한 이와 다른 전형적인 전화의 기호들, 그 의미의 번역이 불가능하고, 아직까지 완전히 파악되지 않은 것들이 분명히 있다. 예를 들어 부재하는 수신자 대신 응답을 하고, 전통적이지 않은 유형의 대화를 위한 일련의 변수들을 열어주는 자동 응답기 녹음을 생각해보라. 우리는 전화에서 면대면 대신 원격 현실(텔레프레전스\Teleprasenz\) 경험을 배우고 있다. 원격 현실을 가르치는 교재로서 전화, 그리고 텔레폰의 접두어 '텔레-'에는 교육적 의미가 있다.

여기 제시된 전화에 대한 서술은 철저한 것이 아니다. 이 서술은 오히려 전화만이 아닌 대화 매체 전반의 분석을 위한 하나의 출발점을 제안하는 것이라고 생각한다. 기억해두어야 할 것은 다음과 같다. 이 서술에는 양가적인 대화를 특징짓는 모든 요소들이 들어 있다(부름, 응답, 타자를 인정하는 것, 그리고 타자 속의 자기 자신을 인정하는 것). 이 서술에는 또한 순환적인 대화를 특징짓는 모든 요소들도 들어 있다(새로운 정보의 공시, 교환, 탐색). 다시 말해서 전화에 대한 서술은, 유토피아적인 정치적 삶을 허락해주는 미래의 대화 매체들을 고안해낼 수 있게 해준다.

그러나 이 서술은 또한 방영되고 있는 미디어들에 전화 연결망이 설치되는 것이 기술적으로 가능함을 확인해준다. 그것은 우리가 미래에 이러한 중앙에서 개폐되는 미디어들을 통해서만 서로 대화할 수 있게 되는 것을 상상할 수 있게 한다. 그 출발점은 이를테면 텔레비전에서 이미 확인할 수 있다. 따라서 두 가지 진단이 가능하다. 전화 연결망은 미래에 예를 들어 가역적인 비디오 네트워크와 컴퓨터 단말기를 위한, 계속 가지를 뻗으며 확장되는 네트워크의 모델이 될 것이다. 이 경우, 우리는 타자를 인정하고 타자 속의 자신을 인식하는 컴퓨터 통신의 사회를 향해 나아갈 것이다. 그렇지 않다면, 다른 가능성은 중앙에서 통제되고 프로그래밍되는 대중사회이다. 비록 지금의 징후들은 이러한 대안을 지지하는 듯하지만, 그것은 상상하기에는 너무 혐오스럽다. 전화처럼 겉보기에는 무해해 보이는 도구에서 이 두 가지 가능성을 모두 볼 수 있다. 이 가능성들 중에서 어떤 것이 현실이 될지는 부분적으로 우리에게 달려 있다.

*17*장
비디오의 몸짓

여기서 시도되는 가설은, 몸짓의 관찰은 우리가 세계 속에서 존재하는 방식을 '읽어낼' 수 있게 해준다는 것이다. 이 가설의 추론들 중 하나는 우리의 몸짓에서 관찰되는 변화는 우리가 현재 겪고 있는 실존적 변화를 '읽을 수 있게' 해준다는 것이다. 또 하나의 결론은, 이전에는 관찰되지 않았던 몸짓이 나타날 경우 그것은 항상 새로운 형태의 삶을 읽어낼 열쇠라는 것이다. 비디오를 다루는 몸짓은 이미 부분적으로 전통적인 몸짓의 변화를 보여준다. 여기서 주장된 가설을 따르자면, 이 몸짓을 관찰하는 것은 우리가 겪고 있는 실존의 위기를 '읽어내는' 하나의 방법이다.

'비디오'는 상대적으로 새로운 도구이다. '도구'란 특정한 목적에 도움이 되기 위해 만들어지는 물건이다. 그것은 '뭔가에 좋다'. 이 목적은 도구 속에 들어 있고, 도구는 목적에 의해서 형태를 갖게 된다. 그러나 도구는 하나의 대상\Objekt\이기를, 요컨대 하나의 문제\Problem\이기를 멈추지 않는다. '문제'는 라틴어 '오비엑툼\obiectum\'에 해당하는 그리스어 단어이다. 말하자면 그 도구에 형태를 부여한 목적과 상관없이 '이것은 무엇인가, 이것으로 무엇을 할 수 있는가?'라는 질문이 제기될 수 있다는 것이다. 우리에게 익숙한 전통적인 도구들에서는 이러한 '문제적인' 측면이 습관으로 가려진다. 침대는 더 이상 이런 식의 질문을 불러일으키지 않는다. 침대는 그 위에서 잠을 자고, 그 아래에 트렁크를 보관하고, 그 속에 돈을 숨기기 위해서 거기 있는 하나의 장소이다. 그러나 도구가 새로운 것일 때는, 그것의 문제적인 측면이 모습을 드러낸다. 우리가 새로운 도구들에 그처럼 매혹되는 것은 이 때문이다.

새로운 도구들에서 나오는 매력은 이중적이다. 처음에 우리는 그 도구들에 형태를 부여한 목적이 아직 소진되지 않았기 때문에 매혹된다. 우리는 인공위성과 레이저광선과 컴퓨터 속에 내재된 온갖 가상성을 아직 모른다. 그것들은 '위험하다'. 우리는 또한, 그 도구들에 그런 형태를 부여한 목적이 아직 다른 방향으로 굴절될 수 있기 때문에 매혹된다. 도구들은 명령이며, 그 명령들은 우리의 행동을 결정한다. 침대는 "누워!"라고 말한다. 우리를 둘러싸고 있는 도구들의 목적이 반드시 우리의 목적인 것은 아니다. 그것은 이 도구들을 만든 사람들의 목적이다. 그것들이 방향을 바꾸게 하는 것은 자유로워진다는 뜻이다. 새로운 도구들이 매혹적인 것은 그것들이 다른 어떤 것들보다도 더 많은 미지의 가상성을 내포하고 있기 때문이고, 그것들이 해방의 행동을 허용하기 때문이다.

비디오의 목적은 *TV*를 위해 일하는 것이다. 그 '결정권자'들은 정확히 이 목적으로 비디오를 만들게 했다. 그것은 방영되어야 할 프로그램의 녹화, 즉 프로그램의 준비와 사전 검열을 가능하게 해주는 도구이다. 비디오는 생방송의 돌발 상황을 제거한다. 그것은 우리를 규정하는 문화 시스템의 구성 요소의 하나인 *TV* 시스템의 목적들을 위해 일하는 도구이다.

비디오테이프는 하나의 기억이다. 그것은 장면들을 선형적인 평면에 저장한다. 그러니까 그것은 세 개의 차원을 갖는다. 평면의 두 차원과 테이프를 재생하는 차원이 그것이다. 그것은 시간과 공간의 *4*차원을 *3*차원으로 축소시킨다. 이 점에 있어서 그것은 이를테면 조각과도 비교할 수 있다. 그러나 장면들이 테이프에 의해 축소되는 이 *3*차원은 조각과는 성질이 다르다. 나아가서 또 다른 존재론적인 차이가 있다. 조각은 장면을 묘사하지만, 비디오테이프는 장면을 재생한다\wiedergeben\. 비디오테이프는 조각과는 다른 차원의 현실에 속한다. 그것은 다른 성격의 차원들을 갖고 있고, 그것이 저장하는 장면에 대해 다른 관계에 있다.

비디오테이프는 영화필름과 비슷하다. 그러나 영화는 사진들로 구성된다. 영화의 시간의 차원은 착시\錯視\의 결과이다. 이와 달리 비디오테이프에서는 재생과 장면이 중복된다. 그것은 마찬가지로 시각적 트릭이지만, 장면의 현실의 문턱에 더 가까이 있는, 다른 조작의 가능성들을 갖는 트릭이다.

테이프는 알파벳처럼 선형적인 코드이다. 그 메시지를 수신하기 위해서는 이 선\線\을 따라가야 한다. 그런데 테이프에서는 이 선이 풀려나가지만, 알파벳에서는 고정되어 있다. 비디오테이프를 읽는 것은, 눈을 움직이면서 알파벳을 읽는 것보다 더 수동적이다. 그 대신 테이프는 *1*차원이 아니라 *3*차원이고, 그것을 읽는 것은 알파벳을 읽는 것보다 복잡하다.

비디오의 몸짓은 사진 촬영의 몸짓과 유사하다. 그러나 여기에도 차이가 있다. 사진가는 자신이 서 있을 지점을 선택할 필요가 있고, 장면들을 어느 곳으로부터 사진의 평면에 저장할지를 정해야 한다. 그래서 그는 장면들을 사진으로, 다시 말해서 그것들을 대상(그 대상의 주체는 사진가 자신이다)으로 바꿔놓기 위해서는, 자신이 분명하고 확고하고 최종적인 결정을 내릴 것을 요구받는다.

비디오 제작자는, 자신의 결정과 관계되는 장면 앞에서와 똑같은 방식으로 모니터 앞에도 있게 된다. 이로 인해서, 그의 결정은 사진가의 결정처럼 반드시 대상화하는\verdinglich-end\ 것이어야 할 필요는 없다. 결정은 장면과의 관계에서도, 또 장면 안에서도 내려질 수 있는 것이다. 사진가는 '객관적'이어야 한다. 비디오 제작자는 상호주관적일 수 있다. 그러나 어떤 경우든 그는 반드시 현상학적이어야만 한다.

이것은 우리를 다시 영화와의 비교로 돌아가게 한다. 영화와 달리 비디오테이프에서는 저장된 장면을 참가자들이 촬영 직후에 곧바로 '읽을' 수 있다. 장면 속에서 그들은 영화에서처럼 반드시 배우들이기만 할 필요가 없다. 그들은 주체인 동시에 대상이고, 저장되는 것이면서 동시에 저장하는 것이다. 비디오테이프는 자기 자신과 장면 사이의 대화를 열어준다. 영화는 이와 달리 장면에 대한 담론이고, 따라서 직접적인 대화를 일체 금지한다. 비디오테이프는 대화적인 기억이다.

모니터는 언뜻 보기에 일종의 거울이지만, 그것과 '고전적인' 거울 사이에는 또한 많은 차이가 있음을 확인할 수 있다. 모니터는 소리를 내보낸다. 그것은 왼쪽과 오른쪽을 뒤집어서 보여주지 않으며, 이 점에 있어서 거울과 정확히 반대된다. 그것은 장면에서 비치는 빛을 반사하는 것이 아니라, 음극선\陰極線\의 빛을 방출한다. 그러므로 그것은 고전적인 거울과는 완전히 다른 이미지, 혁명적으로 새로운 방식의 이미지를 제공한다. 모니터는 그 음향과 (좌우가 바뀌지 않는) 반사 축에 의해서, 그리고 그 빛에 의해서, 반영되고 사색되는 현실에 대한 우리의 모든 전통적인 개념을 뒤집어놓는다. 이것은 모니터를 보는 사람을 어떤 좌표도 사용할 수 없는 공간 속으로 옮겨놓는다. 그는 방향 감각을 잃는다.

거울과 마찬가지로 모니터는 유리로 만들어진 평면이다. 그러나 모니터는 거울을 거꾸로 뒤집기 때문에 오히려 창문과 비슷하다. 이 점에서 모니터는 다시 *TV*와 비슷하고, (막혀 있는) 벽인 회화의 캔버스나 영화 스크린과는 다르다. 슬라이드 필름과 영화의 영사\映寫\는 그 유래로 보면 라스코와 알타미라 동굴벽화에 그 기원이 있는 회화가 추가적으로 발전한 것이다. 모니터는 *TV*처럼, '원시' 인간에 의해 관찰된 물 표면에 그 기원이 있는, 반사하는 투명한 평면이 추가적으로 발전한 것이다. 비디오는 이미지의 계보에서 영화관과는 다른 가지에 놓인다. 이 차이를 드러내는 것은, 비디오와 *TV*를 영화의 모델이 그것들에 행사하는 지배력에서 벗어나게 하기 위해 중요하다.

그 계보학에 따르면 영화는 프레스코 벽화-회화-사진의

계보에서, 그리고 비디오는 물 표면-돋보기-현미경-망원경의 계보에서 찾을 수 있다. 그 기원에 따르면 영화는 예술적인 도구이다. 영화는 묘사한다\repräsentieren\. 반면에 비디오는 인식론적인 도구이다. 비디오는 제시하고\präsentiert\ 추측하고 사색한다. 이것은 반드시 기능의 차이인 것만은 아니다. 영화도 제시할 수 있고(예를 들어 다큐멘터리 영화), 비디오도 묘사할 수 있다(예를 들어 비디오아트). 그럼에도 '비디오'라는 도구의 기원은 아직 펼쳐지지 않은 일련의 인식론적 가상 세계가 있다는 인상을 불러일으킨다.

비디오 제작자는 시간의 선형적 성격을 조작한다. 그는 통시적 시간을 공시\共時\화할 수 있다.[71] 모든 비디오테이프는 다른 시간의 파편들을 동일한 표면 위에서 동기화하기 위해 재사용될 수 있다. 그러므로 그것은 작곡가의 작곡에 비교할 수 있는 일종의 구성\Komposition\이다. 그런데 한 가지 차이가 있다. 작곡가는 음\音\들의 통시적 시간을 동기화한다. 그는 화음을 만드는 것이다. 이런 식으로 음들을 동기화하는 것을 '심포니\Symponie\'라고 부를 수 있다. 비디오 제작자는 장면들을 동기화한다. 그는 장면들을 겹쳐놓는 것이다. 이런 식으로 장면들을 동기화하는 것을 '심스체니\Symszenie\'[72]라고 부를 수 있다. 비디오 제작자는 일련의 사건들로 작업하고, 반면에 작곡가는 일련의 음들로 작업한다. 비디오 제작자의 재료는 엄밀한 의미에서의 역사, 즉 장면들의 연속이다.[73] 그러므로 그는 역사 속에서 움직일 뿐만 아니라, 그 역사에도 영향을 미친다. 이런 의미에서 그의 몸짓은 탈역사적이다. 그의 관심은 단순히 사건을 노래하는 것(역사적 개입)만이 아니라, 마찬가지로 서로 다른 사건들을 조합하는 것(탈역사적 개입) 또한 목표로 한다.

바로 이것이 비디오가 도구로서 매혹적인 이유이다.

비디오는 그것을 발명한 사람들과 그 생산물을 구입하는 사람들에게도 알려져 있지 않은 가상 세계를 우리가 발견하게 해준다. 또한 그것은 우리가 그 발전의 목적을 다른 방향으로 돌릴 수 있게 한다. 물론 우리는 이러한 목적의 모델에서 예상되었던 몸짓들로 비디오를 다룰 수 있다. 그럴 경우, 그 분석은 우리가 장치들 뒤에 있는 권력의 손아귀에 놓여 있음을 보여줄 것이다. 그러면 우리는 체제에 고용되어 사용되는 비디오 제작자의 몸짓들 뒤에서, 이 체제가 우리를 프로그래밍하는 방식과 수단들을 발견할 수 있을 것이다.

그러나 우리는 이를테면 영화, 글쓰기, 작곡, 조각, 철학적 사유와 같은 다른 미디어들로부터 빌려온 몸짓들로 비디오를 다룰 수 있다. 그럼에도 그것은 새로운 성격을 갖게 될 것이다. 이 새로운 성격은 비디오의 대화적인 구조에서 생겨날 것이다. 간단히 말해서 비디오의 몸짓은, 제작자가 바로 작품의 주체가 되는 작품을 만들려고 하는 것이 아니라, 제작자가 통제하기는 하지만 함께 참여하는 어떤 이벤트를 실현하려는 몸짓이다.

요약하면, 그것은 새로운 방식의 세계-내-존재의 등장으로 해석될 수 있는 몸짓이다. 그것은 전통적인 범주(예를 들어 예술, 역사적인 행동, 혹은 객관성과 같은 범주)들을 불확실하게 만들고, 아직 명확히 분석할 수 없는 새로운 범주들을 구상하는 존재 방식이다. 이 글에서 가볍게 개괄적으로 기술한 비디오의 몸짓과 같은 몸짓들을 분석하는 것은, 이 새로운 범주들의 이해를 시작하는 데 꼭 필요한 일이다. 이러한 이해는 아마도 '대화적 추론 \dialogische Spekulation\'이라는 이름으로 불릴 수 있고, 그럼으로써 플라톤에까지 논의를 확장할 수 있을 것이다. 그것은 고대인이 언어가 아니라 비디오로 생각했다면, 우리가 도서관 대신 비디오 아카이브를, 논리학 대신 비디오학을 갖게 되었으리라는 느낌을 불러일으킨다. 그러나 그것은 시대착오이다.

18장
탐구의 몸짓

우리의 몸짓들은 변화를 앞두고 있다. 우리는 위기에 처해 있다. 몸짓의 현상학에 대한 시론의 마지막 장이기도 한 이 글은, 우리의 위기가 근본적으로 학문의 위기, '탐구의 몸짓'의 위기라고 주장한다. 이 주장은 겉으로 드러나는 현상만으로는 뒷받침되지 않는다. 오히려 연구자들, 연구소와 도서관과 학교 강의실에 있는 사람들의 몸짓은 100년 전과 거의 같은 반면, 춤을 추거나 앉거나 먹는 것 같은 다른 몸짓들은 이와 달리 새로운 구조를 갖게 된 것으로 보인다. 이 글이 제시하는 논지는, 우리의 모든 몸짓들(우리의 행동과 생각들)은 과학 연구에 의해 구조를 갖게 되며, 우리의 몸짓이 변하고 있다면 그 변화의 이유는 탐구의 몸짓이 변하려 하기 때문이라는 것이다.

분명한 것은, 과학 연구에 의해 도입된 기술들(즉 연구의 결과, 행운의 발견들)은 우리의 생활양식과 몸짓에 근본적인 영향을 미친다는 사실이다. 우리 주변의 물건들에 대한 기술적 조작(그것은 200년 전부터 행해져왔다)은, 인간과 사회에 대한 기술적 조작(그것은 이제 막 시작되고 있다)과 마찬가지로, 산업혁명 이전의 상태에 비해 몸짓들이 근본적으로 변하게 된 명백한 원인이다. 그러나 기술의 몸짓들 또한 근본적으로 우리의 모든 몸짓들을 위한 모델이 되는 것은 아니다. 기술의 몸짓들 자체는 이른바 '순수' 학문의 몸짓에 의해서 형성된다. 찾는 것이 무엇인지 미리 알지 못하는 탐구의 몸짓, '과학적 방법'이라고 불리는, 손으로 만져보는 이 몸짓은 우리의 모든 몸짓들의 본보기 \Paradigma\이다. 그것은 중세를 지배했던 제의적 몸짓의 위치를 차지하고 있다. 중세에 예술과 정치, 경제와 학문의 모든 몸짓들은 종교의 제의적 몸짓에 의해 형성되었다. 모든 행동(또한 모든 생각과 모든 욕망, 모든 수동적 경험)은 종교적인 분위기에, 제의의 몸짓의 구조에 젖어 있었다. 이제는 제의의 몸짓을 포함한 모든 몸짓이 과학 연구의 체계에 의해서 형성되고 있다. 여기까지가 이 글의 논지이다.

과학 연구는 이 중심적 위치를, 이를테면 직접 개입하지 않은 채로 차지했다. 제의와 연구(종교와 학문) 사이에는 몸짓의 모델을 만드는 독점권을 둘러싼 투쟁이 전혀 없었다. 사람들은 16-17세기 사이에 점차적으로 제의의 몸짓을 완전히 포기했고, 그렇게 해서 열린 빈 공간을 탐구의 몸짓이 차지했다. 사실은 탐구의 몸짓은 다른 몸짓들의 모델일 수 없다. 이 몸짓은 잃어버린 어떤 것을 찾는 것이 아니다. 그것은 무엇이 됐든 상관없이 찾는 것이다. 그것은 어떤 목표도 없고, 추구하는 어떤 '가치'도 없다. 그것은 '권위\Autorität\'일 수 없다. 그럼에도 그것은 권위가 되었다. 과학 연구가 우리 사회 속에서 차지한 위치는 그 연구 자체와 모순되어 있다.

탐구의 몸짓은 혁명적 부르주아의 몸짓이다. 이 부르주아는 수공업자이다. 그는 생명이 없는 대상들을 다룬다. 그는 이 대상들로 뭔가를 만들려고 한다. 그는 동물이나 식물을 다루지 않는다. 그런 일은 농부가 한다. 그는 사람들을 조작하지 않는다. 그런 일은 귀족과 성직자들이 한다. 이 부르주아의 '실천적' 지식은 생명이 없는 대상들에 국한된다. 이 때문에 근대 과학은 천문학과 역학, 즉 생명 없는 대상들의 움직임을 이해하려는 분야들로 시작된다. 이것은 분명하지만 그럼에도 놀라운 일이다. 왜냐하면 이 움직임들은 존재론적 관점에서는 그다지 관심을 끄는 것이 아니기 때문이다. 과학 연구의 기원에 놓인 시민혁명은 관심\Interesse\의 혁명이다.

중세의 관심이 향한 것은 인간의 삶과 죽음, '영혼\Seele\'이다. 아우구스티누스는 이렇게 말한다. "나는 신과 영혼을 알고 싶다. 다른 것은 없는가? 아무것도 없다."[74]

그것이 천 년 동안의 지배적인 관심이었다. 혁명적인 부르주아를 사로잡은 것은 다른 방향을 향하는 관심이다. 그는 ‘자연’을 알고 싶었다. 어떤 자연을? 그것은 유대교-기독교의 창조물도, 그리스의 자연[75]도 아니고, ‘그분’의 의지가 나타나는 ‘신성한 작품’도 아니고, 모든 것이 운명에 따라 자신에게 정해진 자리에 있는 우주적 유기체도 아니다. 혁명적 부르주아의 연구 영역은 생명이 없는 움직임이다.

그러니까 그것은 별로 관심이 없는 영역이다. 무엇이 탐구되는가? 물론 이 탐구는 무생물인 대상을 우리의 의지에 종속시키기 위한 도구와 기계의 제작을 추구한다고 말할 수 있다. 이것은 우리가 일은 덜하고 소비는 더 많이 할 수 있게 해주기 때문에 관심을 끈다. 그러나 이렇게 주장하는 것은 시대착오를 범하는 것이다. 혁명적 부르주아는 산업혁명을 하려던 것이 아니었다. 그것은 200년 뒤에 일어난, 예상하지 못했던 상황이다. 부르주아의 연구는 ‘순수’했고, 무관심했다. 그는 관심이 있는 문제들에 등을 돌렸고, 기쁨과 고통, 불평등과 전쟁, 사랑과 증오를 종교, 정치, 예술과 같은 학문 외적인 분야들에 넘겨주었다.

‘인본주의’의 몸짓은 관심을 끌지 않는 대상들에 전념하기 위해 인간이 관심을 갖는 문제들을 외면한다. 왜냐하면 관심을 끌지 않는(인간이 ‘연루되지’ 않는) 대상들은 ‘먼 곳에’ 머물러 있기 때문이다. 그것들은 객체들이고 인간은 그것들의 주체이다. 인간은 자기 앞에 있는 이 객체들에 대해 ‘초월\Transzendenz\’의 장소에 있다. 그래서 그는 그것들을 ‘객관적으로’ 인식할 수 있다. 돌이나 별 같은 사물들과의 관계에서 인간은 신과 같다. 인간은 교회나 질병, 전쟁 같은 일들과의 관계에서는 신과 같지 않다. 왜냐하면 인간이 이 일들에 연루되어 있기 때문이다. ‘객관적인’ 앎은 인본주의의 목적이다. 이러한 앎 속에서 인간은 신의 위치를 차지한다. 이것이 ‘인본주의’의 몸짓이자 부르주아 연구자의 몸짓이다.

그러나 이것은 몸짓 전체가 아니다. 생명이 없는 대상들의 움직임은 수학적 등식으로 서술할 수 있지만, 관심을 끄는 문제들은 같은 정도로 그렇게 할 수 없다. 수학적으로 서술하는 것은 오래된 이상이지만 부르주아의 이상은 아니다. 초기 단계에 이 이상은 음악적인 것에, 요술과 마법에 묶여 있었다. 수학적 표현은 처음에는 칠현금과 플루트를 연주하는 몸짓이었다. 그런데 이 몸짓은 변했다. 그것은 읽기\Ablesen\의 몸짓이 되었다. 이슬람교에서 자연은 신이 쓴 책이고, 그 책은 숫자로 씌어 있다(아랍어 'maqtub'은 '글자'와 '운명'을 뜻한다). 신 덕분에 인간은 그 책을 읽어낼 수 있다. 자연의 복잡한 숫자들 뒤에서 인간은 단순한 알고리즘을 발견한다. 혁명적 부르주아는 생명 없는 대상의 움직임을 이러한 '이슬람의' 형식으로 정확히 수학적으로 설명하려 했다. 부르주아의 탐구의 몸짓은 암호 해독의 몸짓이기도 하고, 바로 이런 측면 덕분에 그의 연구는 '엄밀'해졌다.

요약하면, 혁명적 부르주아 계급은 자신들의 몸짓(생명 없는 대상들을 다루는 것)을 대략 16세기경에 우리 사회에 각인시켰다. 그 몸짓은 이렇게 이른바 '순수한' 연구의 몸짓이 되었다. 이런 방법으로 새로운 유형의 '자연'이 발견되었고, 이 자연은 객관적이고 정확한 지식의 추구를 가능하게 했다. 인간은 이 자연의 초월적 주체가 되었다. 초월적 주체의 몸짓은 자연과학의 몸짓이고, 그것은 우리의 모든 몸짓들의 모델이 되었다. 그러나 이 몸짓이 이제 막 변화하려 한다. '위기다.'

여기서 놀라운 것은 이 위기가 너무 늦게 왔다는 것뿐이다. 왜냐하면 부르주아의 자연은 확장되어왔고, 점점 더 관심을 끄는 것이 되었기 때문이다. 그것은 근대를 거치면서 대략 이런 순서로, 생물, 인간 정신, 사회(생물학, 심리학, 사회학)를, 그러니까 관심을 끄는 것들을 합병했다. 그리고 이러한 '자연'의 확장이 '순수한' 연구의 몸짓을 다시금 의심스럽게 만든다는 것도 뼈아프게 드러났다. 생물학, 심리학, 사회학과 경제학에서(또한 이른바 정신과학에서도) 연구된 지식은 아주 '객관적'이지도 않고, 아주 '엄밀'하지도 않은 것으로 판명되었다. 탐구의 '순수한' 몸짓은 이런 것들을 다루기에 그다지 적합하지 않아 보인다. 늦어도 200년 전부터 이것은 고통스런 방식으로 분명해졌다. 그러나 그 당시에는 이 위기가 나타나지 않았다. 왜냐하면 그 사이에 산업혁명이 일어났기 때문이다. 산업혁명은 탐구의 '순수한' 몸짓이 생명이 없는 대상을 다룰 때 매우 적합함을 보여주는 증거였다. 그러나 이제 산업혁명은 소화가 되었고, '순수한' 연구의 위기가 시작되었다. 이 위기는 뒤늦게 왔기 때문에 더 위험해질 가능성이 있다.

이제 분명해진 것은, 객관성과 엄밀성은 (부르주아 이데올로기의) '이상'이라는 것, 현실에는 '순수한 정신'이나 '순수한 지식' 같은 것은 존재하지 않는다는 것, 학문 연구는 부르주아 계급의 의지대로 초월적 정신의 몸짓이 될 수 없다는 것, 그리고 학문 연구는 부르주아의 이상이 원했던 것처럼 객관적 자연에 대해 외부로부터 행해지는 기술적 조작으로 끝날 수는 없다는 것이다. 오늘날 우리는 학문이 어떤 존재 방식을 가질 수밖에 없는 운명인지 알게 되었다. 그것은 세계 속으로 잠입해서 세계를 자신의 필요와 욕망과 꿈에 맞춰 바꾸는 데 관심을 둔 인간의 몸짓이다. 이 점을 깨달을 수밖에 없게 된 것, 그것이 탐구의 몸짓이 처한 위기이다.

객관적이고 엄밀한 지식을 향한 탐구의 몸짓은 이제 불가능한 것이 되려 한다. 반면에 새로운 유형의 탐구의 몸짓이 이제 막 출현하는 것을 관찰할 수 있다.

객관적 지식은, 인식 가능한 대상에 대한 인식하는

주체의 합치\Adäquation\의 몸짓에 의해서 탐구된다. 이때 전제되는 것은, 주체와 객체가 서로 다른 개체이고, 인식의 과정에서 만난다는 것이다. 학문 연구는 '무조건적'이지 않다. 주체와 객체의 이러한 구분은 학문 연구의 전제 조건이고, 우리는 적어도 데카르트 이후 이 전제 조건의 난점을 인정해왔다. 그것은 사실이다. 우리는 '사물에 대한 오성'의 합치, '생각되는 것에 대한 생각하는 사람'의 합치가 어떻게 이루어지는지 이해할 수 없다. 데카르트는 신의 지지\concursus Dei\를 이야기했다. 그러나 이 근본적인 난점에 대한 인정도, 수백 년 동안 학자들이 객관성의 이상을 추구하는 것을 막지는 못했다. 오늘날 이 난점은 극복할 수 없는 것이 되었다.

탐구의 몸짓은 이제 점점 더 명확하게 주체와 객체가 언제나 맞물려 있음을 보여주고 있다. 주체는 항상 어떤 객체의 주체이고, 객체는 항상 어떤 주체의 객체이다. 객체 없는 주체도, 주체 없는 객체도 존재하지 않는다. 인식은 주체가 객체와 부딪치는 것이 아니다. 인식은 우리가 그것으로부터 주관적인 극점과 객관적인 극점을 추상적으로 개념화하고 발췌해낼 수 있는 구체적 관계이다. 주체와 객체는 구체적인 관계의 추상적인 추정\Extrapolation\이다. '초월적 정신'과 '객관적으로 주어진 세계'는, 구체적인 현실—우리 자신이자, 우리가 그 속에 들어 있는 현실—로부터 추정된 이데올로기적 개념들이다.

탐구의 몸짓 자체가 이를 보여주고 있다. 그것은 물리학에서, 탐구의 몸짓이 그 탐구 대상을 어느 정도로 불러내고 규정하고 변화시키는지 보여준다. 그것은 심리학에서, 탐구되는 대상이 학자의 몸짓을 어느 정도로 불러내고 규정하고 변화시키는지 보여준다. 그것은 사회학, 경제학, 언어학과 인접 학문들에서 더 잘 나타난다. 모든 대상은 탐구에 의해서 비로소 대상이 되고, 모든 주체는 뭔가를 탐구함으로써 비로소 주체가 된다. 대상이란 탐구되는 것이고, 주체란 탐구하는 것이다.
'이상주의적'이건 '현실주의적'이건 객관성에 대한 이데올로기적 개념은 탐구의 몸짓을 모호하게 만든다. 우리는 이 몸짓을 이 개념에서 떼어내야 한다. 그러나 이는 이 몸짓의 구조를 변하게 할 것이다.

부르주아 학자는 자신의 대상에 '선입견 없이' 다가간다. 그는 '평가하지' 않는다. 이 얼마나 근사한 모순인가! '순수한' 연구의 가치는 어떤 가치도 용납하지 않는 데 있다. 이 모순은 언제나 인정되었던 것이지만, 그것이 순수를 향한 연구자들의 추구를 가로막지는 않았다. 그러나 이제 그것은 그렇게 하고 있다. 왜냐하면 지금 몸짓은, 그것이 인간의 행동이라는 것을, 풍부한 현실 속에 잠겨 있는 생명체의 행동이라는 것을 스스로 보여주고 있기 때문이다. 소망하고 괴로워하지 않고서는, '가치'를 갖지 않고서는 탐구할 수 없다. 인식은 무엇보다도 열정이고, 열정은 인식의 한 형태이다. 이 모든 것은 충만한 인간의 삶 속에서, 그 '세계-내-존재' 속에서 일어난다. '순수한', 윤리적으로 중성적인 태도의 몸짓이란 기만적인 몸짓이다. 그것은 비인간적이고, 소외이고, 광기이다.

이것이 생명 없는 대상에 관한 인식이라면 이 소외는 단지 인식론적인 소외일 뿐이다. 이 경우에 그것은 하나의 착각에 불과하다. 그러나 이것이 다른 것들(질병, 전쟁, 불평등)에 관한 것이라면 이 소외는 죄악이 된다. 사회를 개미의 군집\群集\처럼 연구하는 학자, 경제를 체스 경기처럼 다루는 기술 관료는 범죄자이다. 그는 객관적 지식을 통해서 모든 이데올로기를 극복했다고 주장한다. 사실은 그는 객관성이라는 이데올로기의 희생자이다. 기술 관료 체제는, 사회를 조작할 수 있는 덩어리\Masse\로(생명 없는 대상으로) 바꾸려는 부르주아 이데올로기의 정부 형태이다.

기술 관료 체제는 위험하다. 그것이 작동하기 때문이다. 윤리적으로 중성적인 태도로 사회에 접근하면, 사회는 실제로 대상화되어버린다. 그것은 객관적으로 식별할 수 있고 조작할 수 있는 장치가 되고, 인간은 객관적으로 식별할 수 있고 조작할 수 있는 직원이 된다. 통계와 5개년 계획, 성장곡선과 미래학에 의해서 사회는 사실상 개미 집단이 된다. 그러나 이것은 미친 짓이다. 이런 사회는 우리에게 관심이 있는 사회가 아니고, 이런 인간은 이 세상에서 우리와 함께 살고 있는 인간이 아니다. 지금 우리는 작동하고 있는 이런 광기를 볼 수 있고, 그것이 '순수한' 연구의 결과임을 알고 있다. 탐구의 몸짓 자체가 지금 객관성은 범죄적이라는 것을 보여준다. 객관성은 포기되어야 한다. 그러나 이것만으로는 아직 탐구의 몸짓의 구조가 변할 수 없다. 왜냐하면 그것은 그 본질상 주체를 객체에 동화\同化\시키는 것이기 때문이다. 그것은 객체가 주체에 의해서 파악되어야 하고, 주체는 객체를 파악할 수 있어야 하는 것처럼 행동한다. 그러므로 이 몸짓은 두 가지 전략으로 구성된다. '객관적인' 전략과 '주관적인' 전략이다.

'주체' 쪽에서 이 전략은 모든 가치 평가의 회피, 그리고 수학과 논리학에 의한 주체의 사전 프로그래밍이다. 이렇게 해서 아주 특별하고 수상쩍은 주체인 '연구자'가 생겨난다. 우리는 이 사람을 문학에서는 프랑켄슈타인으로, 실험실에서는 과학자로, 역사에서는 오펜하이머76 사건으로 알고 있다. '객체' 쪽에서 이 전략은, 하나의 현상을 '객체'로 바꿔놓는 어떤 정의에 의해서 그 현상을 구체적인 맥락에서 떼어내는 것이다. 현상을 이렇게 객체로 바꾸는 것은 물질적, 정신적 실험실들에서 수행되는 작업이다. 이렇게 새의 울음소리는 음향의 진동이 되고, 고통은 유기체의 기능 장애가 된다. 이런 식으로 연구의 주체와 객체가 일단 설정되면, 양자의 일치가 시작된다. 그 다음에 행해지는 몸짓을 피상적으로 설명하면 이렇다.

연구자는 먼저 일종의 정화 의식을 거쳐야 한다. 그는 자신의 연구비를 누군가가 지불한다는 것, 자신이 그것을 발표하지 않으면 망한다는 것, 자신이 뭔가를 찾아내면 유명해진다는 것, 자신의 발견이 경우에 따라 사회에 좋거나 나쁠 수 있다는 등의 가치 판단에 관한 고려를 의식에서 배제한다. 그렇게 해서 그는 깨끗한 양심을 얻는다. 그런 다음 그는 논리학과 수학의 체계, 그리고 전에 있었던 과학 연구의 특정한 주장을 자신의 기억에 저장한다. 그런 다음 그는 이미 이 계획을 위해 준비되어 있는 대상에 접근하고, 저장되어 있는 구조와 주장들에 이 대상이 들어맞는지 아닌지를 알아내려 한다. 그는 자신의 몸짓으로 이 대상에 어떤 폭력도 행사하지 않으려 한다. 그는 제안된 구조와 주장들에 대해서 이 대상이 '예' 또는 '아니오'로 대답할 것을 허락한다. 연구의 이 과정을 '관찰'이라고 한다. 대상이 '예'라고 하면 이 구조와 주장은 '관찰에 의해 입증된' 것이고, 이 대상은 '규명된' 것으로 간주된다. 그러나 이 대상이 '아니오'라고 대답할 때 비로소 진짜 연구가 시작된다. 연구자는 저장된 주장들 중 하나를 취소하고 다른 주장을 제안한다. 취소된 주장은 '관찰 덕분에 허위임이 입증된 가설'이 되고, 새로 제안된 주장은 '작동하는\operativ\ 가설'이 된다. 이런 연구 과정을 '방법론적 의심'이라고 하고, 이런 유형의 주장들의 연속을 '과학의 진보'라고 한다.

작동하는 가설\Werkhypothese, 작업가설\은 반복 사용이 가능한 연구 도구이다. 그것은 더 나아가 아직 연구 준비가 되지 않은 현상들을 그 구체적인 맥락에서 해체해내는 데도 쓰일 수 있다. 이런 현상들이 이른바 '발견된 대상들'이다. 이런 식으로 작동하는 가설들의 도움을 받아야만 우리가 이를테면 항성이나 생물의 종, 또는 소립자와 같은 대상을 발견할 수 있기 때문이다.

그렇기에 과학 연구의 세계는 지속적인 확장 상태에 있다. 이 확장은 다시금 연구가 여러 갈래로 분화할 것을 요구한다. 이것을 학문 연구의 '진보적 전문화'라고 부른다.

작동하는 가설들은 모두 연구자의 기억 속에 저장된 논리적이고 수학적인 구조를 갖고 있다. 우리는 이 가설들이 일관적인지 알아보기 위해 그것들을 그룹으로 나눠볼 수 있다. 이 연구 과정을 '이론\Theorie\'이라고 한다. 가설들의 일관성 있는 그룹인 이론은 객관적인 세계의 더 넓은 영역에 대한 설명이다. 이론들은 더 포괄적이라는 장점이 있다. 그러나 이 가설들 중 단 하나라도 관찰을 통해 허위임이 입증되면 그 이론 전체를 버려야 한다. 이론을 전복시키려 하는 이 연구 단계를 '기초연구'라고 한다. 허위임이 입증된 이론은, 그보다 더 단순하고 포괄적이라는 의미에서 '더 잘 작동하는' 다른 이론으로 대체될 수 있다. 그리고 이것이 유명한 '패러다임 전환'이다.

여기서 피상적으로만 서술된 탐구의 몸짓은 항상 (과학철학에 의한) 비판적 반론들의 합창을 동반했다. 이 합창은 이런 질문을 던진다. 학문적 명제의 '진실'은 무엇인가? 그것은 학문 또는 철학의 문제인가? 이론은 가설보다 더, 또는 덜 참된가? 명제들이 논리적이고 수학적인 구조를 갖도록 정해지는 것은 주체의 사전 프로그래밍에 의한 것인가, 아니면 대상적인 세계의 구조에 의한 것인가? 그렇지 않다면 이것은 어떤 상태에 있는가? 이 질문들(그리고 같은 유형의 다른 질문들)은 한 번도 만족스런 답을 찾지 못했다. 왜냐하면 우리가 이제 알게 되었듯이 그 질문들이 나빴기 때문이다. 그 질문들은 모두, 탐구의 몸짓 자체가 그랬던 것처럼 주체와 객체의 분리를 전제로 한다. 그러나 답이 없는 것은 중요하지 않았다. 테크놀로지는 그때까지 작동하고 있었기 때문이다. 그리고 이것은 반박할 수 없는 실용적인 주장이었다. 이제 탐구의 몸짓에 대한 우리의 질문은 다른 방향을 향한다. 이 '순수한' 연구자, 이 수상쩍은 주체, 이 프랑켄슈타인, 이 전문가는 대체 어떻게 현실을 파악할 수 있는 것인가? 그의 명제들은 언제나 이데올로기적 개념에 불과하지 않은가? 또 연구자들이 말하는, 이렇게 구체적 현실에서 벗어난 객체들의 관계가 과연 우리가 인식하고 변화시키기를 원하는 그 세계인가? 그것은 비현실적인, 생각할 수 없는 세계가 아닌가? 이 연구자는 뭔가를 발견한 것이 아니라 모든 것을 잃은 것이 아닌가? 이 모든 '진보'는 하나의 광기가 아닌가?

테크놀로지가 생명 없는 대상들과 훌륭하게 작동하고 있다는 이 실용적인 주장은 분명히 여전히 유효해 보인다. 이것은 더 이상 놀랄 일도 아니다. 왜냐하면 우리는 실제로 이 대상들을 어느 정도 초월했고, 테크놀로지는 대체로 작동하고 있기 때문이다. 예를 들어 육교들은 대체로 유지된다. 그러나 다른 것들의 경우, 테크놀로지는 그것들이 먼저 생명이 없게 된 다음에만 제대로 작동한다. 요컨대 틀니(의치)가 육교만큼 잘 유지되는 이유는, 치과의사가 환자를 일종의 무생물처럼 취급하기 때문이다. 틀니를 만들 때 사람이 무생물이 된다는 것은 물론 놀라운 일이다. 사람들은 잘 만들어진 틀니를 위해서 이미 생명이 없는 객체가 될 태세가 되어 있을 수 있다. 하지만, 그것이 반드시 바람직한 일은 아니다. 또한 테크놀로지에 유리한 실용적인 주장이 흔들리기 시작한다.

우리는 이런 주장과 테크놀로지에 대한 믿음을 잃었다. 우리는 물론 테크놀로지에 의해서 지금의 세계가 점점 더 능숙하게 다뤄질 수 있음을 의심하지 않는다. 그러나 우리는 이 세계가 한계를 갖고 있다고 생각한다. 의심할 바 없이 우리는 계속해서 더 정교한 기술적인 장난감들을 생각해낼 수 있다. 우리는 인간의 신체를 대상화하고 그런 다음에 그것을 수술할 수 있다. 우리는 경제를 조작할 수 있다. 우리는 인간의 정신을 프로그래밍하고 그런 다음에 조작할 수 있다. 아마 우리는 인간까지도 만들 수 있을 것이다. 그러나 두 가지 우려가 있다. 첫 번째 우려는, 진행되는 이 대상화가 구체적 현실의 더 많은 상실이 아닌지를 질문하고, 두 번째 우려는 진행되는 이 대상화가 관심을 끄는지를 질문한다. 이것은 실존적인 의심이다.

탐구의 몸짓은 인식론적으로, 윤리적으로, 그리고 실존적으로 의심스러운 것이 되었다. 그것은 거짓이고 범죄적이고 관심을 끌지 않는다. 우리는 그것을—그리고 우리의 몸짓들 전부를 함께 바꿔야 한다. 왜냐하면 그것이 우리의 모든 몸짓들의 모델이기 때문이다. 우리는 위기에 처해 있다.

연구의 몸짓의 기반은 주체와 객체, 인간과 세계, 나와 그것의 구분이었다. 우리는 이 기반을 포기하려 하고 있다. 이 존재론적 혁명은 인식론적, 윤리적, 미학적 혁명을 가져왔다. 우리의 몸짓 전체가 변하고 있다. 우리가 계속해서 세계를 조작의 대상으로 여기지 않을 뿐 아니라, 조작하는 주체가 인간이라고 여기지도 않기 때문이다. 우리는 세계를 우리가 그 안에, 그것과 함께 참여하고, 또 그것이 우리와 함께 참여하는 우리의 환경이라고 이해하기 시작한다. 또한 우리는 인간을, 대상에 대한 인간의 조작을 포함하여 이 환경 자체의 몸짓이라고 이해하기 시작한다. 우리는 더 이상 우리가 몸짓을 행한다고 생각하지 않고, 우리가 몸짓이라고 생각한다. 부르주아의 (인본주의적) 우주론과 인류학을 그 '이상주의'와 '리얼리즘'의 잘못된 문제들과 함께 폐기하는 이 존재론적 혁명은 우리의 몸짓들의 변화, 무엇보다도 탐구의 몸짓의 변화 속에서 나타나고 있다.

연구는 그 출발점을, 한편으로는 가설에서, 다른 한편으로는 관찰에서 찾는 것이 아니고, 세계-내-존재의 구체적이고 온전하고 살아 있는 경험에서 찾는다. 이것은 17세기적 의미의 경험론과 무관하다. 그것은 우리가 아이스테톤 \aistheton\을

'경험'으로, 그리고 아이스테스타이\aisthesthai\를
'경험하다'로 번역할 경우, 오히려 '미적인\ästhetisch\'
출발점이다. 예술과 똑같이 과학도 하나의 몸짓, 즉 속임수이고,
이와 함께 중산계급의 예술과 과학에 대한 구분은 무너진다.
그러나 살아 있는 경험은 좁은 의미에서만 미적 경험인 것이
아니다. 그것은 누리는 것이자 고통 받는 것이기도 하다. 그것은
가치를 창출한다. 이러한 경험에서 출발하는 연구자는 어떤 가치에
도달하려고 한다. 그것이 자유이다. 그는 자신의 조건을 돌파하려
시도한다. 이런 식으로 그는 과학, 기술, 정치에 대한 중산계급의
숙명적인 구분을 제거한다. 정치는 바로 자유에 관한 것이기
때문이다. 이 연구자는 '순수한' 주체이기를 그만둠으로써 살아
있는 인간 존재가 된다. 그는 인식론적, 윤리적, 미적으로 동시에
참여하는 생명체이다. 이처럼 연구는 구조가 바뀌고, '학문'의
개념은 의미가 변한다.

갑자기 분명해지는 것은, 이 연구자가 가까이에서든
멀리서든 자신이 관심을 갖는(중요한) 환경 속에 연루되어 있다는
것이다. 그가 활발하게 관심을 갖는 환경의 측면들이 있고, 또 그의
마음을 거의 전혀 움직이지 않는 또 다른 환경의 측면들이 있다.
환경의 어떤 측면이 연구자의 관심을 끌면 끌수록, 그것은 그에게
그만큼 '현실적'이다. 관심의 강도, 그 '가까움'이 현실적인 것의
척도가 된다. 그리고 이 척도에서 자연 발생적으로 그 연구의 구조,
마테시스\Mathesis\[77]가 생겨난다. 이런 식으로 방향 설정을
위한 지도가 작성된다.

이 연구자는 자기 환경의 한복판에 있다. 그가 머무는
곳이 바로 중심점이다. 수많은 사건들이 그의 주변에서 일어나고,
그것들 중 일부는 그에게 다가온다. 그것들은 그에게 몰려오고,
그는 그것을 향해 자신을 내던지고, 그것에 맞서서 자신을
설계한다. 지평선으로 갈수록 사건들의 양이 줄어들고 관심을 덜

끈다. 그럼에도 불구하고 이 무리들은 가까이 다가오고, 연구자는 자신의 지평선을 향해서 움직인다. 그 때문에 '가까움'의 차원은 역동적인데, 이 역동성은 인간의 삶의 역동성이다. 이러한 역동적 구조 속에서, 다시 말해서 자신의 삶 속에서 연구자는 자신의 지평선을 향한 길을 찾는다.

그 결과, '이론'의 개념은 혁명적으로 그 의미가 변한다. 고대인에게 '이론'은 영원한 형태에 대한 관조적인 직관이었다. 부르주아에게 그것은 동등한 가설들의 집합체였다. 오늘날 이론은 살고 있는 세계-내-존재의 전략이 되었다. 현재의 연구자, 현재의 이론가는 접근의 정도에 따라서 환경을 평가하지만, 그것의 형태를 관찰하거나, 그것을 가설적으로 규명하기 위해서가 아니라, 다가오는 가능성들을 자유로 바꾸기 위해서 그렇게 한다. 탐구의 몸짓은 그 이론적 측면에서도 다시금 삶의 몸짓이 된다.

'근접학'78은 부르주아 연구의 '초당 센티미터' 측정과는 완전히 다른 차원이다. 그것은 대상들 사이의 거리를 측정하지 않는다. 내가 (진료를 받기 위해) 기다리고 있는 치과의사에게서 나를 분리시키는 '초당 센티미터'는, 나에게 도착해야 할 내 아들에게서 나를 분리시키는 초당 센티미터와는 다르다. 틀림없이 근접학도 '초당 센티미터'와 관계가 있다. 그러나 근접학은 그것을 현존하는 것으로 만든다. 그것은 나의 희망과 두려움을, 나의 계획들을 측정한다. 그것은 내가 멀리 떨어져 있는 것을 이쪽으로 데려오는 것을, '텔레-'라는 접두사가 뜻하는 것을 측정한다.

그러나 근접학은 결코 '주관적'이지 않다. 오늘날 연구자는 세계 위에 떠 있는 자기중심적 주체가 아니기 때문이다. 세계에는 언제나 그와 함께 타인들도 있다. 그들 역시 근접학을 통해 자신들의 주위 환경을 측정한다. 이 환경들이 나의 환경과 연결되어 있는 만큼, 서로 다른 측정치들은 상호작용을 통해 서로 맞물린다. 우리는 함께 측정하는 것이다. 그래서 이 연구는 대화적이다. 근접학은 상호주관적인 차원이다. 그것은 세계 속에서 다른 사람들과 나에게 공통적인 '존재'를 측정한다. 자연발생적으로 나는 내가 내 주위 환경 속에서 연구하는 동안 이들 다른 사람들을 만난다. 그들은 나에게 대체로 가까이 있고, 대체로 흥미롭다. 나는 근접학의 이 척도를 다른 사람들에게 적용해야 한다. 그러나 내가 그들을 만나면 그때부터는 우리는 우리의 환경을 함께 측정할 수 있다. 이렇게 탐구의 몸짓은 다시금 다른 사람들을 찾는 몸짓이 된다.

이것은 부르주아적 '진보'와는 완전히 다른 의미로 '진보적인' 성격을 부여한다. 부르주아의 연구는, 보다 객관적인 세계 인식을 이상적인 목표로 하는 담론이다. 오늘날 연구는 우리의 생활환경에 대한 보다 더 상호주관적인 인식을 이상적인 목표로 하는 대화이다. 부르주아 연구의 이상적 결과는 객체적 세계 전체를 조작하는 테크놀로지이다. 오늘날 연구의 이상적인 결과는 가능성들에 대한 공동의 접근을 위한 생활조건의 최적화, 텔레매틱스 \Telematik\이다. 이런 방식의 연구에는 그러므로 선형적인 진보가 없다. 진보는 오히려 공동의 기회를 가져오려는 목적으로 서로에게 다가서는 것이다.

이것은 또한 모델들의 변화를 요구한다. 부르주아의 연구에서 시간 모델은, 과거로부터 가상의 '현재'라고 불리는 어떤 점을 거쳐 미래로 흘러가는 흐름이었다. 또 공간 모델은, 그 중심이 관습에 의해 확정되어 있고, 그 축들은 무한 속으로 사라지는, 3차원의 빈 상자였다. 우리는 이제 이 환경에 대해 완전히 다른 모델을 개발해야 한다. 우리는 더 이상 시간과 공간을 구별할 수 없다. 우리 모델의 중심은 현재이고, 이 현재는 우리가 있는 지금과 여기이다. 이 현재를 향해 사건들은 모든 방향으로부터 밀려오고, 따라서 모든 방향들이 미래이다. 그러나 모든 방향들은 또한 사건들의 공간이다. 그러므로 현재와 미래는 시간-공간의 개념을 나타낸다. 또 과거에 대해 말하자면, 그것은 더 이상 현재와 미래와 같은 차원에 있는 시간적 차원이 아니다. 우리의 모델에서 과거는 기억의 형태로 접근할 수 있거나 망각의 형태로 숨겨질 수 있는 현재의 한 측면이다. 기억과 망각은 마찬가지로 시간-공간의 개념이다.

분명해지는 것은, 탐구의 몸짓의 변화로 만들어지는 이 새로운 모델이 다시 그 몸짓 자체를 가리킨다는 것이다. 이것은 역사 연구에 의해 명료해진다. 우리는 더 이상 역사적 사건들에 부르주아의 산술적 척도를 들이댈 수 없다. 그것은 몇 년, 몇 백 년, 지질학적 시대로 나눠진, 그 원점이 과거의 심연 속에서 사라지고, 그것이 끝나는 점은 현재가 되는 눈금자\Skala\이다. 우리는 역사적 사건들에 대수\對數, logarithmisch\의 눈금자를 들이댈 필요가 있다. 그 원점은 현재이고, 그 눈금이 조밀하고 불분명해질수록, 이 눈금자는 그렇게 발견된 기억과 망각의 심연들에 그만큼 더 근접한다. 다시 말해서 우리는 현재를 더 이상 과거에 의해서 설명할 수 없다. 현재가 우리의 출발점이기 때문이다. 우리에게 현재는 더 이상 과거를 향해 열려 있지 않다. 그것은 미래를 향해 열려 있다. 우리에게 사건의 강물은, 더 이상 과거에서 미래로가 아니라, 미래에서 현재를 향해 흐른다. 이것은 우리의 탐구의 몸짓이 더 이상 부르주아적 의미에서 아래를 향하는 몸짓이 아니라는 것, 파고드는 것\Grübeln\이 아님을 의미한다.

확실히 모델의 변경은, 물리적이고 심리적인 것으로부터 사회학적이고 경제적인 것에 이르는 모든 매개변수들에서 탐구의 몸짓을 변화시킨다. 그러나 이 변경의 가장 혁명적인 측면은 바로 이 몸짓의 역사적 변수에서 드러난다. 우리는 더 이상 성장곡선과 통계와 미래학적 예언에 의해서 과거를 미래로 투사할 수 없다. 우리의 모델 속에서 시간의 강은 이런 식의 투사에 반대 방향을 향하고 있다. 우리는 더 이상 과거를 미래에 투사하지 않고, 우리

스스로가 우리 자신을 설계한다. 바로 이것이 탐구의 몸짓의 새로운 구조를 가장 잘 보여주는 특징이다. 모든 방향에서 다가오는 미래 속으로 그들 자신을 투사하는 것, 미래에 대한 시나리오를 작성하는 것이다. 말하자면 탐구의 몸짓은 인간적인 것이 되었다. 마치 원숭이의 긴 팔처럼 우리는 다시 사소한 것을 붙잡으려고 팔을 뻗친다.

우리의 몸짓들은 곧 바뀔 것이다. 즉, 우리의 존재 방식은 변하는 과정에 있다. 이것은 점진적이고 고통스러운 위기이다. 우리의 몸짓 대부분은 아직 전통적인 구조를 갖고 있다. 그렇지 않은 다른 몸짓들은 놀랍고 그래서 때때로 거부감을 일으킨다. 새로운 것은 항상 괴물 같다. 우리는 이 다양한 낡고 새로운 몸짓들 속에서 방향을 잡기가 어려워졌다. 왜냐하면 그것들이 타인에게서만 관찰되는 것이 아니기 때문이다. 우리 자신이 이런 모순된 방식으로 몸짓을 행하고 있다. 우리의 위기는 단순히 외적인 위기가 아니다. 그것은 엄밀한 의미에서 우리의 위기이다.

그러나 방향을 잡을 기회는 있다. 여전히 탐구의 몸짓은 우리의 모든 몸짓들의 모델이기 때문이다. 이 글에서 제시된 주장에 따르면, 이 몸짓의 지리하고 고통스러운 변화는 우리의 모든 몸짓들의 변화의 토대가 된다. 우리는 이런 변화를 물리학과 생물학, 경제학과 고고학에 이르는 모든 연구 영역들에서 관찰할 수 있다. 근본적으로 이것은 방법론의 혁명이 아니라 존재론의 혁명이다. 달리 말해서 그것은 어렵게 생겨나는 새로운 믿음이라 할 수 있다. 그렇기 때문에 우리의 몸짓들은 곧 바뀔 것이다. 우리의 현실은 변하고 있다. 우리는 더 이상, 현실은 객체적인 세계이고, 이 세계와의 대립에 인간 정신이 있다고 생각하지 않는다. 우리는 현실은 실재 사실 \Faktum\이고, 우리가 타인들과 함께 이 세계 속에 존재한다고 믿기 시작했다. 그런데 타인들에 대한 이 믿음은 과거의 유대교-기독교의 믿음, '인본주의'와 마르크스주의 믿음의 새로운 형태가 아닌가? 물론 그렇지만, 흥미로운 것은 그것이 아니다. 흥미로운 것은 그것이 새로운 형태라는 사실이다. 그리고 이 새로운 형태가 원래 관심을 끄는 것이라는 사실은, 탐구의 몸짓이 지금 어떻게 변하는지를 들여다보면 알 수 있다. 이유를 찾기 위해 골똘히 캐묻는 채굴\採掘\이었던 이 몸짓은 다가갈 수 있는 가능성들을 향해 넓게 팔을 뻗치는 몸짓이 된다.

부기\付記\
몸짓 일반 이론을 위하여

1. 동기

몸짓 일반 이론은 우리가 사물과 인간을 마주하는 상황에서 방향을 잡는 도구가 될 것이다. 이는 '인터페이스' 이론이 될 터인데, 특히 인류학, 심리학, 신경생리학과 커뮤니케이션 이론과 같은 여러 학문 분야가 그 안에서 종합되기 때문이다. 그럼으로써 학문이라는 나무의 가지들을 가로지르고, 특히 자연과학과 인문과학의 분리를 극복하는 이론이 될 것이다. 이 점은 이 이론의 방법론에서뿐만 아니라, 그 '가치중립성'에 대한 거부에서도 드러난다. 다시 말해서 이 이론은 자체의 도구적 성격을 인식하고, 소위 엄밀 과학의 방법들을 사용하면서도 인간의 변화에 개입하려 한다. '인터페이스' 이론이 될 이 이론의 완성은 현재의 학문 체계(대학들 같은 곳에서 제도화된 체계)를 파괴할 것이다. 이런 의미에서 그것은 반\反\아카데미적 성격을 갖게 될 것이다. 그러나 동시에 반\反\이데올로기적 성격도 갖게 되는데, 인간의 변화에 개입하면서도 그 일을 가능한 한 전제 조건 없이 수행할 것이기 때문이다. 이 이론의 이와 같은 관점들, 말하자면 그 학제적 성격, 반아카데미적이고 반이데올로기적인 성격은 예상컨대 앞으로 만들어질 일련의 이론 전체의 특징이 될 것이다. 그러므로 그것은 현재 학문의 위기를 넘어서는 지점을 가리키는 일이 된다. 이 이론의 동기는 커뮤니케이션 이론에서 나와야 할 것인데, 이는 몸짓의 의사소통의 차원은 그 밖의 모든 것에 드리워지기 때문이다. 그럼에도 그것은 커뮤니케이션 이론 안의 특수한 하나의 이론일 수 없으며, 오히려 그것이 일반 이론이고, 커뮤니케이션 이론은 몸짓의 특수한 한 측면인 의사소통을 다루는 이론이 될 것이다. 그러니까 커뮤니케이션 이론은 여러 현상들

중에서 몸짓이라는 현상도 연구하는 것이 아니라, 몸짓 일반 이론 속에 포함되는 이론이 된다. 이렇게 해서 현재 학문 체계 속에 이물질처럼 끼어든 커뮤니케이션 이론은 재편된 학문 속에서 그 '유기적인' 자리를 찾게 될 것이다.

2. 관할 영역의 한정

몸짓은 움직임의 일종이라고 볼 수 있다. 이런 의미에서 우리는 움직임을 다음과 같이 구분할 수 있다. (1) 움직이는 몸에 작용하는 외부로부터의 힘이 무엇인지 알면 대체로 충분히 설명할 수 있는 움직임, (2) 움직이는 몸의 내부에서 작동하는 힘까지 알아야 설명할 수 있는 움직임, 그리고 마지막으로 (3) 두 번째처럼 설명될 수는 있지만, 그것만으로는 설명이 충분하지 않은 움직임이 그것이다. 유형 (1)의 예는 자유낙하가, 유형 (2)의 예는 아메바의 유영이, 유형 (3)의 예는 글 쓰는 손의 움직임이 될 것이다. 이 분류에서 유형들의 부분적인 중복은 큰 문제가 아니다. 이 분류의 기준이 인식론적이기 때문에, 중요한 것은 오로지 움직임을 인식하는 방법이다. 유형 (3)의 움직임들을 '몸짓'라고 부르고, 그것이 몸짓 일반 이론이 관할하는 영역을 이룬다고 말할 수 있다.

이렇게 정의하면, 몸짓을 다른 움직임들과 구분하는 것은 인식론적인 중층결정[79]이다. 역설적으로 말하자면 우리는 이것을 너무나도 잘 설명할 수 있다. 내가 팔을 들어 올릴 때, 나는 이 움직임을 외부로부터 내 팔에 작용하는 힘의 벡터(방향량)의 결과로 완벽하게 설명할 수 있다. 이 주장에 따르면 설명되지 않은 채로 남은 것은 아무것도 없다. 그러나 이상하게도 기계론적인 설명은 이 움직임의 핵심을 지나치고, (우리가 특별히 '18세기'식 기계론적 설명에 몰두하지 않는 한) 만족스럽지 않다. 이런 식의

'완전한 설명'에 대한 불만은 내부에 있는, 움직임에 가담한 일련의 힘들이 고려되지 않았다는 사실에서 비롯된다. 그러나 나는 이러한 벡터들을 함께 관련지을 때 팔의 움직임을 '더 잘' 설명할 수 있다. 이때 이 벡터들이 여러 가지 존재론적인 영역들로부터 나온다는 점이 분명해진다. 예를 들어 팔의 움직임은 생리적, 심리적, 문화적, 경제적인 요인들이 같은 정도로 작용한 결과이다. 그러면 팔의 이러한 움직임은 전형적으로 '인간적'이거나 '신경증적'이거나 '브라질적'이거나 '부르주아적'이라고 설명할 수 있게 된다. 팔의 움직임은 이들 중 어떤 차원에서도 다시 완전히 설명될 수 있다. 그것은 전적으로 생리적이거나, 전적으로 심리적인 등등의 현상이다. 그러나 이런 설명 방식들은 모두 (우리가 생기설[80]이나 심리주의,[81] 문화주의,[82] 경제 지상주의 또는 이와 유사한 이데올로기에 빠져 있지 않는 한) 만족스럽지 않다. 왜냐하면 그것들은 모두 요컨대 이 현상의 핵심을 지나치기 때문이다. 이런 불만은 여러 설명을 조합하거나, 더 나아가 모든 설명을 조합해도 제거되지 않는다. 물론 모든 조합은 설명을 더 완전하게 만들지만(이상하게도 그것이 각각의 차원에서 이미 완전한데도 불구하고), 그것으로 팔의 움직임이 더 잘 포착되지는 않는다.

이 불만은, 내가 팔을 들어 올린 것은 내가 원했기 때문이라는 사실을 내가 아는 데서 비롯한다. 물론 나는 또한 내 팔의 움직임이 결정되어 있었다는 것, 여러 설명들이 보여주듯이 중층결정되어 있었다는 것도 알고 있다. 그러나 이 두 번째 앎은 첫 번째 앎을 지워버리는 것이 아니라, 아예 건드리지도 않는다. 나는 당연히 이러한 의식의 변증법을 이리저리 추측해볼 수 있고 또 설명할 수도 있다. 예를 들어 나의 자유는 내 중층결정의 결과라고 말할 수 있고, 따라서 나는 완전히 결정되어 있으면서도 동시에 (팔의 움직임의 경우) 완전히 자유롭다고 말할 수 있다. 그러나 이런 유의 설명(그것은 사실 설명이 아니라, '설명해치워버리기'이다)은 만족스럽다고 여겨질 수 없다. 그 이유는, 팔을 들겠다는 내 자유로운 결정에 대한 나의 앎에서 결정적인 것은 이 결정의 동기가 아니라, 내가 원치 않았다면 팔을 들지 않았으리라는 사실이기 때문이다. 팔의 움직임에 대한 모든 객관적인 설명들, 변증법적 설명조차도 만족스럽지 않게 만드는 것은 내 앎의 이러한 부정의 측면이다.

그 점에 있어서 '몸짓'이라는 개념은 그로써 자유가 표현되는 움직임이라고 정의할 수 있다. 움직임으로서 몸짓은, 다른 모든 움직임들과 마찬가지로 결정된 것이고, 그런 의미에서 완전히 설명할 수 있다. 그러나 몸짓의 특유한 점은, 이와는 전혀 무관하게, 그것이 우리가 '자유'라고 부를 수밖에 없는 어떤 내면성83의 표현이라는 것이다. 따라서 몸짓 일반 이론의 관할 영역은 자유의 표현들을 연구하고 체계화한다. 이 이론은 형식 이론이 아닐 것이다. 왜냐하면 그것은 자유 자체가 아니라 자유의 현상적이고 가시적인 표현들을 다루기 때문이다. 이를 위해서 해당되는 객관적 학문 분야가 제공하는 모든 가능한 정보를 이용해야겠지만, 그것으로 만족해서는 안 된다. 왜냐하면 표현들을 다룸으로써 그것은 일종의 의미론, 기호론이 될 것이기 때문이다. 객관적 정보와 의미 사이의 변증법적 긴장은 이 이론이 연구해야 하는 분야이다.

그러나 몸짓과 그 일반 이론의 관할 영역에 대한 이러한 정의로 아직 본질을 말했다고 할 수는 없다. 요컨대 다른 사람의 팔의 움직임을 관찰할 때, 내가 그 움직임 뒤에 있는 그 사람의 내면, 그의 자유를 반드시 직접적으로 판독할 수는 없다. 오히려 자유는 그것이 표현되는 몸짓 속에 숨는 특이한 능력을 갖고 있다. 자유는 자유롭게 속일 수 있다. 그런데 이 기만의 능력은 몸짓이라는 현상의 중심에 있는 것으로 보이기 때문에, 이 능력—그리고 이와 관련되는 기만을 폭로하는 방법들—은 또한 몸짓 일반 이론의 중심을 이룰 수밖에 없다. 이를 통해서 이 이론은 윤리적인(다름 아닌 참여적인) 성격을 얻게 되고, 그 정의는 다음과 같이 수정되어야 할 것이다. 몸짓은 그것을 통해 자유가 표현되는 움직임이다. 그 자유는 몸짓을 하는 사람을 타인 앞에 드러내거나 숨길 자유이다. 이 재정의에 의해서 몸짓의 수신자가 몸짓 일반 이론의 관할 영역 속에 편입되고, 그럼으로써 이 이론은 커뮤니케이션 이론의 메타이론이 된다.

3. 몇 가지 방법

몸짓의 개념을 정의하려고 방금 행한 시도에서 취한 관점은 인식론적 관점이었다. 그것은 하나의 이론을 다른 이론들로부터 구분하는 것이었다. 그런데 이렇게 얻어진 정의는, 몸짓을 움직임으로 이해하면서 그 움직임의 원인에 대해서는 말하지 않는다는 결점이 있다. 그러나 몸짓의 유형을 종류별로 나누고 그 종류에 해당하는 이론에 연구 영역을 분할하려 한다면, 우리는 몸짓의 현상들에 대한 관점을 바꿔야만 한다. 우리는 그 분류 기준을 찾기 위해서 각각의 몸짓을 들여다보아야 할 것이다. 아브라함 몰의 말처럼 우리는 몸짓의 목록을 만들게 될 것이다. 여기서 등장하는 유명한 난점, 즉 목록을 만든다는 것은 이미 어떤 기준을 전제로 하는데, 기준을 갖추려면 완전한 목록이 있어야 한다는 사실은 무시될 수 있다. 목록화를 도와주는 기준은 배제해도 되는 보조 요소이다. 그러나 그 몸짓 속에서 무엇이 움직이느냐는 질문은 소홀히 다뤄서는 안 되다. 이 질문에 대한 답이 몸짓 분류에 있어서 가장 두드러지는 기준을 내포하기 때문이다.

몸짓 속에서 무엇이 움직이는지를 판단 기준으로

삼을 경우, 두 가지 유형의 몸짓을 구분할 수 있다. (1) 사람의 몸이 움직이는 몸짓과 (2) 사람의 몸과 연관된 다른 무엇이 움직이는 몸짓이 그것이다. 유형 (1)에 대해서는 앞선 정의에 의해, 몸의 움직임 모두를 몸짓으로 볼 수는 없다고 언급되었다. 객관적인 설명으로 충족되는, 그러므로 자유의 표현이 아닌 몸의 움직임들(예를 들어 강한 빛에 눈을 감는 것, 또는 고통으로 주먹을 움켜쥐는 것)은 현상적으로는 강하게 몸짓을 떠올리더라도 몸짓이 아니다. 유형 (2)에서는 우선 이런 식으로 움직이는 모든 것을 '도구'라고 부르는 것이 타당해 보인다. 우리는 도구의 개념을 몸짓 안에서 움직이기에 자유의 표현인 모든 것을 포괄하는 것으로 정의할 수 있다. 물론 우리는 도구는 연장된 신체 기관이고, 신체 기관은 자유의 도구라고 말함으로써, 이 구분을 다시 모호하게 만들 수 있다. 그러나 이것은 구분하는 것이 아니라 뒤섞는다는 의미에서 좋은 관점이 아닐 것이다. 방법론적으로, 움직여지는 손가락의 몸짓과 움직여지는 만년필의 몸짓에서 각각의 본질적인 요소를 파악하기 위해 두 몸짓을 구분하는 것은 흥미로운 일이다. 요컨대 도구들 속에 자유의 수단이 있다고 본다면 우리는 도구를 다음의 두 측면에서 고찰할 수 있다. 한편으로는 만년필에서 손가락의 보철물(외부를 향하는 손가락의 연장, 손가락의 외화)을 보고, 다른 한편으로는 손가락에서 만년필의 외과적 교정(내부를 향하는 만년필의 연장, '만년필의 내면화')을 보는 것이다.[84] 여기서 곧바로 분명해지는 것은, 첫 번째 유형의 연구는 두 번째 유형과는 다른 방법들에 중점을 둘 수밖에 없다는 것이다. 예를 들어 전자는 생리학에, 후자는 테크놀로지에 더 많이 의지해야 한다.

유형 (1)은 움직이는 각각의 신체 기관들을 기준으로 하면 종류별로 구분할 수 있다. 이런 식의 분류는 지나치게 세분화되기 때문에 여기서 행하지는 않을 것이다. 예를 들어 손가락으로 신호를 하는 몸짓을 손으로 신호를 하는 몸짓과 구분하는 데 요구되는 섬세함을 생각해보라. 그러나 여기서 반드시 강조해야 할 것은, 모든 종류의 몸짓이 이 이론에 똑같이 중요한 것은 아니라는 점이다. 혀나 입술과 같은 입의 특정한 부분이 움직이는 종류의 몸짓들은 특히 두드러질 것이다. 여기서 몸짓 일반 이론은 언어학의 메타이론이 되리라는 것을 확인할 수 있다. 언어는 탁월한 방식의 몸짓이라고 볼 수 있기 때문이다. 이 점은 여기서 제시된 이론의 방법론에 있어서 결정적인 결과를 갖게 될 것이다. 왜냐하면, 언어는 더 이상 지금까지 그래온 것처럼 다른 모든 몸짓들의 해석을 위한 모델로서의 성격(예를 들어 우리가 '춤의 언어'나 '표정의 언어'를 말하는 것처럼)을 갖지 못하고, 오히려 몸짓 일반 이론이 언어의 몸짓을 해석하는 모델을 제공해야 할 것이기 때문이다.

유형 (2)는 움직이는 도구에 따라 분류할 수 있다. 예를 들어 '망치질', '붓질', '노 젓기', '총 쏘기', '글쓰기' 등등으로 구분된다. 이 경우에도 여기서 이 분류를 실행하지는 않을 것이다. 그러나 이런 분류 시도를 생각해보는 것만으로도 이미 여기서 제안되는 이론의 영역이 얼마나 넓게 확장될지 충분히 보여줄 수 있다. 그것은 모든 '진정한' 활동, 그러니까 자유의 표현으로서의 활동 전체를 포함하는 영역이 될 것이다. 지금까지 이 '일반 이론'이라는 명칭이 너무 포괄적이라는 느낌을 줄 수도 있었다면, 이제는 명칭이 아니라 이론 자체가 너무 광범위하다는 느낌이 든다. 이것이 위험하다는 점을 부인할 수 없지만, 이 위험은 이미 '몸짓'의 개념 정의에 의해 주어져 있었다. 정의된바, 몸짓은 인간의 능동적인 세계-내-존재를 가리키기 때문이다. 그렇다고 이 위험 때문에 몸짓의 개념을 좁히면 우리는 이 현상의 본질을 놓칠 수밖에 없다. 덧붙여 말하자면 이러한 정의는 '몸짓'이라는 단어의 어원(라틴어 게스타 \gesta, 행적, 업적\)에 이미 주어져 있었다.

여기서 제안되는 몸짓의 분류는, 서두에서 '인터페이스'라고 지칭된, 몸짓 이론이 관여시켜야 할 방법들을 제한한다는 인상을 준다. 이 이론이 아주 다양한 분야들의 협업을 필요로 한다는 것은, 여기서 제안되는 분류가 수많은 가능한 분류들 중 하나에 불과하다는 점(게다가 방법론적으로 가장 흥미로운 분류도 아니라는 점)을 생각해보면 더 분명해진다. 이 분류와 그 밖의 모든 분류들보다 우선하는 또 하나의 분류는, 몸짓의 구조, 즉 몸짓의 '핵심'을 그 기준으로 삼게 될 분류이다.

이를 목표로 시험적으로 다음과 같은 네 가지 몸짓의 방식을 구분할 수 있을 것이다. (1) 타인을 향하는 몸짓, (2) 어떤 재료를 향하는 몸짓, (3) 아무것도 향하지 않는 몸짓, 그리고 끝으로 (4) 자기 자신을 (되돌아서) 향하는 몸짓이 그것이다. 방식 (1)을 '엄밀한 의미에서의 소통의 몸짓', 방식 (2)를 '일의 몸짓', 방식 (3)을 '이해관계가 없는 몸짓', 방식 (4)를 '제의\祭儀\의 몸짓'이라고 부를 수 있을 것이다. 앞의 세 방식은 '열려 있거나 단선적인 몸짓'으로 통합할 수 있는 반면, 네 번째 방식은 '닫히거나 순환적인 몸짓'이라는 자체의 부류로 승격시킬 수 있을 것이다. 그러나 이 구분에서 감안해야 할 것은, 여기서 유형별로 특수한 것으로 제시된 양쪽의 부류가 몸짓의 각 실제 현상들에서는 뒤섞여 나타난다는 것, 나아가서 실천의 몸짓은 어떤 것도 여기서 제안하는 방식들 중 하나에 완전히 속하지 않는다는 것, 따라서 여기서 제안하는 구분법은 이론적 구성물이라는 것이다. 이것은 방법론상으로 이익이지 손해가 아니다. 이 이론은 요컨대 주어진 각각의 몸짓에서 그것이 얼마만큼 소통적인지, 얼마만큼 일인지, 얼마만큼 이해관계로부터 자유로운지, 얼마만큼 제의적인지를 조사해야 할 것이다.

지금 제안하는 분류(이에 대해 이의가 제기될 수 있다. 다시 말해서 반대 제안을 할 수도 있다)에서도 역시 몸짓 일반 이론에 또 다시 지나치게 넓은 영역이 주어질 위험이 있다. 그것이 요컨대 (1) 커뮤니케이션 이론과 (2) 예술비평을 포함하는 일 \Arbeit\ 이론, 그리고 (3) 예술비평과 겹칠 수밖에 없을, 미래의 부조리 이론에 대한 메타이론으로, 그리고 끝으로 (4) 마법과 제의 이론에 대한 메타이론으로 보이기 때문이다. 몸짓의 유형별로 그것은 대략 다음과 같은 모습일 것이다.

소통의 몸짓인 방식 (1)에서, 표현과 메시지의 몸짓에 대한 이 이론은, 예를 들어 무엇이 말해지는지와 어떻게 말해지는지를 구분해야 한다. 물론 이 두 측면은 변증법적으로 연관되어 있지만, 이 이론의 관점에서 보면 그것은 두 개의 서로 다른 차원의 몸짓이다. 표현의 해독은 '몸짓하는 사람 \Gestikulierende\'의 자유를 드러낸다. 다시 말해서 표현의 해독은 몸짓하는 사람이 그 몸짓을 해독하는 사람에게 어떻게 자신을 드러내거나 감추는지(그가 진실한지 거짓인지)를 밝혀낸다. 메시지의 해독은 해독하는 사람에게 몸짓하는 사람 쪽에서 의도한 바를 드러낸다(요컨대 그 상호주관적인 표현이 맞는지 적합한지 아닌지). 이들은 두 개의 서로 다른 코드이고, 이 코드들은 각각 다른 방법으로 해독되어야 한다. 두 코드가 동시에 해독되어야 비로소 '진정한' 소통을 이야기할 수 있다. 그래야만 예를 들어 말을 하는 사람의 몸짓이 다른 사람에게 받아들여지기 때문이다. 여기서 곧바로 드러나는바, "표현(미디어)은 메시지다"라는 것은 이 코드의 혼동에서 비롯된 말이다. 커뮤니케이션 이론이 만약 몸짓 일반 이론에 편입되어 있었다면 이런 혼동은 일어날 수 없었을 것이다. 아울러 드러나게 될 것은, 우리가 서로 다른 유형의 몸짓들을 구분해야 한다는 것, 그 몸짓에서 표현이 지배적인지 메시지가 지배적인지를 구분해야 한다는 것이다. 인용된 맥클루언의 말의 오류는, 텔레비전에서는 메시지보다 표현이 우세하다는 데 그 원인이 있다. 만약 몸짓 일반 이론에서 텔레비전

모니터의 이미지를 첫 번째 분류에서 유형 (2)에 따라(움직여지는 도구로), 그리고 두 번째 분류에서 방식 (1)의 몸짓(소통의 몸짓)으로 규정한다면 이 오류는 제거될 것이다. 이 사례가 보여주듯이, 몸짓 일반 이론 속에 커뮤니케이션 이론을 편입시키는 것은 커뮤니케이션 이론 자체의 변화를 의미한다.

일의 몸짓인 방식 (2)에서 이 이론은 우선 '진짜' 몸짓과 사이비 몸짓을 구별해야 한다. 요컨대 몸짓을 자유의 표현이라고 정의하면, 재료를 향하는 대부분의 신체와 도구의 움직임들은 몸짓이 아니게 된다. 대개 객관적 설명으로 해석될 수 있는 몸짓들을 일이라고 부르기 때문에, 일에 대한 이론은 대부분 몸짓 일반 이론의 관할 영역을 벗어나게 될 것이다. 컨베이어벨트나 은행 창구, 고속도로에서 관찰되는 움직임들에 대해 몸짓 일반 이론은 무능하다. 왜냐하면 이 움직임들은 객관적 이론들로 완전히 만족스럽게 설명될 수 있기 때문이다. 그러나 '진짜' 몸짓과 사이비 몸짓의 구분 역시 결코 엄격하게 행해질 수는 없다. 그래서 이를테면 위에 든 예들 중에서 갑자기 '진짜' 일의 몸짓이 생겨날 수도 있다. 이렇게 되면 객관적 이론은 이들에 대해 무능하고, 그 대신 몸짓 일반 이론이 개입해야 할 것이다. 이로부터 일에 대한 기존 이론과 몸짓 일반 이론 사이의 긴장을 볼 수 있다. 두 이론들의 관할 영역은 중복되는데, 이들이 겹칠 경우 객관적 이론은 몸짓 일반 이론에 종속될 것이다. 어쨌든 몸짓 일반 이론은 일 이론의 연구 방법들에 고착되지 않으면서도 그 방법을 소급해서 이용해야 한다.

'진짜' 일과 '사이비 일'('자유로운' 일과 '소외된' 일)을 구분한 다음에 이 이론이 주목해야 할 것은 일의 몸짓과 그것이 향하는 재료 사이에서 작용하는 변증법이다. 이때 여러 가지의 재료들이 조사되어야 하는데, 몸짓은 재료들을 변화시키는 동안 스스로도 그 재료들에 적응하기 때문이다. 그럼으로써 가공할 수 있는 모든 재료(그 재료의 유형이 철근콘크리트든, 음악의 음표든, 수학 공식이든 간에)에 대한 조사가, 단순히 가공 가능성이라는 관점에서라도 이 이론의 영역 속으로 들어갈 것이다. 이 변증법의 결과인 생산물 또는 작품은, 이 이론의 관점에서 보면 재료 속에 동결된 몸짓으로 간주될 수 있고, 또 그런 것으로서 조사될 수 있을 것이다. 이 이론의 관점에서 모든 작품(예를 들어 고층 빌딩이나 대중가요 또는 경제 통계)은 이를테면 필적학이 편지를 해독하듯이, 재료에 의해서 변형되었지만, 그럼에도 불구하고 어떤 자유를 드러낼 능력이 있는 몸짓으로 해독될 수 있다. 이와 함께 미술비평의 광범위한 영역이 몸짓 일반 이론의 관할 영역으로 들어올 것이다. 또 이와 함께 우리가 처해 있는 문화적 환경 또한, 그 현상들이 동결된 몸짓으로 간주되므로 해독 가능한 텍스트로서 성격을 얻게 된다. 코드화된 세계의 개념은 이처럼 방법론적으로 풍요로워질 것이다. 또한 문화 이론과 역사 이론의 영역 일부는 몸짓 일반 이론의 영역이 될 것이다. 이는 몸짓 일반 이론이 그 이론들의 연구 방법에 의지해야 할 것이라는 뜻이다.

이해관계 없는(무관심의) 몸짓인 방식 (3)에서, 이 이론은 근본적으로 미지의 땅을 걸어야 한다. 이 이론은 칸트의 『판단력 비판\Kritik der Urteilskraft\』을 출발점으로 삼을 수 있을 것이고, 또한 이 영역에 대한 뛰어난 연구들(예를 들어 한편으로 앙드레 지드의 무보상 행위[85]에 대한 연구와 알베르 카뮈의 성찰, 다른 한편으로 행동주의[86]자들과 게슈탈트 심리학의 분석들)도 있다. 그럼에도 불구하고 이런 방식의 몸짓들은 이 이론에 있어서 알려져 있는 현상을 재조명하는 것이 아니라 발견하는 것이 될 것이다. 그 자체가 목적인 자유의 표현으로서의 이 몸짓, 이 '빈' 몸짓은 (그것이 이런 차원들을 포함하고 있기는 해도) 분명히 예술을 위한 예술도, 어떤 유희도, 또한 '이론적인 세계-내-존재'도 아니다. 이 몸짓에 들어 있는 핵심은, 여기서 제안되는 이론에 의해서 비로소 발견되어야 할 것이다. 이 이론은 아이들의 자발적인 점프, 액션 페인팅, 또는 공허한 상징들을 다루는 순수논리학의 유희 같은 현상들을, 이해관계 없는 몸짓으로서 조사해야 할 것이다. 이를 통해서 일련의 학문 분야들(예를 들면 유희 이론과 판단 이론)이 이 이론의 관할 영역으로 들어오고, 몸짓 이론은 그 분야들의 방법론들을 사용할 수 있게 될 것이다. 그러나 이 영역에서 몸짓 일반 이론은 먼저 이해관계 없는 몸짓에 대한 특수 이론을 정의해야 한다. 추측할 수 있는 것은, 이 특수 이론이 어떤 식으로든 '신성함\Heiligen\'의 개념을 건드릴 수밖에 없다는 것이다.

방식 (4)의 제의적 몸짓에서 이 이론은 '진짜 제의'와 '사이비 제의'를 구분해야 할 것이다. '진짜' 제의(예를 들면 어떤 사람 앞에서 모자를 벗거나 정해진 기도문을 외우는 것)는 본질적으로 이해관계 없는 몸짓과 마찬가지로 목적이 없지만, 그 경직된 구조와 그 구조가 순환적이라는 사실 때문에 이해관계 없는 몸짓과는 다르다. 사이비 제의(예를 들면 검은 고양이를 보면 바닥에 침을 세 번 뱉거나 칸돔블레에서 엑수87 신에게 비는 것)는 얼핏 보면 마찬가지로 목적 없는 몸짓처럼 보이지만, 실은 특정한 목적을 향하는 행동이다. 따라서 몸짓 이론은 이 사이비 제의의 몸짓(마법)을 '제의의 몸짓'에서 떼어내 '일의 몸짓'의 부류에 포함시키고, 마법을 일종의 일로서(기술의 변종으로서) 연구해야 할 것이다. 반대로, 그 무목적성에 따라 극단적으로 반마법적인 '진짜' 제의는 이와는 다른 연구 방법이 필요할 것이다. 예를 들어 유대교-기독교의 종교는 실제로 얼마나 반마법적인지, 얼마나 진정한 의미에서 제의적인지, 그리고 얼마나 마법적 요소를 갖고 있는지 같은 문제를 추구할 수 있다. (예를 들어 이삭의 희생의 몸짓은 순수하게 제의적인가? 아니면 거기에는 이피게니아의 희생의 몸짓과 같은 마법적 차원도 있는가?) 따라서 이런 식의 연구는 각각의 제의의 몸짓을 마법의 지평과 무목적성의 지평이라는 두 개의 지평으로부터 규명할 것이다. 그런데 이런 경우, 몸짓 이론이 사용할 수 있는 방법론은 신학, 종교철학, 신화학의 방법만이 아닐 것이다. 왜냐하면 제의의 몸짓들은 사실 우리 일상의 몸짓에서 중요한 부분을 차지하고 있고, 또 반드시 종교적 의미를 띠는 것도 아니기 때문이다. 예를 들면 넥타이 매기, 면도, 포크와 칼을 사용하는 식사 같은 몸짓이 이런 종류의 몸짓에 속한다. 그러므로 심리 분석의 방법론들(특히 노이로제와 강박 행동에 대한 조사)은 이 점에 있어서 몸짓 이론에 중요해질 것이다.

그러므로 방법론적 관점에서 구조적 기준들에 의한 몸짓의 분류는, 부분적으로 현상학적 기준에 의한 분류와 다른 연구 방법을 필요로 할 뿐만 아니라, 새로운 연구 방법의 개발 또한 필요로 한다. 똑같은 것이 아마 앞에서 이미 그 폭넓은 다양성이 언급되었던, 가능한 다른 모든 분류 기준들에도 해당될 것이다. 이를테면 몸짓을 그 출현 빈도에 근거해 분류하여 컴퓨터 정보학의 연구 방법을 끌어들이는 통계학적 기준이 여기에 해당한다. 또는 몸짓을 그 효과에 따라 분류하여 사회학과 인류학의 연구 방법을 끌어들이는 실용주의적 기준도 있을 수 있다. 그러나 몸짓 이론에 대한 최초의 밑그림에서 이 이상의 분류 시도를 논할 필요는 없다. 왜냐하면 여기 제안되는 몸짓 이론의 지나치게 넓은 영역으로 인한 위험의 가능성이 이미 보이기 때문이다. 물론 이 위험은 부정할 수 없고, 또 지나치게 일반적인 이론이란 비생산적인 이론이기도 하다. 그것이 너무 '높은' 개념들, 말하자면 매우 공허하기도 한 개념들을 사용하기 때문이다. 그러나 관할 영역은 어떤 연구 분야가 적용될 수 있는 영역이지만, 반드시 적용되어야만 하는 영역은 아니다. 이 영역 중 어떤 부분이 그 분야에 의해 실제로 요구될지는 그것이 사용하는 방법들에 달렸다. 한 분야의 연구 방법은 그 분야의 관할 영역의 한계를 넘어서는 더 넓은 경계선인 동시에 그 관할 영역에 대한 균형추가 된다. 이런 의미에서 여기 제안되는 이론의 큰 일반성은 약점이라기보다 장점이다. 이 이론이 그 큰 포괄 범위로 인해 재미없어질 위험은 그 방법론들의 지속적인 중첩이 불러일으키는 재미로 상쇄된다.

4. 역사철학과의 관계

특정한 의미에서 '몸짓 일반 이론'과 '역사철학'이 동의어라는 데는 의심의 여지가 없다. 몸짓이 자유의 표현으로, 그러니까 능동적인 세계-내-존재로 정의되었다면, 이 몸짓들의 총계는 역사\res gestae\88이다. 거꾸로 역사철학은 행위들(바로 몸짓들)의 일반 이론이라고 정의할 수 있다. 그러나 다른 한편 여기서 제안되는 이론이 역사철학에 대한 부정을 의미하리라는 점 또한 분명하다. 이 이론은 반\反\역사적이기 때문이다. 어쩌면 그것은 '탈역사적' 상황에서 역사철학의 역할을 한다고 볼 수 있는데, 특히 다음 두 가지 이유에서 그렇다. 첫째로, 몸짓 이론이 조사하는 현상은 역사철학이 주제로 다루는 현상들의 미세한 요소들로서, 아브라함 몰이 말하는 "미세-사건들\micro-événements\"이다. 그럼으로써 몸짓 이론은 역사철학에 대해, 핵물리학이 뉴턴의 역학에 대해 갖는 것과 비슷한 태도를 취할 것이다. 둘째로, 역사철학 속에서는 시간의 차원이 사건의 중심축을 이루는 반면, 몸짓 이론 속에서 시간의 차원은 몸짓이 일어나는 시공간의 네 차원들 중 하나일 뿐이라는 점이다. 그럼으로써 몸짓 이론은 역사철학에 대해, 동적\動的\위상기하학이 아리스토텔레스 대수학에 대해 갖는 것과 비슷한 태도를 취할 것이다. 역사철학에 대한 몸짓 이론의 이러한 이중적 관계, 즉 한편으로는 동의어이면서 다른 한편으로는 반의어인 관계를 다음 예를 들어 설명해보자.

'바로크'를 연구한다고 가정해보자. 이 문제가 바로크의 몸짓 뒤에 있는, 그 속에서 표현되는 자유를 해독하기 위한 도전이라는 동일한 의미를 가질 경우, 몸짓 일반 이론과 역사철학은 이 문제에 대해 똑같은 능력이 있고 이 점에 있어서 같다. 그러나 그것은 이들과 다른, 그러나 마찬가지로 능력이 있는 분야들에서처럼, 바로크를 '설명'하기 위해서 이 몸짓의 그 어떤 원인이나 동기(예를 들면 경제적이거나 사회적이거나 심리적인)를 찾는다는 의미가 아니다. 역사철학과 여기 제안되는 이론이 같은 것은 바로, 이들은 몸짓을 설명하려는 것이 아니라 해독하려 한다는 점, 이들이 의미론(기호론)이라는 점에 있다.

그러나 이들의 상태는 '바로크의 몸짓'의 해독이라는 과제를 대하는 태도에 있어서 서로 이율배반적이다. 역사철학에서 바로크의 몸짓은 무엇보다도 수많은 작품들에 응결된 '일의 몸짓'이고, '예술 형식'이다. 이 형식으로부터 능동적인 세계-내-존재의 특수한 방식을 해독해내고, 그것을 '바로크적 성향'이라고 부를 수 있을 것이다. 이 성향은, 조사된 기록들에서 통계적으로 알 수 있듯이 이를테면 *17*세기 유럽이라는 특정한 시대를 지배한다. 물론 이것은 이 몸짓이 일의 형식이 아닌 다른 형식들에서는 나타나지 않는다는 의미가 아니다. 오히려 역사철학은 바로크적 의사소통 방식, 바로크적 제의, 바로크적 부조리함(예를 들어 데카르트의 담론, 바로크식의 모자 벗기, 바로크식의 신앙심)이 존재한다는 것을 인정해야 할 것이다. 또한 이것은 물론 이 몸짓이 오로지 '바로크'라고 불리는 시대에만 나타난다는 의미도 아니다. 오히려 역사철학은 바로크의 몸짓이 어느 시대에도 나타날 수 있음을 인정해야 할 것이다. 그러나 이것은 역사철학에 있어서 바로크의 몸짓은 하나의 '보편적인' 현상이라는 것, 그리고 그 현상을 해독하기 위해 *17*세기 유럽의 미술 작품들이 모델로 사용될 수 있음을 의미한다. 다시 말하면 역사철학에 있어서 바로크의 몸짓은, 어디서나 때때로 표출될 수 있으나, 17세기 유럽에서 지배적이던 어떤 세계-내-존재의 표현이다.

몸짓 일반 이론에 있어서 '바로크의 몸짓'은 무엇보다도 일상생활에서 관찰될 수 있는, 제의적 몸짓의 특별한 양상이다. 바로크의 몸짓은 특정한 구형\球形\의 성격\Zikularität\을 갖는데, 그것이 그 몸짓 속에서 행해지는 원운동을 포물선이나 타원형으로 일그러뜨리는 경향이 있기 때문이다. 몸짓 이론은 바로크의 이런 특성을 예를 들어 수프를 떠먹는 숟가락의 움직임에서 연구해야 할 것이고, 그럼으로써 이를 포함하는 수많은 비슷한 미세-요소들에서 시작해서, 다른 몸짓의 형태들 속의 유사한 표현을 탐색해야 할 것이다. 예를 들어 의사소통의 몸짓(신문 기사, 텔레비전 프로그램 등)에서, 일의 몸짓(고속도로 교각, 담배 파이프의 형태, 철학적 명제 등)에서, 그리고 이해관계 없는 몸짓(예를 들어 어린이집에서의 몸짓, 축구 경기 관객이나 텔레비전 프로그램 시청자들의 흥분)에서 바로크적인 요소들을 탐색하는 것이다. 바로크적 성격이 있는 몸짓들의 목록을 만든 뒤에 이 이론은 여기에 가장 잘 부합하거나 가장 덜 부합하는 소재들을 조사할 수 있다. 그것은 예를 들어 석고나 아르키메데스 방정식을 '바로크적 소재'라고, 그리고 망원경이나 모스 부호를 '반\反\바로크적 소재'라고 말할 수 있다. 이로부터 이 이론은 바로크의 몸짓 속에서 표현되는 자유 이미지의 윤곽을 그리기 시작할 수 있을 것이다. 요컨대 그 자유는 세계 속에서 제의적으로 존재하는 경향을 띠면서, 이 경향을 모든 행동 속에서 표현하는 자유이다. 이것은 하나의 예일 뿐이다. 여기 제안되는 몸짓 이론에 있어서 바로크의 몸짓은 수많은(아마도 모든) 관찰 가능한 몸짓들 중 하나의 양상이다.

역사철학과 몸짓 이론 사이의 이율배반은 대략 다음처럼

요약될 수 있다. 역사철학은 몸짓을 '보편적 인간의 자유'가 표현되는 '보편적 현상'(예를 들어 헤겔의 정신 또는 마르크스주의 주체)으로 보고, 이 표현이 시대의 흐름 속에서 일어난다고 생각한다. 이와 대조적으로, 여기서 제안되는 이론은 몸짓을 특수한, 개별적인 세계-내-존재가 표현되는 '양자화 \quantelnd\ 현상'으로 보고, 이 표현이 어떤 개인에게 특수한 시공간 속에서 일어나며, 이때 개인은 물론 상호주관적인 그물망의 매듭으로 볼 수 있다고 생각한다.

얼핏 보면 이것은 이율배반이 아니라, 출발점이 서로 상반되는 것처럼 보일 수 있다. 말하자면 다음과 같은 주장이 가능하다. 역사철학은 분석적으로 접근하고, 이 분석 속에서 결국 개별적인 몸짓에 도달한다. 이와 대조적으로, 여기 제안되는 이론은 종합적으로 접근하고, 결국 역사철학의 조망에 도달한다. 그러나 이런 주장은 착오를 근거로 하고 있다. 왜냐하면 역사철학은 자유가 시간 속에서, 그것도 특정한 시간, 즉 단선적인 시간 속에서 일어남을 전제로 하기 때문이다. 역사철학은 이 가설 덕분에 몸짓이라는 현상을 분석하는 출발점을 얻는다. 이와 반대로 여기서 제안되는 몸짓 일반 이론은 가능한 한 전제 조건 없이 접근하려 한다. 그렇기 때문에 그것은 개별적인 몸짓의 구체적인 현상에서 그 출발점을 잡을 것을, 말하자면 강요당한다. 그러므로 이것은 '물과 모래'의 이율배반으로 잘 알려져 있는, 전형적인 이율배반이다. '몸짓'이라는 이름의 모래알들의 흐름이 역사주의적인 '몸짓의 강물'을 아주 강하게 연상시킬 수 있지만, 이 유사성은 착각이다. 역사철학에서 근본적인 것은 과정인데, 여기 제안되는 몸짓 일반 이론에서 과정은 구체적인 현상으로부터의 추론이다. 그러므로 역사철학과 몸짓 일반 이론이 동의어인 것은, 두 연구 분야가 몸짓을 자유의 표현으로서 판독하려 한다는 점에서만 그렇다. 반대로 두 연구 분야는,

한쪽에서는 개별적 몸짓이 단선적인 시간 속에서 전개되는, 가상의 '보편적' 자유를 표현하는 구성 요소인 반면, 다른 쪽에서는 이 '보편적' 자유(그리고 단선적인 시간 자체)가 구체적이고 개별적인 몸짓으로부터의 추론이라는 점에서 이율배반적이다. 여기 제안되는 이론의 반\反\역사적인 성격은 이 이론의 반\反\교조주의의 중요한 측면이다. 역사철학은 필연적으로 이데올로기적일 수밖에 없다. 몸짓 일반 이론은 이와 반대로 탈이념화된 역사철학의 역할을 수행한다.

5. 책임

이론을 평가하는 한 가지 기준은 실제에서의 적용 가능성, 즉 그 이론이 기술의 훈련으로 이어지는 정도이다. 다른 한편으로는 물론 이론적으로 뒷받침되지 않는 기술들이 있다. 인간은 옛날부터 몸짓 일반 이론 없이도, 그리고 이론의 결여를 느끼지 않으며 몸짓을 해왔다. 그럼에도 이것은 이 이론을 감행할 필요성에 대한 반대 논거가 되지 않는다. 인간은 옛날부터 16세기까지 일에 대한 이론 없이 일의 몸짓을 해왔고, 그 이론의 결여를 전혀 느끼지 않았다. 그럼에도 서서히 발전해온, 역학\力學\과 함께 시작된 일의 이론은 인간의 일의 몸짓을 근본적으로 변화시켜서 산업혁명 이후의 '노동' 개념에 그 이전과는 다른 의미를 부여할 수밖에 없게 만들었다. 그러므로 질문은 이것이다. 여기서 제안되는 몸짓 이론은 인간이 몸짓을 하는 기술에 실제적인 결과를 가져올 것인가, 만약 그렇다면 그것은 어떤 결과인가?

이 질문은 실천과 이론 두 측면에서 접근할 수 있다. 실천의 관점에서 이러한 이론의 결여를 느끼지 않는다는 것은 요컨대 더 이상 완전히 들어맞는 말이 아니다. 몸짓은 이상하게도 근래에 과거보다 더 '의식적으로'(다시 말해서 그 기술적인 성격을 의식하게) 되었다. 몸짓에 대한 실제적인 태도의 이러한 변화의 예는 쉽게 찾을 수 있다. 신체 표현\body expression\이라는 이름으로 알려진 치료 요법이라든가 '순수한 몸짓'으로서의 해프닝, 또는 리빙 시어터[89]나 액션 페인팅 같은 현상들이 그것이다. 몸짓을 대하는 태도의 이 같은 변화는, 그런데 전형적으로 미국에서 퍼져나간 것으로서 전반적인 혁명적 변화의 징후로 볼 수 있다. 그것은 사람들이 몸짓 이론을 찾기 시작하는 결과를 가져왔는데, 이때 기존의 '이론들' 중에서 빌헬름 라이히[90]의 이론은 가장 잘 표현된 것으로 두드러진다. 그러나 그의 이론들 역시 '특수하다'는 단점이 있다. 그것들은 모두 대체로 기존 학문의 관점에서 몸짓을 파악하고 설명하려는 정신분석학, 행동주의, 또는 사회학 등등의 이론들이다. 이런 시도들은 앞서 설명한 이유들 때문에 몸짓의 본질을 놓친다. 그것들은 몸짓을 전혀 이론적으로 관찰하지 않고, 그것이 이론적으로 파악하는 대상은 조건화된 움직임이다. 몸짓 자체의 실제로부터 생겨나는 것은 그러나 다른 몸짓 이론, '특수한' 이론이 아닌 보편적인 몸짓 이론에 대한 요구이다.

이론적인 관점에서 이 질문은 다르게 제기된다. 요컨대 몸짓이 자유의 표현이라고 정의되었다면, 몸짓의 기술화에 대한 질문은 문제를 오히려 더 키우는 것처럼 보인다. '자유로운' 표현과 기술에 의해 '규정된' 표현 사이에는 모순이 있어 보이기 때문이다. 사람들은 어떤 몸짓이 기술화되면 곧바로 그것은 더 이상 자유롭지 않다(그러니까 더 이상 몸짓이 아니다)고 말하려 한다. 그러나 이것은 순진한 착각이다. 어떤 움직임을 몸짓으로 만드는 것은, 그것이 '자유롭다'는 사실이 아니라, 거기서 어떤 자유가 '어떤 식으로든' 표현된다는 사실이기 때문이다. 그리고 여기서 '어떤 식으로든'이란 '어떤 것이든 기술과 함께'라는 뜻이다.

몸짓 이론의 기술적인 적용은, 몸짓에서 자유가 표현된다는 사실이 아니라, 자유가 어떻게 표현되는지를 건드릴 것이다. 그럼에도 불구하고 이런 식의 적용은 능동적인 세계-내-존재에 아마도 광범위한 영향을 미칠 것이다. 왜냐하면 그것이 몸짓을 하는 사람으로 하여금 자신의 몸짓을 이론적으로 의식하고, 몸짓으로부터 물러서고 벗어날 수 있게 해주기 때문이다. 그리고 이러한 '형식적인' 초월은 당연히 실제적인 결과를 가져올 것이다. 사람들은 다르게 행동할 것이다.

지금으로서는 이런 식의 한발 물러서기란 사변 속에서만 가능하고, 그러니까 대부분 이상주의적인 것에 머물러 있다. 그럼에도 지금 이미 분명해진 것은, 이와 함께 우리가 자신의 능동적인 세계-내-존재를 '기술적으로' 지배할 수 있을 어떤 거리가 주어진다는 사실이다. 그렇게 되면 몸짓에서 표현되는 자유는 줄어드는 것이 아니라 늘어날 것이다. 간단히 말해서, 여기서 제안되는 이론의 책임\Engagement\은 바로 이것이다. 자유의 증가에 기여하고, 앞에서 정의된 완전한 의미의 몸짓을 비로소 실행할 수 있게 하는 것이다. 그러나 이것은 역사로부터 벗어날 수 있으면서도 동시에 행동을 포기하지 않고, 오히려 거꾸로 비로소 제대로 '역사적으로' 행동함을 의미한다. 이 이론은 '가치중립적'이지 않을 것이고, 오히려 그것의 가치는 자유일 것이다. 그것은 의식적인 해방의 도구일 것이고, 그러므로 반\反\아카데미적일 것이다. 그러나 그것은 '형식적'일 것이기 때문에, 동시에 반역사주의적(반이데올로기적)이기도 할 것이다. 이런 의미에서 몸짓 이론은 현재 진행 중인 '역사 이후\posthistorisch\' 미래의 학문, 이론으로서든 가능한 실제로서든 이른바 '새로운 인간'의 학문이 될 것이다.

아마 우리는 지금 혁명적 상황에 (우리가 이 상황을 조망할 수 없고, 또 그렇기에 그것이 '객관적으로' 혁명적인지 확실히 말할 수는 없지만) 처해 있을 것이다. 혁명 속에 있다는 우리의 이런 느낌은 무엇보다도, 어쨌든 행동할 수 있기 위해서는 방향을 새로 잡아야 한다는 느낌으로, 어쨌든 실천적으로 여기 존재하려면 새로운 유형의 이론을 발전시켜야 한다는 느낌으로 나타난다. 몸짓 일반 이론에 대한 이 제안은 이러한 느낌에서 비롯되었다. 몸짓은 우리의 능동적인 세계-내-존재의 구체적인 현상의 문제, 자유의 문제이기 때문이다. 그리고 혁명은 언제나 결국 자유에 관한 것이다.

1 객관적으로 타인이 관찰할 수 있는, 겉으로 드러나는 기분. 베를린 플루서 아카이브에 보관된 이 글의 영어 원본에서 플루서는 '*sentimentality*'로 썼는데, 이를 다시 독일어로 옮기는 과정에서 '*Gestimmtheit*'로 썼다. '*Gestimmtheit*'는 보통 기분, 심리 상태, 느낌 등으로 번역되는 단어로, 낸시 앤 로스\Nancy Ann Roth\의 영어 번역본(*2014*)은 플루서의 현상학적 맥락을 고려하여 '*attunement*'가 아닌 '*affect*'로 번역했다. 역자는 '신체적 변화와 별도인 정서의 의식적 측면, 주관적으로 경험된 정서의 관찰 가능한 발현'이라는 의미에 가깝다는 점에서 영어 번역을 받아들여 '정동\情動\'으로 번역했다.

2 '*Stimmung*'은 '*Gestimmtheit*'와 마찬가지로 동사 '*stimmen*\조율하다, 일치하다\'에서 파생된 단어로, 분위기, 감정, 감정 상태, 조율과 같은 폭넓은 의미를 갖고 있다. 영어판에서는 '*state of mind*'로 번역했다.

3 '*ausdrücken*'과 '*artikulieren*'은 통상 같은 '표현하다'로 번역되지만, 그 어원과 의미가 서로 다르다. '*ausdrücken*'은 '밖으로 밀어내다', '표출하다\express\'의 의미를, '*artikulieren*'은 '음절을 끊어서 또박또박 말하다' '명확하게 표현하다\articulate\' '발화하다'의 의미를 갖고 있다. 여기서는 '표출하다'와 '표명하다'로 구분하였다.

4 *Castor and Polydeuces*: 그리스 신화에서 제우스의 쌍둥이 아들로, 순수한 우정의 상징이다. 라틴어로는 '카스토르와 폴룩스\Castor et Pollux\'로 불린다.

5 "*in illo tempore*": 루마니아 태생 종교학자 머치아 엘리아데(*1907–1986*)가 말한 태초의 시간. —편집자

6 *Gegebenheit*: 주어져 있는 것, 소여\所與\.

7 *Sosein*: 이러이러하다고 하는 본질적, 가능적 존재. 상존재\相存在\라고도 씀. 영어판은 '*essence*'로 번역했다.

8 영어판 옮긴이 서문에 따르면 플루서는 평생에 걸쳐 모두 네 가지 언어로 글을 썼다. 베를린 플루서 아카이브에 보관된 각 언어의 비율을 살펴보면 독일어, 포르투갈어, 영어, 프랑스어순이다. 또한 자신의 글을 직접 다른 언어로 번역함에 따라 여러 원본이 존재한다. 이 책에 실린, 원래 영어로 쓰인 「글쓰기의 몸짓」의 경우, 네 가지 언어로 된 일곱 개의 판본이 있다. *Vilem Flusser,* Gestures, *Nancy Ann Roth (trans.), University of Mennesota Press, 2014, p.vii, 177.* —편집자

9 "*Le style, c'est l'homme*": 프랑스 박물학자 조르주루이 르클레르 뷔퐁(*1707–1788*)의 말. —편집자

10 *Arte Povera*: 가난한 예술. 미술에서 물질과 이미지의 과잉에 반대하면서 소박한 일상의 재료를 사용하려 했던, *1960*년대 이탈리아의 전위미술 운동.

11 플루타르코스가 그나이우스 폼페이우스에게 한 말로 알려진 "항해는 꼭 필요하다, 삶은 그렇지 않다\Navigare necesse est, vivere non est\"에서 차용한 말.

12 *'Zerreden'*은 '어떤 것에 대해 아무도 듣지 않을 때까지 떠들어대기'로, 영어판에서는 이를 의역하여 '정적의 해독제\antidote to stillness\'로 번역했다.

13 플루서는 대화와 담론을 의사소통의 두 유형으로 구분한다. 담론은 정보를 보존하고 분배하지만 새로운 정보를 생산하지 않는다. 반면에 대화는 기억 속에 저장된 정보를 자유롭게 상호 교환하는 것이고, 새로운 정보를 생산하는 유일한 방법이다. 플루서는 현대사회에서 담론이 대화를 압도하는 상황을 경고한다.

14 *topos uranikos*: 플라톤이 원형의 이데아가 있는 완벽한 영역을 지칭한 개념.

15 플루서는 *'Information'*을 '형태 속으로 가져오기\in Form bringen\', '형태화하기'의 의미로 사용한다. 그에게 정보는 어떤 대상에 각인된 생각이나 가치, 그것이 형태를 통해 구현된 것을 의미한다. 본문에서 *'informieren*\가르치다, 통지하다, 정보를 제공하다\'는 문맥에 따라 '형태화하다' 또는 '가르치다'로 번역했다.

16 *Kugeltier*: 플라톤이 「향연\Symposion\」에서 극작가 아리스토파네스를 통해 소개한 가상의 인간 존재. 남성과 여성이 분리되기 이전 상태인 자웅동체의 인간으로, 앞뒤를 동시에 보며, 구형의 몸을 갖고 있다.

17 *erwägen*: 고려하다, 헤아리다, 자세히 조사하다. *'wiegen*\무게를 달다\'에서 파생되었다.

18 *überlegen*: 숙고하다. '저편으로\über-\'와 '놓는다\legen\'의 합성어이다.

19 *Begreifen*: 파악하다, 이해하다. *'greifen*(잡다)'에서 파생되었다.

20 라틴어 *'cum-prae-téndre*\동시에-앞으로-펼치다\'. '이해하다', '깨닫다', '납득하다'의 의미로, 영어의 *'comprehend'*, 프랑스어의 *'comprendre'*의 어원이다. 독일어로는 *'verstehen'*이 가장 가깝다.

21 *negative Bestimmung*: 겉으로 나타나지 않지만 내재하는 조건.

22 '과학기술의'를 뜻하는 *'Techno'*와 '상상의, 공상의, 가상의'를 뜻하는 형용사 *'imaginäre'*를 명사화하여 만든 조어로, 영문판에서는 *'technoimaginary'*로 번역했다.

23 *eros*\성애\, *philia*\친구나 동료, 인간에 대한 사랑\, *charisma*\매력, 호의, 은총\, *empatheia*\감정이입, 공감\.

24 생물학적 페니스에 대비되는 상상적, 상징적 페니스를 지칭하는 정신분석학 용어.

25 *Gaius Valerius Catullus(B.C. 84–54?)*: 로마의 서정시인.

26 *im anderen aufgehen*: *'aufgehen'*은 '떠오르다', '열리다', '싹트다', '합병된다' 등의 의미로, '타인 속에 동화된다'로 번역할 수 있다.

27 *Gelassenheit*: 초연함, 초연한 내맡김, 평정, 태연함, 침착, 냉정.

28 *Dasein*: 형이상학적 존재\Sein\나 본질 존재\Sosein, Wassein\와 다르게, 사물이 시공간적 장소\Da\를 점하는 방식으로 존재하는 것을 의미한다.

29 독일어 본문은 '확신할'로 씌어 있는데 문맥상 의미가 연결되지 않는다. 실수로 '*nicht*'가 빠졌던 것으로 보고, 이를 '확신할 수 없을'로 번역한 영어판 번역을 따랐다.

30 '*Zerstörung*'은 방해, 교란이라는 뜻의 '*Störung*'과 분리, 해산, 파괴를 뜻하는 '*zer-*'를 결합시킨 단어이고, '*Destruktion*'은 구조, 구성이라는 뜻의 '*Struktur*'와 분리, 반대, 제거를 뜻하는 '*de-*'를 결합시킨 단어이다. 여기서는 '*Zerstörung*'을 '파괴'로, '*Destruktion*'을 '해체'로 번역한다.

31 *Das Hergestellte*: '*herstellen*\만들다, 생산하다, 제조하다\'를 명사화한 것. 영어판은 이것을 '*produced framework*'로 번역했다.

32 의미를 뜻하는 '*Bedeutung*'은 '*deuten*\가리키다, 지시하다, 뜻하다\'에서 파생된 '*bedeuten*\의미하다\'이 명사화된 것이다.

33 *wirklich werden*: '실현되다', '현실적으로 되다', '실재하는 것이 되다' 등으로 번역할 수 있다. 영어판에서는 '*become real*'로 번역했다.

34 *Choreographologie*: '*Choreographie*\무용 안무, 코레오그라피\'와 '*-ologie*\-학\'의 합성어.

35 *eingestellt*: 집어넣어진, 고용된, 맞춰진, 조정된. 영어판에서는 '*set up*'으로 번역했다.

36 영문판은 이 문장을 '그 자신도 자신의 움직임들 중 일부를 알지 못한다는 것\that he himself is not aware of some of his movements\'으로 옮겼다.

37 *Quantencharakter*: 양자역학에서 도입된 개념으로, 어떤 과정이 연속적으로 차근차근 진행되는 것이 아니라, 단숨에 획기적으로 진행되는 성격을 일컫는다.

38 *aufgesetzte Haltung*: 직역하면 '덧씌워진 자세'. 영문판에서는 '*affected behavior*'로 번역했다.

39 *Archetypisieren*: '원형화하다', '원형으로 만들다'를 명사화한 표현. 영어판에서는 '*archetypal connection*'으로 번역했다.

40 *quantisch*: 양자역학에서 양자가 한 단계에서 다음 단계로 연속적으로 이행하지 않고 계단을 뛰어오르듯 불연속적으로 점프하는 현상을 퀀텀 점프, 양자 도약이라고 하는데, 이런 성질을 일컫는 형용사.

41 '*Datum*'은 사실, 자료, 데이터, 논거, '*Faktum*'은 실재 사실, 기정사실을 뜻한다. 영문판에서는 따로 구분하지 않고 '*a given*'으로 번역했다.

42 *Sachverhalt*: 사정, 정세, 사태, 실상의 뜻. 영문판에서는 '*thing*'으로 번역하고 있다.

43 'Geschichte', 'Geschehen', 'Geschehenes erzählen'이 모두 같은 어간에서 파생되었음을 지적하고 있다.

44 '이야기하다'를 뜻하는 '*erzählen*'이 '수를 세다'의 뜻인 '*zählen*'에서 파생되었음을 지적하고 있다.

45 *Maskenwenden*: '*Masken*\가면\'과 '*wenden*\뒤집다, 돌리다\'의 합성어. 영어판에서는 이것을 '*turning a mask around*'로, '*Maskenwender*\가면 뒤집는 사람\'을 '*mask turner*'로 번역했다.

46 *Demaskieren*: '(정체를) 폭로하다', '가면을 벗기다'를 명사화한 단어.

47 *Falstaff*: 셰익스피어의「헨리 4세\King Henry IV\」에 등장하는 뚱보 기사.

48 *ek-sistieren*: '존재하다'를 의미하는 동사 '*existieren*'을 '바깥에'를 뜻하는 '*ek-*'와 '정지하다'를 뜻하는 '*sistieren*'으로 나누어 분철함으로써, 존재한다는 것이 '바깥에-머무는' 것임을 표현하고 있다.

49 법률 제정을 뜻하는 라틴어.

50 고대 그리스에서 폴리스 이전에 있었던 주거 공동체.

51 *tertium comparationis*: 제3의 비교점. 두 사물에 공통되는 제3의 유사점을 뜻하는 라틴어 수사학 개념.

52 어떤 대상을 정의하는 데는, 그 대상이 '다른 것이 아닌 이것'이라는, 다른 것에 대한 부정이 전제된다는 의미이다.

53 *Domenico Ghirlandaio*(*1449–1494*): 이탈리아 화가.

54 로고스의 복수형, 하느님의 말씀.

55 *konzipieren*: 타동사로는 '구상하다, 계획하다, 초고를 작성하다', 자동사로는 '임신하다'를 뜻한다.

56 '*Hören*\듣다\'과 '*Horchen*\귀 기울이다, 경청하다\'은 동일한 어간 '*hor*'를 가진다.

57 '주위에서'를 뜻하는 '*peri-*'와 '*pathein*'의 합성어로, '산책하다'의 뜻. 아리스토텔레스가 제자들과 산책하면서 토론한 것에서 페리파토스학파(소요학파)라는 명칭이 유래했다.

58 공감\共感\. '안-'을 뜻하는 '*em-*'과 '*pathein*'의 합성어.

59 *kalokagathia*: 아름다움인 동시에 선한 것.

60 *mathesis universalis*. 수학을 대수와 기하로 분리하지 않고 통일체로 보아야 한다는 입장에서 데카르트가 만든 개념.

61 *Radio France*: 프랑스 공영 라디오방송. '프랑스 뮈지크\France Musique\'는 이 방송의 클래식/재즈 프로그램 이름이다.

62 *Theoriefreiheit*: 이론적 자유방임, 이론에 대해 아무런 제약이 없는 상태.

63 *kaschruth*: 유대교의 식사 계율.

64 탈무드의 해석을 놓고 유대 율법학자들이 벌이는 논쟁.

65 *Plastizität*: 점토처럼 덧붙여서 형태를 만들 수 있는 성질.

66 삶의 쾌적한 면을 최대한 즐기다. 자신을 실현하다. 영어판에서는 *'act oneself out'* 으로 번역했다.

67 *rote Telefon*: 대통령이나 최고 경영자가 사용하는 긴급 직통전화.

68 *'Verantwortung'* 은 주로 '책임' 을 뜻하지만, 그 어간은 '대답' 을 의미하는 *'antwort'* 이다.

69 *Redundanz*: 과잉, 잉여, 여분, 중복. (정보이론에서) 불필요하게 추가되어 있는 정보를 의미한다.

70 달러의 센트에 해당하는 프랑화의 단위. 100분의 1프랑.

71 종적인 역사적 시간\Diachronie\을 횡적인 공시적 시간\synchroniseren\으로 변화시킬 수 있다.

72 '종합' 을 뜻하는 *'sym-'* 과 '장면' 을 뜻하는 *'szene'* 를 합성한 조어. 영어판에서는 *'symsceny'* 로 옮겼다.

73 영문판은 이 문장을 "비디오의 재료는 엄격한 의미의 역사를 만든다\The raw material of the video makes history in the strict sense\" 로 옮겼다.

74 *Deum atque animam cognoscere cupisco. Nihil – nec plus? Nihil.*

75 *Physis*: 성장과 변화의 근원으로서 자연.

76 줄리어스 로버트 오펜하이머(1904–1967)는 미국의 이론물리학자로 제2차 세계대전 중 원자폭탄을 만든 맨해튼 계획의 책임자로 일했다. 1950년 수소폭탄 제조에 반대하면서 모든 공직에서 쫓겨난 일화로 유명하다.

77 사물의 체계적인 질서를 구축하려는 학문 분야.

78 *Proxemik*: 인간과 문화적 공간의 관계를 연구하는 분야, 공간학. 이 글에서 플루서는 이것을 *'die Nähe* \가까움, 인접\' 와 동의어로 썼다.

79 *Überdetermination*: 중첩결정, 복합적인 몇몇 사고의 응축이 단일한 이미지를 낳는 것. 정신분석에서 많은 인자의 결과가 꿈 또는 정신 증상으로 나타나는 현상을 말한다.

80 *Vitalismus*: 활력설\活力說\. 기계론에 대립하는 생명론으로, 생명 현상은 무생물계의 현상과는 근본적으로 다른 원리에 의해 지배되며 물리화학적 힘과 무관한 독특한 생명력 내지는 활력\vital force\으로 만들어진다고 주장한다.

81 *Psychologismus*: 심리학의 성과를 과대평가하여 논리학, 윤리학, 미학 등의 철학 문제를 심리학적 견지에서 설명하려는 입장.

82 *Kulturalismus*: 인종주의에서 인종을 문화로 대체한 입장으로, 문화 개념의 인종적 비중을 강조한다.

83 *Innerlichkeit*: 내적 존재, 본질. 영문판에서는 이를 'subjectivity'로 번역했다.

84 보철물\Prothese\은 의족\義足\처럼 신체에 추가적으로 부착하는 인공적 장치를, 외과적 교정\Epithese\은 신체의 기형 등을 교정하는 외과적 시술을 뜻한다.

85 *acte gratuit*: 보상을 바라지 않고 하는 행위. 앙드레 지드의 사상에 자발성, 성실과 함께 중요한 요소로 등장한다.

86 *behaviorism*: 인간이나 동물 심리를 객관적 관찰과 예측이 가능한 행동들을 통해 연구할 수 있다고 보는 이론.

87 *Exú*: 나이지리아에서 유래한 브라질 흑인 종교 칸돔블레에서 주로 사원 입구에 세우는 수호신.

88 행적, 업적을 뜻하는 라틴어.

89 *living theater*: *1947*년 오프 브로드웨이 레퍼토리 극단으로 창단된 미국의 실험 연극 극단.

90 *Wilhelm Reich*(*1897–1957*): 오스트리아의 정신분석학자. 『파시즘의 대중심리\Die Massenpsychologie des Faschismus\』(*1933*), 『성혁명\Die Sexualitat im Kultur-kamp\』(*1936*) 등의 저서가 있다.

역자 후기

7년여의 독일 유학을 마치고 돌아왔을 때 내 나이는 마흔이었다. 미술가로서 작업만 하며 살아갈 방법은 없었다. 나는 가장이었고, 학생이라는 이유로 생활인의 의무를 감면받았던 시절은 지나갔다. 작은 목공소라도 하나 차려서 동네 사람들에게 책꽂이나 탁자 같은 것을 만들어주면서 한쪽에서 작업을 할 수 없을까 생각해보기도 했다. 물론 터무니없는 생각이었다. 가구들은 공장에서 만들어졌고 동네 목공소들은 문을 닫고 있었다. 결국 전에 다니던 신문사 출판국에 전문위원이라는 이름으로 이틀씩 나가게 되었다. 출근하지 않는 날에는 따로 할 일이 없었고 갈 곳도 마땅치 않았다. 차들이 살벌하게 내달리는 낯선 8차선 도로들 앞에서 나는 종종 방향 감각을 잃었고, 무언가를 기다리거나 기다리지 않는 채로 낮에도 컴컴한 다방에 들어가 하릴없는 시간을 보내곤 했다. 서울이 나를 받아들이지 않고 있다는 느낌, 오래전 고향이었던 곳에 돌아와 이방인으로 떠돌고 있다는 생각이 문득문득 들었다.

불안하고 고독했던 그해 1995년에 내가 붙들고 있었던 것이 빌렘 플루서의 책들이었다. 『사물의 상태에 관하여 \Vom Stand der Dinge\』, 『몸짓들 \Gesten\』, 『사물과 사물 아닌 것 \Dinge und Undinge\』, 『유대인이라는 것 \Jude Sein\』 같은 그의 책들은 당시 국내에 알려져 있지 않았다. 독일의 미술가들 중에는 그의 글에 대한 열렬한 지지자들이 있었고, 발터 쾨니히 같은 미술 전문 서점에는 그의 책을 모아놓은 코너가 있었다. 언젠가 한가해지면 읽으려고 구해온 그 책들을 나는 서울로 돌아온 지 얼마 되지 않아 펼칠 수밖에 없었다. 시간은 넘치도록 많았고, 나는 그 시간을 앞날에 대한 걱정이 아닌 무언가로 채워야 했다. 그의 글은 경이롭고 매혹적이었다. 숙명적인 이방인으로 살았던 플루서의 생애와, 정통 학계의 권위적 관습을 넘어서는 글쓰기에서 나는 위로받고 용기를 얻었다.

플루서의 삶은 파란 많은 망명객의 삶이었다. 1920년 체코 프라하에서 유대인으로 태어난 그는 19세의 나이로 나치의 학살을 피해 런던을 거쳐 브라질로 망명했다. 그의 가족은 모두 수용소에서 죽었다. 상파울루 대학에서 철학을 공부한 그는 1960년대에 모교의 커뮤니케이션 이론 교수가 되었다. 신문 칼럼니스트로서도 명성을 얻었던 그는 1970년대 브라질 군부 독재의 손길을 피해 또 다시 망명길에 오를 수밖에 없었다. 프랑스 시골마을에 정착해 저술과 강연 활동을 하며 미디어 이론가로서 이름을 알렸지만, 말년까지 고향을 방문할 용기를 내지 못한다. 1991년 망명 이후 처음으로 찾았던 프라하에서 그는 교통사고로 세상을 떠났다.

다방 구석에서 그 책들을 읽으면서 곧 나는 짧은 에세이들로 이루어진 『사물의 상태에 관하여』를 대학 노트에 깨알 같은 글씨로 번역했다. 출판을 하려는 생각이 있었던 것도 아니고, 그야말로 그것밖에는 내가 달리 할 일이 없었을 뿐인데, 그러는 사이에 나는 플루서에 깊이 빠져들었다. 동서고금을 넘나드는 방대한 지식을 토대로 하는 그의 명철하고 유연한 사유는 그 이후 내가 세상과 미술을 바라보는 방식에 결정적인 각인을 남겼다.

그 이듬해 말 나는 미술학교에 자리를 얻었다. 힘든 시간을 겪었지만 서울에 '연착륙'을 한 셈이다. 좀 더 여유를 갖고 그의 책들을 읽을 수 있게 되었고, 수업에서 학생들에게 그의 글들을 소개하기도 했다. 그 사이에 국내에도 몇몇 번역자들에 의해 『사진의 철학을 위하여』, 『디지털시대의 글쓰기』, 『피상성 예찬』 같은 책들이 나왔다. 『몸짓들』은 참혹한 20세기 현대사의 비극 속에서 살아남은 자의 시선으로 인간의 몸짓을 통해 인간의 '자유'를, 나아가서 '인간'을 새롭게 정의하려 한 플루서의 독창적인 사유를 보여주는 저작이다.

번역은 피셔 타셴부흐 출판사의 1994년도 판본을 원본으로 했고, 2014년에 출간된 낸시 앤 로스의 영어 번역본 『제스처\Gestures\』를 참조했다. 감수를 맡아 철학 용어의 혼선을 일일이 바로잡아준 김남시 선생과, 교열과 편집을 맡아 모호한 문장들을 꼼꼼히 다듬어준 워크룸 프레스의 박활성 선생에게 깊은 감사의 말씀을 전한다. 이분들의 도움이 없었다면 이 책이 이런 모습을 갖추기 어려웠을 것이다. 아울러 뉴욕과 보스턴의 기록적인 폭설과 강추위 속에서 20여 일 동안 이 책의 마지막 교정에 매달려 있던 나를 견뎌준 가족들에게 고마운 마음을 전한다.

플루서는 세상을 변화시키려면 그것이 어떤 상태인지, 어떠해야 하는지, 그리고 그것을 어떻게 변화시킬 수 있는지를 알아야 한다고 썼다. 나는 오늘도 이 말을 되새긴다. 세상을 변화시키는 '일'을 통해서만 인간은 비로소 인간이 된다.

2018년 2월
안규철

안규철

미술가. 서울대학교 미술대학과 슈투트가르트 국립미술학교에서 미술을 공부했고, 한국예술종합학교 미술원에서 학생들을 가르쳤다. 『사물들의 사이』(1996), 『49개의 방』(2004), 『모든 것이면서 아무것도 아닌 것』(2014), 『안 보이는 사랑의 나라』(2015), 『당신만을 위한 말』(2017) 등의 개인전을 비롯해 여러 국내외 기획전, 비엔날레에 참여했다. 저서로 『그림 없는 미술관』(1996), 『그 남자의 가방』(2001), 『아홉 마리 금붕어와 먼 곳의 물』(2013), 『모든 것이면서 아무것도 아닌 것』(2014) 등이, 번역서로 『진실의 색: 미술 분야의 다큐멘터리즘』(2019) 등이 있다.

김남시

이화여자대학교 조형예술대학 예술학 전공 부교수. 베를린 훔볼트 대학교 문화학과에서 박사학위를 받았다. 저서로 『본다는 것』(2013), 『광기, 예술, 글쓰기』(2016) 등이, 번역서로 발터 벤야민의 『모스크바 일기』(2015), 칼 슈미트의 『땅과 바다』(2016), 한병철의 『권력이란 무엇인가』(2016), 보리스 그로이스의 『새로움에 대하여』(2017), 프리드리히 키틀러의 『축음기, 영화, 타자기』(공역, 2019) 등이 있다. 미술 문화 및 매체 이론을 연구한다.

빌렘 플루서

철학자, 저술가, 저널리스트. 1920년 프라하 유대계 가문에서 태어난 빌렘 플루서는 1939년, 프라하 카렐 대학교에서 철학을 공부하던 중 나치의 박해를 피해 런던으로 건너갔다. 모든 가족을 강제수용소에서 잃은 그는 1941년 브라질 상파울루로 망명을 떠나 한동안 무역업에 종사했다. 1959년 상파울루 대학교에서 과학철학 강의를 시작, 1963년 같은 대학 커뮤니케이션 철학 교수로 임용되었다. 1972년 브라질 군사 정부와 갈등을 빚은 그는 다시 유럽으로 망명을 떠나 독일과 프랑스에 살며 유럽과 미국 여러 대학에서 초빙 교수로 강의했다. 이후 프랑스 남부 호비옹에 정착해 왕성한 저술 및 강연 활동을 이어가던 그는 1991년, 강의를 위해 찾은 고향 프라하에서 교통사고로 목숨을 잃었다. 저서로 『사진의 철학을 위하여 \Für eine Philosophie der Fotografie \』(1983), 『테크놀로지 이미지의 우주로 \Ins Universum der Technischen Bilder \』(1985), 『탈역사 \Nachgeschichten \』(1990), 『몸짓들: 현상학 시론 \Gesten: Versuch einer Phänomenologie \』(1991/1993) 『문자. 글쓰기에 미래는 있는가? \Die Schrift. Hat Schreiben Zukunft? \』(1992) 등이 있다.

몸짓들: 현상학 시론
빌렘 플루서

안규철 옮김
김남시 감수

초판 1쇄 발행: 2018년 5월 25일
5쇄 발행: 2023년 5월 25일

발행: 워크룸 프레스
편집: 박활성
디자인: 황석원
제작: 세걸음

ISBN 978-89-94207-97-1
03100
17,000원

워크룸 프레스
03035 서울시 종로구
자하문로19길 25, 3층
전화: 02-6013-3246
팩스: 02-725-3248
이메일: *wpress@wkrm.kr*
www.workroompress.kr
www.workroom.kr